Vernon M. Sylvest

Die Zauberformel des Wünschens

Wer glücklich ist
Wer gesund ist
Wer nicht

Und warum...

G. Reichel Verlag

Titel der Orginalausgabe 1999: The Formula: Who gets sick, Who gets well, Who is happy, Who is unhappy and Why.
Sunstar Publishing, LTD. 204 South 20th Street, Fairfield, Iowa 52556

Übersetzt aus dem Amerikanischen von Gudrun Brug

Reifenberg 85
91365 Weilersbach
Tel: 09194-8900 Fax: 091994-4262
e-mail: G.Reichel.Verlag@t-online.de

ISBN 3-926388-53-6

Inhaltsverzeichnis

Danksagung

Viele Lehrer haben an diesem Buch mitgewirkt. Dazu gehören alle Menschen, die in meinem Leben unmittelbar oder mittelbar eine Rolle spielten. Die Liste ist so lang, dass ich die Namen hier nicht aufzählen kann. Einige habe ich persönlich gekannt, andere kenne ich durch ihr Werk. Sie alle sind wichtig, doch wenn ich an die Geschichte hinter der Entstehung dieses Buches denke, erhalten einige einen besonderen Stellenwert. Dies gilt für Helen Schucman und William Thetford, deren Bereitschaft (zusammen mit anderen) „Ein Kurs in Wundern“ (ACIM)[17] hervorbrachte, der einen ungeheuren Einfluss auf mein Leben hatte; Levi Dowling, dessen Engagement und Inspiration uns die eindeutige Botschaft von „Das Wassermann-Evangelium“ (Ap.G.)[23] brachte; Starr Daily, der einmal Al Capones wichtigster Anhänger war, aber bereit war, eine Offenbarung zu erfahren, durch die er zu Heilung und Lernen fand. Dailys Buch „Release“[18] bedeutete mir besonders viel. Auch Dr. George Ritchie, der in seinem Buch „Return from Tomorrow“[94] - und auch für mich persönlich - die Botschaft seiner Nahtoderfahrung zugänglich machte, gehört zu diesen Menschen. Die Verbindung mit dem Psychiater Dr. Ritchie regte Raymond Moody zu seinen bahnbrechenden Nahtodstudien an, die in „Reflections on Life After Death“[65] veröffentlicht wurden. Ich danke Margaret Kean, die durch eine Nahtod-Offenbarung dazu bewegt wurde, als Heilerin tätig zu sein und die einen großen Einfluss auf mein Leben hatte, und Nancy Clark, die durch eine Offenbarung dazu geführt wurde, zu heilen und andere liebevoll zu unterstützen. Die beiden bestätigten viel von dem, was ich durch eigene Erfahrungen gelernt hatte.

Dank auch den vielen Männern und Frauen der Wissenschaft, deren Werk unsere Kultur an einen Punkt gebracht hat, an dem es nun möglich ist, spirituelle Lehren und wissenschaftliche Information mit dem Ziel einzusetzen, unser wahres Wesen besser zu verstehen; und den Studenten und Lehrern der modernen Psychologie, die die unsichtbare Dynamik des Bewusstseins enthüllt haben, damit wir die Blockierungen unserer Erfahrung und unseres wahren Wesens besser verstehen lernen.

Mein aufrichtiger Dank geht an meine Eltern, Vera und Edwin. Ihr Engagement und ihre Beharrlichkeit, die den Grundstein für mich gelegt haben, entsprang ihrer eigenen Erfahrung der Liebe und den

Lehren der Bibel, die sie mir als tägliche Nahrung verabreichten - und manchmal mit Gewalt eintrichterten. Mein Dank an die etablierten christlichen Kirchen, die die Geschichte Jesu und seine Lehren durch die Jahrhunderte hindurch bewahrt haben. Auch wenn diese Lehren nicht ganz verstanden und nicht eindeutig überliefert sind, waren sie mir der Halt, der mich vor dem Untergang bewahrte, und das Sprungbrett zu meinem Erfolg.

Mein Dank geht an die zahlreichen Mitglieder meiner Familie - Großeltern, Tanten, Onkel, Cousins, Cousinen und Bruder. Sie haben eine Spur der Liebe in meinem Leben hinterlassen, die ich nie vergessen werde. Besonderer Dank gilt meinem Bruder Ed, der mir in der Kindheit ein so großartiges Vorbild war. In der sechsten Klasse wurde ich einmal vom Schulleiter wegen meines jähzornigen Verhaltens ermahnt und gefragt: „Warum kannst du nicht so nett sein wie dein Bruder?" Aus irgend einem Grund - wahrscheinlich, weil ich so viel Ärger am Hals hatte (in den Tagen der Prügelstrafe war der Besuch beim Schulleiter keine Lappalie), beschloss ich, es zu versuchen. Ich tat gut daran.

Von ganzem Herzen danke ich meinen Töchtern Tara, Rebecca und Vivian, die selbst dann noch zu mir standen, als meine tiefe Verzweiflung auch auf ihr eigenes Leben übergriff. Ich danke meiner früheren Frau, die unsere Töchter geboren hat und deren Aufrichtigkeit und Streben nach Wahrheit Vergebung und klare freundschaftliche Verhältnisse möglich gemacht haben. Ich danke Sharon für die Rolle, die sie in unserem Leben spielt und die mich geprägt hat.

Ich danke von ganzem Herzen meiner Frau Anne, die mich an der Ganzheit, die sie ist, Anteil nehmen lässt. Wir haben zusammen gelernt, dass es Paaren möglich ist, glückliche, dauerhafte Beziehungen zu pflegen. Ich danke ihr für die Unterstützung bei dieser Arbeit und ihrer Familie, die nun auch Teil meiner Familie ist und die mich liebevoll aufgenommen hat.

Meine tiefe Dankbarkeit gilt dem Vater-Tochter-Team George Cruger (Lektorat) und Laura Cruger Fox (Text Design und Produktionskoordinierung), Rodney Charles (Herausgeber) und allen anderen Mitarbeitern von Sunstar sowie Elizabeth Pasco (Text Design), deren Arbeit und Unterstützung dazu beitrugen, dass dieses Buch zustande kam.

Einführung

Vor zehn Jahren erklärte ich einer Nachbarin ein klein wenig von dem, was ich in den zwei vorangegangenen Jahren gelernt hatte. Sie sah mich neugierig an und fragte: „Vernon, schreibst du ein Buch?“ In dem Moment wusste ich, dass ich eins schreiben würde. Allerdings hatte ich keine Ahnung, dass es zehn Jahre dauern würde - nicht das Schreiben selbst, aber der ganze Entstehungsprozess. Dieses Buch enthält einen Teil meiner Erfahrungen, die mich in die Krankheit führten, und die Lernerfahrungen, die mir zur Genesung verhalfen. Da mir mein Lernen Heilung und Freude brachte, hoffe ich, dass dieses Buch auch Heilung und Freude in Ihr Leben und in das Leben der Menschen bringen kann, mit denen Sie in Berührung kommen.

Obwohl mich mein Weg aus dem völligen physischen und psychischen Zusammenbruch zu Gesundheit, Erfolg und Glück führte, will ich nicht unterstellen, dass mein Schmerz größer war als der Ihre. Der eigene Schmerz ist immer der größte. Ich werde meine persönliche Hölle hier nicht in allen Einzelheiten schildern, aber ich habe alle Abgründe emotionalen und physischen Schmerzes kennen gelernt. Ich bin so tief hinabgestiegen, wie es für einen Überlebenden nur möglich ist. Ich hatte meine Reise nicht bewusst gewählt, aber da ich bereit war zu lernen, lernte ich auch, den Schmerz anderer zu verstehen. Ich gewann die Weisheit, anderen dabei zu helfen, den Schmerz hinter sich zu lassen. Als ich litt, sagte man mir, dass die Zukunft gut wird. Ich glaubte nicht daran und fand deshalb keinen großen Trost darin. Doch aus irgend einem Grund, den ich hier nicht analysieren werde, gab ich nicht auf. Jetzt bin ich in dieser Zukunft, und sie ist gut. Wunder geschehen und warten darauf, auch in Ihrem Leben geschehen zu können. Dieses Buch wird Ihnen helfen, für Wunder bereit zu sein.

Auch die heute verfügbare wissenschaftliche Information, zu der ich geführt wurde, trug zu meiner Bereitschaft bei. Sie öffnete mir die Tür zum Verstehen und zu einer neuen Ebene wissenschaftlicher Erfahrung und war mir bei meinen Bemühungen, anderen zu helfen, von größtem Nutzen. Im Westen haben wir die Wissenschaft auf ein Podest gestellt und ihr die Führungsrolle zugewiesen. Wir lassen gesellschaftliche und wirtschaftliche Zwänge entscheiden, wer die rechtmäßigen Wissenschaftler sind. Doch in der Erfahrung des menschlichen Geistes sind nun die wahren Pioniere auf den Plan getreten. Wenn Sie bereit und willens sind, steht Ihnen diese Hilfe zur Verfügung - so wie dieses Buch jetzt in Ihren Händen ist.

Es ist jetzt möglich, alles zu wissen, was Sie für ein gesundes, glückliches Leben wissen müssen. Es ist jetzt möglich, als ganzer, voll integrierter Mensch zu leben. Sie können sich jetzt von den Fesseln des Unwissens befreien und wissen, wer Sie sind.

Kapitel 1 - Versuch einer Selbstfindung

Die Geschichte der Menschheit ist von Krankheit, Krieg und Leid geprägt. Welches sind die Gründe für diese negativen Erfahrungen? Liegt es in unserem Wesen, dass wir ständig durch Schmerz und Leid bedroht werden? Und worin besteht unser Wesen?

Um diese Frage zu beantworten, werden Unmengen von Geld, Zeit und Mühe aufgewendet. Wir geben Milliarden für die wissenschaftliche Forschung in Chemie, Physik und Biologie aus; Gesellschaftswissenschaftler unterschiedlichster Couleur sind auf der Suche nach der Wahrheit, und das gleiche gilt für die Psychologen. Theologen suchen ein Leben lang nach Antworten auf diese Frage. Etwas treibt uns an, und dieses Etwas ist das Gefühl, dass wir entdecken müssen, wer wir sind, wenn wir unsere Lebensbedingungen verbessern und glücklicher werden wollen. Dieses intuitive Gefühl ist in uns allen vorhanden. Schon in jungen Jahren dachte ich, ich hätte den Schlüssel zum Glück in der Hand, sobald ich nur wüsste, wer ich bin. Im Alter von drei Jahren war mir klar, dass ich nicht immer glücklich war, und im Lauf der Jahre wurde mir immer klarer, dass ich unglücklich war. Je größer mein Unglück zu werden schien, desto dringender wollte ich herausfinden, wer ich war.

Da ich davon ausging, dass ich ein physischer Körper bin, entwickelte ich ein lebhaftes Interesse an Biologie. Das Fach reizte meine Neugier, und ich erhoffte mir Erkenntnisse von ihm. Also beschäftigte ich mich am Gymnasium und am College mit Biologie. Dann entschied ich mich für ein Medizinstudium, damit ich mich eingehend mit der Biologie des Menschen befassen konnte. Ich hoffte, auf diese Weise mein Selbst zu entdecken, denn ich war ja ein gesunder Körper und manchmal auch ein kranker Körper. Durch die Sektion des menschlichen Körpers, seine Untersuchung unter dem Mikroskop, seine chemische Analyse und durch das Studium seiner Physiologie und Pathologie glaubte ich mich auch selbst am besten studieren zu können.

Meine Suche war jedoch nicht auf das Studiums des Körpers beschränkt. Ich war mir durchaus bewusst, dass ich auch einen Geist habe, und so studierte ich auch diesen. Schon als Schüler der Mittelstufe versuchte ich, meine Neugier zu stillen, indem ich die Psychologiebücher meines Vaters las. Aber das half mir nicht weiter.

Die Bücher befassten sich ausschließlich mit den Anomalien der Psyche, und schließlich zog ich meine eigene Normalität in Zweifel und glaubte mich in einigen der geschilderten Neurosen wiederzuerkennen.

Außerdem studierte ich auch Theologie. Mein Vater war promovierter Theologe, und ich fand in ihm einen bereitwilligen Tutor. Es entging mir jedoch nicht, dass er in seiner stoischen Art nicht glücklich war. Auch am College belegte ich Theologiekurse, doch jede Antwort führte unweigerlich zu einer neuen Frage, bis mir schließlich nur noch Gottvertrauen weiter geholfen hätte. Doch das besaß ich nicht. Und viele meiner Kollegen, die es angeblich besaßen, kamen mir keineswegs glücklich vor.

Ich fand ein paar Leute, die durch persönliche Erfahrungen und unabhängig von einem Studium glücklicher als die meisten anderen geworden waren. Das erregte meine Aufmerksamkeit, und ich suchte die Nähe solcher Menschen. Ich hörte mir an, was sie zu sagen hatten, empfand es aber nicht als unmittelbare Offenbarung. Immerhin speicherte ich diese Information für spätere Zeiten.

Als Medizinstudent hatte ich auch Gelegenheit zu psychiatrischen Studien, die sich meist an Freud orientierten, mich aber nur noch mehr durcheinander brachten. Damals kam es mir in meiner beschränkten Sicht vor, als fühlten sich die Psychiater nur deshalb von der Psychiatrie angezogen, weil sie besonders verwirrt waren und herausfinden wollten, was mit ihnen selbst nicht in Ordnung war. Im Grunde suchten sie gerade so wie ich nach der Erkenntnis, wer wir sind.

Ich erinnere mich an eine schwer depressive Patientin in der Poliklinik. Die Schilderung ihrer Lebensumstände - ihr Mann hatte sie verlassen, ihre Kinder hatten sie im Stich gelassen, sie war mutterseelenallein, ohne Familie und Freunde - deprimierten mich selbst. Mir war klar, dass ich ihr nichts zu geben hatte außer einem Rezept für Antidepressiva, die sicherlich nicht viel mehr bewirken konnten, als den Schmerz zu betäuben. Doch obwohl ich nach dieser Begegnung recht niedergeschlagen war, verschrieb ich mir selbst kein Antidepressivum. Ich lenkte mich mit anderen Aktivitäten ab, um die Frau und die Gedanken an mein eigenes Leben zu vergessen, die sie in mir wachgerufen hatte.

Ich gab das Studium des Geistes auf und verlegte mich ausschließlich auf die Molekularmedizin. Ich hatte vorgehabt, Internist zu werden, da sich dieses Fachgebiet mit der „Wirklichkeit“ (dem physischen Körper) beschäftigt und die Erfahrungen des erwachsenen Körpers in den meisten Aspekten erfasst. Dadurch erhoffte ich mir, die Entschlüsselung meines Wesens weiter vorantreiben zu können.

Aber dieses Unternehmen ließ sich nicht besonders gut an. Wenn meine Erkenntnisse tatsächlich aussagekräftig sein sollten, dann befriedigten sie mich nicht sonderlich. Fast meine ganze Ausbildungszeit verbrachte ich auf der Intensivstation, wo hauptsächlich Schwerkranke lagen. Die meisten Patienten, die zum Internisten kamen, hatten chronische, stetig fortschreitende Krankheiten. Bei 80 Prozent der Patienten schien sich der Zustand kontinuierlich zu verschlechtern. Ich konnte die Verschlechterung lediglich hinauszögern und den Menschen das Leben vor ihrem unvermeidlichen Tod etwas erträglicher machen. Manchen schien die Therapie jedoch sogar zu schaden. Studium und Praxis der inneren Medizin standen für mich ganz unter dem Zeichen der Vergeblichkeit und deprimierten mich.

Frustriert suchte ich nach einem anderen Fachgebiet. Während meines Studiums war die Pathologie mein Lieblingsfach gewesen. Pathologie bedeutet wörtlich Lehre von den Krankheiten und ist die Wissenschaft der Medizin. Sie berührt sämtliche Spezialgebiete und ist die Basis für das Verständnis ihrer Praktiken. Somit schien mir die Pathologie die ultimative Herangehensweise zum Verständnis meiner selbst zu bieten, denn sie befasst sich ja höchst unmittelbar mit der anatomischen und molekularen Struktur und Funktion des Körpers. Außerdem bleiben ihr einige der in der inneren Medizin unvermeidlichen Enttäuschungen erspart. Der Pathologe ist immer erfolgreich. Er kann die Krankheit oder den anatomischen Befund benennen und somit eine Diagnose stellen. Wenn es kein Heilmittel für die diagnostizierte Krankheit gibt, muss der Internist damit zurecht kommen.

Die Praxis der Pathologie führte mich aber auch nicht zum ersehnten Ziel. Ich sezierte viele Herzen - und fand kein Gefühl. Ich sezierte und studierte viele Gehirne - und fand keinen Gedanken. Ich brachte einiges über Krankheiten und tote Körper in Erfahrung, aber meine Erkenntnisse waren im besten Fall entmutigend. Die schlimmsten Erfahrungen kamen nicht von den toten Körpern, sondern von den sterbenden. Im Krankenhaus sah ich leidende Menschen mit runzeligen Körpern und kaum bzw. gar nicht mehr funktionierenden Gehirnen. Mir war klar, dass auch sie einmal in ihren „besten Jahren“ gewesen waren -

so wie ich es damals hätte sein sollen. Nun waren sie am Ende, und sie litten. Warum? Was für einen Sinn hatte das alles? Das Leben schien mir eine Art grausamer Posse zu sein.

Der Versuch, mich selbst zu entdecken, zeitigte keine glücklichen Ergebnisse. Er deprimierte mich nur.

Kapitel 2 -
Versuch, das Selbst zu erschaffen

Während ich noch nicht wusste, wer ich war, beschäftigte ich mich auch damit, mich selbst zu erschaffen. Es genügte mir nicht, einfach nur zu sein. Ich wusste, ich war Vernon Sylvest, der Sohn von Vera und Edwin Sylvest, ein menschliches Wesen männlichen Geschlechts. Aber das war nicht genug. Ich brauchte andere Maßstäbe, mit deren Hilfe ich mich definieren konnte. Ich suchte nach der Definition eines wertwollen, wichtigen und geachteten Selbst, denn im Geheimen glaubte ich nicht daran, wertvoll und achtenswert zu sein. Dies war mit Schuldgefühlen verbunden und diese wiederum mit Ängsten, also keineswegs mit Glücksgefühlen. Wenn ich so werden könnte, dass mich die anderen akzeptierten, würde ich mich dadurch als würdig erweisen. Dann wäre ich endlich glücklich - glaubte ich.

Wenn wir nicht wissen, wer wir sind, werden wir immer auf die eine oder andere Weise versuchen, uns selbst zu definieren oder zu erschaffen. Nachdem ich einen beträchtlichen Teil meines Erwachsenenlebens damit zugebracht habe, mich zu erschaffen, kann ich jetzt sagen, dass dies unmöglich ist. Wir werden damit immer scheitern und enttäuscht werden. Wir können uns nicht erschaffen, weil wir schon erschaffen sind. Doch wir versuchen es, und der Markt profitiert davon. Viele kommerzielle Unternehmungen, die Milliarden von Dollars kosten, kämen sonst nie zustande. Für die Erschaffung des Selbst wird viel mehr Geld ausgegeben als für die Entdeckung des Selbst.

Wir versuchen, uns nach den Maßstäben derer zu erschaffen, die wir achten gelernt haben oder in deren Abhängigkeit wir durch unsere Erziehung geraten sind. Was uns als gut und lohnend erscheint, wird am unmittelbarsten von unserer Familie und unserem Freundeskreis und im weiteren Sinne von unserer Kultur im allgemeinen bestimmt. Wir lernen, dass wir „jemand“ sind, wenn wir uns auf eine bestimmte Weise verhalten.

Mein Vater war hochgebildet. Er war Doktor der Theologie und Magister der Psychologie, und meine Eltern sprachen oft von seinen Leistungen und vom Wert der Bildung. Über alle, die keine Bildung besaßen, sprachen sie eher herablassend. Es stand von Anfang an fest, dass ich am College und dann noch weiter studieren musste. Ich machte meinen Collegeabschluss mit sämtlichen Auszeichnungen. Dann studierte ich Medizin und schloss auch dieses Studium mit allen Auszeichnungen ab, die man nur erwerben kann. Nach der Promotion ging es weiter mit der Spezialisierung zum Pathologen. Doch richtig glücklich wurde ich dabei nicht. Es gab immer noch etwas, was ich erreichen musste, damit mich meine Selbstzweifel nicht einholten. Ich hatte Schuldgefühle, auch wenn ich oft nur Langeweile empfand. Langeweile ist im Grunde eine subtile Form der Depression, der erste Hinweis auf mangelnde Lebensfreude und damit auf verdrängte Schuldgefühle.

Mein Vater war methodistischer Geistlicher, und ich war bestens vertraut mit den moralischen Prinzipien eines tugendhaften Lebens. Der Wert eines Menschen bestimmte sich nach dessen moralischer Korrektheit. Deshalb führte ich ein diszipliniertes, streng moralisches Leben. Ein Buch über meine Jugend und mein Leben als junger Erwachsener wäre sicherlich nicht besonders aufregend, doch in meiner Phantasie gab es genug Stoff für einen weniger harmlosen Roman.

Das Wichtigste war die Bestätigung durch andere. Wenn es Leute gab, die mit mir befreundet sein wollten, konnte man davon ausgehen, dass ich irgendwie „in Ordnung“ war. Also war es wichtig, ein gesellschaftliches aktives Leben zu führen. Am allerwichtigsten war es, eine Frau zu haben - einen Menschen, der mich mehr als alle anderen liebte. Sie musste mich so sehr lieben, dass sie mir den Rest ihres Lebens anvertraute und Kinder mit mir haben wollte. Dieses Ziel hatte ich mir schon früh gesetzt. Da ich mir meines eigenen Werts nicht sicher war, ging ich im zweiten Collegejahr - ich war damals in einer Verbindung - mit einer Studentin aus dem ersten Studienjahr aus, die so begabt war, dass sie die letzte Klasse in der Highschool überspringen konnte und schon als 16-jährige ins College kam. Damit war mir doppelt gedient: Eine kluge Freundin würde meinen Wert bestätigen, und da sie so jung war, konnte ich ihr noch imponieren. Nach meinem dritten Collegejahr willigte sie in die Heirat ein.

Nachdem ich nun eine Frau hatte, die sich mir anvertraut hatte, brauchte ich Kinder, die mich abgöttisch lieben sollten. Eine derartige Bestätigung musste sicherlich eine Quelle großen Glücks sein. Aus meiner Sicht waren Töchter am besten, da sie den Vater mehr lieben, als Söhne dies können. Wir bekamen drei Töchter.

Es war mir auch wichtig, körperlich fit, männlich, konkurrenzorientiert und erfolgreich zu sein. Dies ließ sich durch sportliche Betätigung erreichen und erwies mir gute Dienste in der Highschool, doch glücklich machte es mich auch nicht. Und da in meiner Familie so viel Wert auf schulische Leistungen gelegt wurde, opferte ich den Sport der Gelehrsamkeit am College. Die Zurschaustellung körperlicher Stärke blieb aber weiterhin eine wichtige Quelle meines persönliches Stolzes.

Natürlich spielten auch Geld und das Materielle eine gewisse Rolle. Gegen diese kulturellen Einflüsse war ich trotz meines streng puritanischen Hintergrunds keinesfalls gefeit. Als Pfarrersfamilie waren wir zwar geachtet, aber arm. Da mir die ständigen Geldsorgen meiner Eltern die Armut nicht als Tugend darstellten, freute ich mich auf die wirtschaftlichen Vorteile einer medizinischen Laufbahn.

Kapitel 3 - Scheitern

Es sah so aus, als würde es mir an nichts fehlen: Ich hatte eine höhere Schulbildung, einen respektablen Beruf und Geld. Ich hatte eine Frau, Kinder und Freunde. Einen kräftigen, männlichen Körper und gute Moralvorstellungen. Mein scheinbar erfolgreicher Versuch, mich selbst zu erschaffen, war in Wirklichkeit jedoch gar nicht so erfolgreich, denn ich war nicht glücklich. Und ständig wurde ich daran erinnert, dass ich alles verlieren konnte. Ich war ein geachteter Pathologe, aber ich fühlte mich unzufrieden. Es gab noch andere Ziele, die ich erreichen musste. Damals leitete ich das Laboratorium noch nicht und war auch nicht landesweit bekannt. Um landesweit Anerkennung zu gewinnen, hätte ich jedoch meine Familie und mein gesellschaftliches Leben opfern müssen, und dazu war ich nicht bereit. Heute weiß ich, dass es auch nicht geholfen hätte, wenn ich diese Ziele erreicht hätte.

Meine Frau war klug und attraktiv, doch sobald ich mir ihrer sicher war, projizierte ich mein eigenes Gefühl der Unzulänglichkeit in sie hinein. Da sie mir gehörte, musste irgendetwas mit ihr nicht in Ordnung sein. Schon bald nach unserer Heirat hatte ich den Eindruck, als sei sie nur noch aus Pflichtgefühl mit mir zusammen. Mir fehlte dieses überwältigende Gefühl der Befriedigung, das mir eine andere, eine neue Frau durch ihre Bestätigung hätte schenken können. Und als ich langsam mit ihren eigenen Selbstzweifeln vertraut wurde, erschien es mir immer fraglicher, dass ich mein Selbstgefühl über sie beziehen konnte.

Bei der Unterminierung unserer Beziehung kam noch ein subtilerer Faktor ins Spiel. Unbewusst „wusste" ich, dass ich meine Frau benutzte, um mich selbst definieren zu können, dass ich etwas von ihr nahm, um mich als vollständig empfinden zu können, und dass ich ihr herzlich wenig zurückgab. Dies war mit verdrängten Schuldgefühlen verbunden, die in ihrer Gegenwart an die Oberfläche kamen und sofort in Ärger übersetzt wurden. Ohne vernünftigen Grund reizte mich deshalb alles Mögliche an ihr - ihre Frisur, ihre Kleidung, wie sie sprach und was sie tat. Und ihr ging es mit mir genauso. So konnte unsere Ehe nicht glücklich werden, aber meine Moralvorstellungen hielten mich gefangen, und ich erfüllte meine Pflicht, so gut ich es konnte.

Die Kinder waren eine Quelle echter Freude, doch da mir so viel am beruflichen Erfolg lag und ich weniger Zeit mit meiner Frau verbringen wollte, stand ich weniger für Familienaktivitäten zur Verfügung.

Irgendwann ging es dann bergab. Meine Frau hatte die „Farce von einer Ehe“, wie sie es nannte, satt und verließ mich. Am Anfang fand ich das ganz gut. Da sie wieder studieren und Karriere machen wollte, ließ sie die Kinder bei mir zurück, was mir sehr angenehm war. Ich träumte davon, eine bessere Frau zu finden. Doch es gab ein Problem. Ich versuchte, mich auf der Basis meiner moralischen Korrektheit zu erschaffen, aber das hätte eine intakte Familie vorausgesetzt. Aus meiner Sicht kam eine Scheidung nicht in Betracht, doch meine Frau wollte sich scheiden lassen, und ich konnte daran nichts ändern. Ich empfand mich als unmoralisch, und meine Schuldgefühle verstärkten sich noch, weil ich mich über unsere Trennung freute. Meine neue „glückliche“ Situation auszukosten war also ein Ding der Unmöglichkeit.

Zwei der fünf Parameter, an denen ich mich gemessen hatte, hatten sich in Luft aufgelöst: Familie und Moral. Ich hatte meinen Beruf, doch das genügte mir nicht. Körperlich war ich noch immer fit, und auch die materiellen Aspekte meiner Welt genügten meinen Ansprüchen, doch glücklich war ich nicht in meiner Welt. Ich hatte eine akute Depression.

Am 10. April 1977 verlor ich einen weiteren Parameter meiner Selbstdefinition. Wie es der Zufall wollte, geschah es an einem Sonntag. Binnen weniger Stunden wurde aus einem robusten, gesunden Mann ein schmerzgebeutelter Invalider. Beim Aufwachen empfand ich in der Mitte meines Rückens einen merkwürdigen Schmerz, der mir völlig neu war. Im Laufe des Vormittags verflüchtigten sich die Rückenschmerzen allmählich, doch am späten Nachmittag schmerzte mein rechter Fuß. Der Schmerz wurde so übermächtig, wie ich es noch nie erlebt hatte. Ich konnte mich nur noch mit Krücken fortbewegen. Nach tagelangen Untersuchungen und Labortests erhielt ich die wohl niederschmetterndste Nachricht meines Lebens. Ich erfuhr, dass ich an einer Form von chronischer Arthritis litt, die als unheilbar galt. Man hoffte, die Krankheit mit Hilfe von Medikamenten unter Kontrolle bringen zu können, doch das wirksamste Medikament hatte potentiell tödliche Nebenwirkungen. Die Diagnose stand zweifelsfrei fest, als in meinen weißen Blutkörperchen ein anomales Gewebe-Antigen entdeckt wurde. Ich hatte einen genetischen Marker für diese Form von Arthritis.

Die Krankheit ließ sich durch Medikamente nicht unter Kontrolle bringen und schritt im Laufe der nächsten Wochen fort, indem sie an verschiedenen Gelenken und Geweben auftrat.

Ich war inzwischen so deprimiert, dass mir meine Kollegen zu einer psychiatrischen Behandlung rieten. Das war der Anfang einer langen Reise, während der ich mich als kranker, chronisch deprimierter Mensch und als Patient der herkömmlichen Medizin und Psychotherapie erfuhr. Im Grunde war ich fast mein ganzes Leben lang deprimiert gewesen, aber jetzt war es mir nicht mehr möglich, vor diesem Gefühl davon zu rennen, auch wenn ich es immer noch verzweifelt versuchte.

Ich hätte gern mit einer anderen Frau eine Ersatzfamilie aufgebaut, aber die nun offen zu Tage liegenden Schuldgefühle ließen es trotz aller meiner Bemühungen nicht zu. Ich probierte sämtliche herkömmlichen medizinischen Heilmittel aus, die man für meine Krankheit kannte, aber keins brachte Linderung. Meiner Arbeit in der Pathologie ging ich jetzt noch eifriger nach, soweit meine Krankheit dies erlaubte. Auch um mein materielles Wohlergehen kümmerte ich mich, indem ich in eine ganze Reihe von Projekten investierte, die zu schnellem Reichtum verhelfen sollen. Viel Zeit widmete ich dem Versuch, meinen Töchtern Mutter und Vater gleichzeitig zu sein. Mit meiner Ex-Frau war ich weiterhin zerstritten, und dadurch versuchte ich, mich von meiner Schuld loszusprechen. Aber es half nichts. Meine Krankheit schritt fort, ich stand ständig unter Schmerzen, und meine Depression verschlimmerte sich, bis ich schließlich im Sommer 1981 damit begann, ein neues tri-zyklisches Antidepressivum an mir auszutesten. Doch seine Nebenwirkungen schienen meinen Körper nur noch mehr zu zerstören.

Meine Angst und meine Depression waren so heftig, dass ich drei Monate lang nicht schlafen konnte. Schlaftabletten zeitigten keine Wirkung. Mein Körper fühlte sich an wie Blei, wenn ich mich bewegen wollte. Die Depression verlangsamte die gesamte Psychomotorik meines Körpers. Die einfachsten Aufgaben waren nur durch eine gewaltige Anstrengung zu bewältigten und waren mit großer Furcht verbunden. Das Zusammensein mit anderen Menschen wurde zur Last, und ich vermied es, wann immer ich konnte. Bei der Arbeit bewegte ich mich wie ein rostiger, nicht geölter Roboter.

Kapitel 4 - Kapitulation und Erfolge

Der Tod wäre mir willkommen gewesen, und ich hatte mir schon mehrere Selbstmordpläne zurechtgelegt. Allerdings hatte ich gerade meine Lebensversicherung erneuert und bis zum Ablauf der zweijährigen Wartefrist, nach der auch bei Selbstmord gezahlt wird, blieben noch sechs Monate. Dann schien mein Gesundheitszustand meinen Todesgedanken entgegenzukommen. Herzrhythmusstörungen machten eine medikamentöse Behandlung erforderlich, und ich stellte mir vor, dass eine genügend hohe Dosis des Medikaments eine tödliche Herzrhythmusstörung herbeiführen würde, ohne Verdacht zu erregen. Ich trug genug von dem Mittel in meiner Aktentasche herum, so dass ich handeln konnte, wenn meine Situation gänzlich unerträglich würde.

Irgend etwas hielt mich jedoch zurück: meine Kinder, mein Verantwortungsgefühl und ein vager Hoffnungsschimmer, den ich dem religiösen Hintergrund meiner Kindheit verdankte. Ich wusste, dass mich nur ein Wunder gesund und glücklich machen konnte. Da meine Gedanken nicht mehr der Logik gehorchten, fing ich an, auf ein Wunder zu hoffen. Ich begann zu beten und andere darum zu bitten, für mich zu beten - vom charismatischen Geistlichen, der in Zungen sprach, bis hin zum Pfarrer der Episkopalkirche, mit dessen Art zu beten ich besser vertraut war. Mein lieber Onkel Ralph, einer meiner wenigen Verwandten, die nicht zur unmittelbaren Familie gehörten, gab in seiner großen Geduld und Liebe die Hoffnung für mich nie auf. Jeden zweiten Sonntag im Monat brachte er mich zum Heilungsdienst beim Orden des Heiligen Lukas in der Episkopalkirche, der er angehörte. Dort betete oft Reverend Rufus Womble für mich und mit mir.

Was nun folgte, lässt sich nicht in Worte fassen. Binnen neun Monaten war ich von der Krankheit befreit, die ich für unheilbar gehalten hatte, und meine psychische Genesung war in vollem Gange. Das Wunder geschah, wenn auch nicht so schnell, wie ich es mir gewünscht hätte. Mich erwarteten nicht nur phänomenale, sondern auch noch einige qualvolle Erfahrungen, und erst jetzt ist es mir möglich, sie ganz zu verstehen und zu schätzen.

Hier zwei besonders wichtige Erfahrungen: Kurz nach Beginn meiner Gebetstherapie gab mir ein Nachbar ein Buch mit dem Titel „Prison and Praise“[10] („Gefängnis und Lobpreis“) von Merlin Carothers, einem Geistlichen. Als junger Erwachsener hatte Carothers eine Krise durchlebt, in der er die Waffen streckte und eine dramatische Verwandlung erfuhr. Er wurde Geistlicher und als solcher Zeuge dramatischer Heilungen bei Menschen, für die er betete. In meinem verwirrten Geisteszustand hoffte ich, er würde auch für mich beten und mich dadurch unmittelbar von meiner Krankheit heilen. Ich erfuhr von einer Veranstaltung mit ihm in Augusta, Georgia, nicht so weit von meinem Wohnort Richmond, Virginia, entfernt. In meinem Zustand war die Reise jedoch nicht so einfach, und in Augusta verbrachte ich die meiste Zeit in meinem Hotelbett. Aber ich schaffte es zu der Veranstaltung. Erstaunlicherweise begann er seinen Vortrag mit der Beschreibung einer Autopsie, wie sie von Pathologen durchgeführt wird. Die ausführliche Beschreibung war wohl mehr für Pathologiestudenten geeignet als für das Publikum, vor dem er sprach. Mir wurde klar, dass irgend etwas Bedeutendes im Gange war. Ich kannte Carl Gustav Jungs Konzept der Synchronizität.[50] Hier beschrieb Reverend Carothers eine Autopsie genau so, wie ich sie durchgeführt hätte, ohne zu wissen, dass ich im Publikum war. Er kannte mich ja nicht einmal.

Reverend Carothers wies auf eine Analogie hin. So wie wir den Körper sezieren, um die physischen Veränderungen zu verstehen, die offenbar für die Krankheit ursächlich sind, müssen wir auch unsere spirituelle Natur sezieren, um die Störung zu verstehen, die in Wahrheit die Krankheitsursache ist. Mir war klar, dass der Vortrag ein bedeutendes Ereignis darstellte, aber mir war so elend zumute, dass ich mich nicht auf seine Botschaft konzentrieren konnte. Ich war auf der Suche nach einer Sofortkur. Nach dem Vortrag hielt der Reverend keinen Gottesdienst für die Heilung ab. Um ihn zu sprechen, musste ich ihn an der Hintertür abfangen. Er schien in Eile und schien sich nicht auf ein Gespräch einlassen zu wollen, geschweige denn für mich zu beten. Da ich darauf bestand, tat er es doch, aber nichts geschah. Vermutlich hatte er es vorausgesehen, und dies erklärte seinen Unwillen. Ich flog genauso krank zurück, wie ich gekommen war, und vergaß in meiner Enttäuschung den Vortrag sehr schnell.

Im Frühjahr 1982 beschloss ich, es noch einmal mit der traditionellen Medizin zu versuchen. Ich fuhr zum Duke Medical Center in Durham, North Carolina, um zu sehen, was man für mich tun konnte. Dort hatte ich wieder eine wichtige Begegnung, allerdings nicht im Bereich der medizinischen Therapie. Nach meiner Ankunft brachte ein lokaler Fernsehsender ein Feature von Dr. Alan Whanger, der über seine Untersuchungen zum Turiner Grabtuch berichtete. Erstaunt hörte ich ihn über Fakten sprechen, die darauf hinzudeuten schienen, dass es sich tatsächlich um das Grabtuch von Jesus handelt und dass ihm ein übernatürliches Bildnis aufgeprägt ist. Dies könnte auf die Freisetzung von Energie zurückgehen, die mit dem Auferstehungsprozess in Verbindung gestanden haben mag. Dr. Whanger war Psychiater am Duke Medical Center. Ich suchte ihn auf, und er verwies mich auf die Literatur zur aktuellen Forschung über das Grabtuch. [39,118] Im Herbst 1978 besuchten vierzig amerikanische Wissenschaftler die norditalienische Stadt Turin und untersuchten das Tuch mit modernem Instrumentarium. Ich prüfte ihre Daten mit der größtmöglichen mir zur Verfügung stehenden Objektivität und gewann den Eindruck, dass die Gläubigen Recht haben. (Die mit Hilfe der Karbondatierungsmethode gewonnenen Daten lagen mir damals noch nicht vor.)

Diese Begegnung weckte in mir das Interesse, die Lehren Jesu zu studieren. Ich machte mich über alle Formen des Christentums und dann über alle Weltreligionen kundig. Was ich herausfand, weckte auch mein wissenschaftliches Interesse auf einer tieferen Ebene. Es drängte mich dazu, die neuesten Konzepte der modernen Physik zu studieren. Wie bei meinen Begegnungen mit Merlin Carothers und Dr. Whanger führten auch hier Synchronizitäten zu weiteren Begegnungen wissenschaftlicher und spiritueller bzw. mystischer Natur, die meinem Wissensdrang entgegenkamen. Langsam begann ich, Zugang zu meinem eigenen inneren Wissen zu bekommen. Dank dieser neuen Herangehensweise und meiner Bereitschaft, die Dinge neu zu sehen, entdeckte ich die Antwort auf die unbeantwortbare Frage: Ich entdeckte, wer ich bin. Ich entdeckte, warum ich krank wurde. Ich entdeckte, wie ich gesund werden und gesund bleiben konnte.

Etwa zwei Jahre später sprach ich in einer örtlichen Kirche über meine Erfahrung, als mir plötzlich aufging, dass ich genau das getan hatte, was mir Reverend Carothers gesagt hatte. Ich hatte meine spirituelle Natur seziert und die Ursache meiner Krankheit verstanden, und ich hatte die entsprechenden Veränderungen durchlebt und war gesund geworden.

Ich hatte meine Einstellung verändert. Unsere Wahrnehmungen und die Gefühle, die mit ihnen einhergehen, bestimmen unsere Einstellung. Furcht und Schuldgefühle hatten mich bestimmt, nun war ich von Unschuld, Vertrauen und der Bereitschaft erfüllt, alle Menschen zu lieben, einschließlich meiner selbst.

Ich begann auch zu verstehen, wie sich meine Einstellung auf andere auswirkt. Die Leute fühlten sich nun in meiner Gegenwart getröstet, kamen unangemeldet und suchten meinen Rat. Einige vertrauten mir ihre körperlichen Schmerzen an und baten um Hilfe. Wenn ich sie mit der Bereitschaft zu lieben und mit der Absicht, den Schmerz zu stillen, berührte, verflüchtigte sich dieser in den meisten Fällen. Zu meinem Erstaunen stellte ich fest, dass ich auch Nadelbiopsien machen konnte, ohne den Patienten Schmerzen zuzufügen und oft, ohne eine Blutung auszulösen. Wenn ich fertig war, fragte ich sie nach ihrem Befinden und hörte oft als Antwort: „Haben Sie es denn schon gemacht?“

Ich stellte fest, dass ich diese Wirkung mit meiner fokussierten Absicht auch aus der Entfernung verstärken konnte, und dies ohne das Wissen der Empfangenden. Zunächst entdeckte ich, dass dies bei Kindern funktionierte. An der Kasse eines Supermarkts standen eine Mutter und ihr zweijähriges Kind etwa zwei Meter vor mir. Das Kind hatte einen Wutanfall, wollte dies und das und brach in lautes Geschrei aus, weil ihm die Mutter nicht nachgeben wollte. Meine spontane Reaktion war gereizte Abwehr, doch beschloss ich, dieses Gefühl loszulassen und die Situation in einem anderen Licht zu sehen. Ich versuchte, die Frustration des Jungen zu verstehen. Ich sah ihn mit der Absicht zu lieben an und wiegte ihn in Gedanken in der Haltung des Gebets. In etwa zwei Minuten wurde der Junge ruhig und hörte auf zu schreien. Er drehte sich um und schaute mich verwundert an. Offenbar spürte er intuitiv, dass etwas aus meiner Richtung kam. Aber ich hatte vergessen, diese Energie der Liebe auch auf die Mutter zu richten. Der Junge war jetzt ruhig, aber sie befand sich noch in der Vergangenheit. Als die beiden den Laden verließen, nahm sie ihn verärgert bei der Hand und stieß ihn dann von sich. Der Junge begann wieder zu weinen.

Damals reiste ich viel und begann mich darauf zu konzentrieren, Kinder in Flughäfen und Flugzeugen zu trösten. Ich merkte, dass es mir fast immer gelang, ein weinendes Kind durch die Kraft meiner Gedanken zu trösten. Meist war es innerhalb weniger Sekunden zufrieden; nie ließ die Wirkung länger als zwei Minuten auf sich warten. Manchmal hielt das Kind mitten im Weinen inne. Früher hatte ich Kinder in geschlossenen Räumen gemieden, besonders in Flugzeugen, weil sie dort gewöhnlich während der Druckveränderungen immer laut und unruhig waren. Einmal bot ich einem kleinen Mädchen in der Wartehalle des Flughafens stillen Trost an. Zu meiner Bestürzung saß es mir dann im Flugzeug auf dem Schoß seiner Mutter direkt gegenüber. Die vorderen Sitzreihen waren umgedreht worden, und die Passagiere saßen entgegengesetzt zur Flugrichtung. Da mir an einem ruhigen Flug gelegen war, konzentrierte ich mich die ganze Zeit auf das Kind mit der Absicht, es zu lieben. Das Kind gab keinen Laut von sich und starrte mich mit großen Augen an.

Ich probierte dieses Verfahren nun auch an Patienten aus, die zu mir ins Krankenhauslabor kamen. Das erste Mal hatte ich es gar nicht geplant. Eine ältere Frau wurde im Rollstuhl ins Wartezimmer gebracht; ihr sollte für eine Laboruntersuchung Blut abgenommen werden. Als sie ihre Beherrschung verlor und in Tränen ausbrach, stand ich gerade im Sekretariat und war durch eine Glaswand von ihr getrennt. Ich hielt kurz inne, blickte auf den Boden, sprach ein kurzes, von Liebe erfülltes Gebet, schaute sie dann einen Augenblick lang an und hüllte sie in Liebe ein. Augenblicklich fand eine völlige Verwandlung mit ihr statt, und sie schien getröstet zu sein. Meine ersten Erfahrungen mit diesem Phänomen erstaunten mich. Seitdem habe ich mich an die gewaltige Wirkung fokussierter Liebe etwas gewöhnt, doch jedes Mal ist diese Erfahrung wieder schön. Wir dürfen nicht vergessen, dass hier immer der freie Wille im Spiel ist. Wir können niemandem Trost aufzwingen, doch nach meinen Erfahrungen nehmen ihn ungefähr 80 Prozent der Kinder und Erwachsenen an.

Der unmittelbare Nutzen der verströmten Liebe beschränkt sich nicht auf diejenigen, denen sie zufließt. Auch der Gebende wird durch sie bereichert. Einmal ging ich durch ein hektisches Einkaufszentrum und empfand Liebe und Mitgefühl für alle Menschen. Fremde lächelten mir zu und sprachen mich an. Als ich in ein Geschäft ging, um mir Teppiche anzuschauen, war der Verkäufer dort gerade mit Inventurarbeiten beschäftigt und wollte nicht gestört werden. Ich sah mich selbst um, und als ich seine Hilfe brauchte, stellte ich mich ganz geduldig hin und schickte ihm Liebe. Sofort kam er zu mir herüber und bot mir sehr liebenswürdig die Hilfe an, die ich brauchte. Seine Laune verbesserte sich zusehens, während er mich bediente. Ich suchte einen kleinen Teppich aus und ging mit ihm zur Kasse. Vor mir stand ein Kunde. Ich hatte nur einen Augenblick gewartet, als mein Verkäufer zu mir herüber kam und mir sagte, ich könnte bei ihm bezahlen. Es war mir klar, dass das nicht in seinen Aufgabenbereich fiel. Eigentlich war er ja mit seinen Inventurarbeiten beschäftigt.

Diese Erfahrungen stachelten meine wissenschaftliche Neugier an. Zusätzlich zu meinen Studien der Quantenphysik widmete ich mich jetzt der Physik des Bewusstseins. Ich lernte, dass Gedanken und Gefühle mächtige, effektive, nicht ortsgebundene Energien sind. Auch meine mehr praktische Neugier war geweckt. Als ich hörte, dass in der Gegend eine Krankenschwester einen Kurs über die „Healing-Touch"-Therapie hielt, schrieb ich mich dafür ein. Da es mir um das theoretische Verständnis ging, wollte ich nicht aktiv, sondern nur als Zuhörer und Beobachter teilnehmen. Schließlich war ich Pathologe, und kein Therapeut der „Healing-Touch"-Schule. Neben der Arbeit im Kurs sollten die Teilnehmer einen freiwilligen Patienten mitbringen, die Therapie anwenden und die Ergebnisse aufzeichnen. Ich hatte nicht vor, diese Aufgabe zu übernehmen, aber dann kam alles anders.

In dieser Zeit nahm ich auch an einer Diskussion und Gebetsgruppe in der methodistischen Kirche teil. Ich hatte seit einigen Monaten eine Gebetsgruppe geleitet, als etwas Ungewöhnliches geschah. Eines Nachts kamen zwei Frauen, die schon seit ein paar Wochen nicht mehr teilgenommen hatten und deren Namen ich vergessen hatte. Da ich sie direkt ansprechen musste, konnte ihnen meine Vergesslichkeit als Mangel an Interesse erschienen. Während ich noch überlegte, was ich tun sollte, schaute ein anderes Gruppenmitglied auf die beiden Frauen und sagte zu einer von ihnen: „Susie, hast du Janet schon kennengelernt?" Susie antwortete: „Natürlich kenne ich Janet." Und als ich gerade mit Dankbarkeit an die göttliche Fügung dachte, die diese Frau dazu gebracht hatte, mir die beiden Namen in Erinnerung zu rufen, wandte sie sich an mich und sagte: „Vernon, mein Arm tut weh. Könntest du ihn bitte berühren und heilen?" Ich war erstaunt, da sie nicht wissen konnte, dass ich in der „Healing-Touch"-Gruppe war oder dass ich mich für dieses Gebiet interessierte. Ich berührte ihren Arm, und der Schmerz war gelindert. In diesem Augenblick wusste ich, dass ich den Kurs ernst nehmen und aktiv betreiben musste.

Ein Freund, der davon erfahren hatte, dass ich in dem Kurs war, wollte mein Patient sein. Er war Ende dreißig und Marathonläufer und hatte degenerative Arthritis in seinem linken Fußgelenk. Er konnte nicht mehr laufen, hinkte beim gehen und litt unter ständigen Schmerzen. Bei einer gelenkendoskopischen Untersuchung hatte sich herausgestellt, dass der Gelenkknorpel bis zum Knochen angegriffen war. Beim gehen scheuerte Knochen gegen Knochen. Nach unserer ersten Behandlung, die weniger als fünf Minuten dauerte, war mein Freund schmerzfrei. Nach zwei Behandlungen hinkte er nicht mehr, und nach drei Wochen konnte er wieder laufen. Inzwischen sind neun Jahre vergangen, und er läuft noch immer.

Diese und andere Erfahrungen ermutigten mich, 1988 meine Ganztagsstelle als Pathologe aufzugeben. Ich behandelte meine Patienten nun ärztlich und konnte ihnen die Heilung zuteil werden lassen, die mit dem traditionellen medizinischen Ansatz allein nicht möglich ist.

Auf den folgenden Seiten werde ich etwas ausführlicher darstellen, was ich gelernt habe und wie dies im Leben nutzbar gemacht werden kann.

Kapitel 5 - Wer wir sind

Als ich meine Ganztagsstelle als Pathologe noch hatte, wollte ich Auskünfte über eine Biopsienadel einholen, die der schwedische Radiologe Dr. Björn Nordenström entwickelt hatte. Zusammen mit der Information erhielt ich einen Hinweis auf ein Buch, das Dr. Nordenström über seine zwölfjährige Forschungsarbeit über die Natur des physischen Körpers als energetisches Phänomen geschrieben hatte: „Biologically Closed Electrical Circuits: Clinical, Experimental and Theoretical Evidence for an Additional Circulatory System".[70] Die Nadel bestellte ich nicht, dafür aber das Buch, und die Lektüre faszinierte mich. Hier fand ich eine Dokumentation der biologischen/medizinischen Experimente, die das bestätigten, was ich in der elementaren modernen Physik sowie in den spirituellen Lehren gelernt hatte.

Der Körper ist mit einem Energiefeld verbunden. Dieses Feld existiert innerhalb des Körpers und um den Körper herum. Dr. Nordenström hatte sowohl in vivo (am Körper) als auch in vitro (im Reagenzglas) demonstriert, dass dieses Energiefeld nicht vom Körper produziert wird. Vielmehr produziert das Energiefeld den Körper. Wie die Quantenphysik demonstriert hat, sind alle physischen Phänomene eine Manifestation von Energiefeldern, die miteinander in Wechselwirkung stehen und dadurch die Erfahrung der Substanz produzieren. Dr. Nordenström zeigte die Gültigkeit dieses Konzepts für den menschlichen Körper. Von den subatomaren Partikeln, Atomen, Molekülen, intrazellulären Organellen, Zellen, Geweben und Organen bis hin zu sämtlichen Körperfunktionen und anatomischen Zusammenhängen ist alles eine Manifestation der energetischen Interaktion.

Dr. Nordenström zeigte, dass jeder chemischen und physikalischen Anomalität im Körper eine Störung im Energiefeld vorausgeht, das den Körper produziert. Er untersuchte das Energiefeld des erkrankten Gewebes und verglich es mit dem Energiefeld normalen Gewebes. Dann zeigte er, dass Anomalien - z.B. metastatische Tumorknötchen - durch elektrische und elektromagnetische Veränderung des Energiefelds rückgängig gemacht werden. Am normalen Brustgewebe, das im Reagenzglas lebensfähig gehalten wurde, konnte er durch Reorganisation des Energiefelds die Struktur des Gewebes reorganisieren.

In diesem Buch und in anderen wegweisenden Schriften[6] greift die medizinische Wissenschaft auf die Erkenntnisse der Quantenphysik zurück. Die gängige Medizin - und dazu zählt auch der Großteil der medizinischen Forschung - stützt sich jedoch noch immer auf die Newtonsche Physik und beschränkt sich auf die molekulare Ebene der Krankheit, obwohl wir seit Einstein[25, 76] und der Entdeckung des Relativitätsgesetzes wissen, dass Newtons Physik keine vollständige oder akkurate Sicht der Realität wiedergibt. Die praktische Anwendung der neuen Informationen hat ein neues Feld eröffnet, das sich mit energetischen Heilmethoden beschäftigt. In „Star Trek" ging man davon aus, dass wir eine Technologie entwickeln können, die unmittelbar mit dem Energiefeld des Körpers interagiert. Dadurch würden die plumpen molekularen Therapien durch Feldveränderungen und Körperheilungen ersetzt.

Aber es gibt noch eine höhere Ebene des Heilens. Woher stammt das Energiefeld des Körpers? Alles spricht dafür, dass es etwas mit dem Bewusstsein zu tun hat - mit den Gedanken und Gefühlen, die sich auf das Energiefeld auswirken, das den Körper ausmacht. Offenbar ist die Energie, die die molekulare und grobstoffliche Erfahrungsebene des Körpers manifestiert, selbst eine Manifestation des Bewusstseins bzw. der geistigen Energie. Das Energiefeld, das den Körper macht, ist im Geist. Inzwischen liegen uns genügend wissenschaftliche Erkenntnisse vor, die diese Vorstellung stützen. Die unterschiedlichen Wirkungen von Angst und Liebe auf das den Körper umgebende Energiefeld lässt sich mit Hilfe der Kirlianfotografie sichtbar machen.[117] Blair Justice untersuchte in seinem Buch „Who Gets Sick"[51] die wissenschaftliche Literatur zur Erforschung der Beziehung zwischen Geist und Körper. Inzwischen gibt es Hinweise darauf, dass im Zustand der Angst die DNA-Wiederherstellung in den Körperzellen beeinträchtigt ist.[34, 51, 53] DNA ist das Molekül, das unsere Gene ausmacht, die ihrerseits Makromoleküle sind und die Zellen instruieren, was sie zu tun und zu lassen haben: ob sie sterben oder sich regenerieren oder auch anomal regenerieren sollen, was zu einer anomalen Zellfunktion bzw. zu anomalem Zellenwachstum wie bei Krebserkrankungen führt.

Wenn wir Angst haben oder deprimiert sind, lassen sich entsprechende chemische Veränderungen im Gehirn demonstrieren. Diese Neuro-Chemikalien (Gemüts-Chemikalien) werden erwiesenermaßen auch in anderen Körperteilen produziert. Man muss sich jedoch darüber im

Klaren sein, dass die Chemikalien für unsere Gemütsverfassung nicht ursächlich, sondern eher als deren Nebenprodukte anzusehen sind. Wenn wir Chemikalien mit ähnlicher Struktur einnehmen, versetzen sie uns in eine ähnliche Gemütsverfassung, die jedoch synthetisch ist. Bei Entfernen der Chemikalie stellt sich wieder die normale Gemütslage ein.

Die Wirkung des Geistes auf den Körper wurde auch auf der zellulären Ebene demonstriert. Lymphozyten - die Immunzellen, die uns vor Infektionen schützen - werden negativ beeinflusst, wenn wir im Angstzustand sind. Wie erwartet, konnte der schädliche Effekt der Angst auch auf der Ebene der Organe und des ganzen Organismus eindeutig nachgewiesen werden, denn die Organe und der Körper als Ganzes bestehen ja aus Molekülen und Zellen.[51]

Angst scheint der primäre Verursacher von Krankheiten aller Art zu sein - von der simplen Infektion bis hin zu Erkrankungen des Herzens, Schlaganfall und Krebs.

Angst ist die Erfahrung von Stress auf Gefühlsebene. Mit der Angst gehen immer Schuldgefühle einher, obwohl wir das häufig nicht erkennen. Angst hat ihren Ursprung in einem Gefühl der Bedrohung, das auch mit dem Gefühl des Versagens oder des potentiellen Versagens verbunden ist. Das Gefühl des Versagens ist Schuld. Schuld verbirgt sich normalerweise hinter Ärger und wird als solcher projiziert. All dies hängt auch mit dem Gefühl des Verlusts oder des potentiellen Verlusts zusammen. Das Gefühl des Verlusts ist Kummer. Wenn es nicht aufgelöst wird, stellt sich Depression ein. Man könnte jedoch auch sagen, dass der Kummer in Wirklichkeit auf den Verlust des Selbsts zurückgeht.

Stress hat seine Ursache nicht in unserer gegenwärtigen Situation. Die Interpretation der Situation löst die Erfahrung auf der Gemütsebene aus. Diese Interpretation basiert auf unseren Wahrnehmungen - unseren Überzeugungen in bezug auf uns selbst und die Welt. Die Gedanken folgen der Wahrnehmung, und ihre emotionale Energie hat schöpferische Kraft, indem sie unser inneres Erleben ins äußere Erleben projiziert. Unsere Wahrnehmungen werden in dem Maße manifest, in dem sie unseren Glauben oder Glaubenssystem repräsentieren. Diese Behauptungen sollen im Folgenden bewiesen werden.

Eine Korrektur ist dann möglich, wenn sich unsere Wahrnehmung ändert, und darin liegt der Zweck unserer Suche und unserer Versuche, neue Entdeckungen zu machen. Wir haben nun entdeckt, dass wir nicht der Körper sind und nicht durch den Körper gemacht werden. Wir sind ein Energiefeld - ein Energiefeld des Bewusstseins, das die Erfahrung eines Körpers macht. Energiefelder sind die Domäne der Quantenphysik.*[1] In Laborversuchen wurde nachgewiesen, dass in dieser Domäne nichts lokal auftritt und nichts voneinander getrennt ist. Alles ist mit allem verbunden und hat eine Wirkung auf alles andere, und dies unmittelbar, ohne Begrenzung durch Raum und Zeit. Diese Feststellungen reflektieren Beers Gesetz der Physik.

Wenn im Experiment die Drehung eines Atoms in einem Standort verändert wird, wirkt sich dies augenblicklich auf die Drehung eines anderen Atoms aus, das im gleichen Augenblick in einiger Entfernung beobachtet wird, und zwar unabhängig von dessen Standort. Bei identischen spiegelbildlichen Photonen, die sich infolge der Wirkung eines gespiegelten Prismas auf einem Lichtstrahl in entgegengesetzte Richtung bewegen, beeinflusst eine Veränderung in der Polarisierung des einen Photons mittels eines polarisierenden Filters auch die Polarisierung des Zwillingsphotons, das sich in einiger Entfernung von dem durch den Filter laufende Photon in entgegengesetzte Richtung bewegt. Die Partikel an einem Standort scheinen also wissen, was mit Partikeln geschieht, die sich in einiger Entfernung befinden.

In einem weiteren Experiment wurden subatomare Partikel, deren Geschwindigkeit sich der Lichtgeschwindigkeit annäherte, in einem linearen Beschleuniger durch einen Filter mit nur einer Öffnung geschickt. Wie zu erwarten war, schufen die sich als Partikel verhaltenden Partikel das Bild einer Öffnung auf dem Detektor am Ende des Beschleunigers. Danach wurden Partikel durch einen Filter mit zwei parallelen Öffnungen geschickt. Anstatt zwei parallele Bilder zu schaffen, wie man hätte erwarten können, wenn sich die Partikel wie Partikel verhalten hätten, wurden mehrere Bilder produziert, von denen keins der Position der Öffnungen im Filter exakt entsprach. Diese Experimente demonstrieren die Kapazität subatomarer Partikel, sich je

[1] Literaturhinweise: 19, 38, 40, 52, 74, 75, 77, 115, 116, 122, 127, 128, 129, 130, 133

nach der Methode der Beobachtung sowohl als Wellen als auch als Partikel zu verhalten.

In dem Experiment mit der Doppelöffnung verhielten sich die Partikel wie Wellen, was nicht überrascht, da Partikel aus Energie bestehen und Energie die Eigenschaften von Wellen besitzt. Wenn man zwei Steine nebeneinander in einen Teich wirft, überlagern sich die entstehenden Wellen, wobei sich die phasenverschobenen Wellen gegenseitig auslöschen. Diejenigen, die in Phase sind, verstärken einander, und diejenigen, die in Bezug auf die Phase irgendwo dazwischen sind, haben eine schwächere Wirkung als die anderen. Wo die beiden Wellenmuster zusammen kommen, verbinden sie sich zu einem dritten, neuen Wellenmuster. Wenn die Energie den Detektor am Ende des linearen Beschleunigers trifft, verhält sie sich jedoch wie ein Partikel und produziert das Bild eines neuen Musters - in diesem Fall ein Bild mit mehreren Öffnungen.

Doch das Interessanteste an dem Experiment ist Folgendes: Wenn nur ein Partikel durch den linearen Beschleuniger und den Filter mit der Doppelöffnung geschickt wird, kann er nur durch die eine oder andere Öffnung treten. Man sollte erwarten, dass der Partikel in dem Bereich auf den Detektor auftrifft, der einer der Öffnungen entspricht. In einem solchen Experiment fiel der Partikel jedoch in einen Bereich, der dem Interferenzwellenmuster entsprach, das sich ergeben hätte, wenn die Kammer mit Partikeln überschwemmt worden wäre, die gleichzeitig durch beide Öffnungen treten. Anscheinend weiß ein einzelner Partikel, der durch eine Öffnung tritt, dass es an einer anderen Stelle eine weitere Öffnung im Filter gibt, und verändert sein Verhalten dementsprechend. Wer oder was bringt aber dieses Wissen zuwege? Könnten unbekannte Aspekte im Denken der Wissenschaftler, die das Experiment durchführen, als nicht-lokales, allgegenwärtiges energetisches Phänomen agieren und deshalb an dem „Wissen" beteiligt sind? Beeinflusst dieses unbewusste „Wissen" die Resultate des Experiments?

Der Physiker Helmut Schmidt an der Mind Science Foundation in San Antonio entwarf einige Experimente, um dieser Frage nachzugehen.*[2] Dr. Schmidt benutzte eine radioaktive Quelle als Generator für Zufallsereignisse (REG: random-event generator). Das radioaktive

---

2 Literaturhinweise: 20, 99, 100, 101, 102

Material gab in jeder beliebig kurzen Zeitspanne Partikel A bzw. B ab, doch konnte man nicht voraussagen, welcher es war; für beide war die Wahrscheinlichkeit gleich groß. Über eine längere Zeitspanne war das Verhältnis der freigesetzten Partikel A und B erwartungsgemäß 50:50.

Dr. Schmidt veranlasste Probanden, sich auf den REG in der Absicht zu konzentrieren, die Zufallsergebnisse zu beeinflussen und einen der beiden Partikel verstärkt freizusetzen. Die Ergebnisse waren positiv: Die Abläufe unterlagen nun nicht mehr dem Zufallsprinzip. Der REG reagierte auf die geistige Beeinflussung der Teilnehmer und setzte verstärkt den jeweiligen Partikel frei. Die Daten wurden von unbeteiligten, zum Teil auch skeptischen Beobachtern unter die Lupe genommen, und andere Forscher legten ähnliche Arbeiten vor. Schmidt demonstrierte, dass das Bewusstsein eine aktive Rolle für die präphysischen Energiefelder spielt, die die subatomaren Abläufe festlegen. Grobstofflich atomare Ereignisse, wie die physischen Ereignisse in unserem Leben, sind Manifestationen von Ansammlungen subatomarer Abläufe.

Dr. Schmidt zeigte, dass diese beeindruckende Macht des Geistes die Zeit transzendieren und sogar vergangenes Geschehen beeinflussen kann. In einer erweiterten Form des Experiments wurde der radioaktive Zerfall vom Detektor aufgezeichnet, noch bevor der Teilnehmer seine bewusste Aktivität einfließen ließ. Nachdem der Zerfall registriert worden war, konzentrierte sich der Proband auf das erwünschte Ergebnis - die verstärkte Freisetzung eines der beiden Partikel. Wieder waren die Resultate positiv. Die Daten zeigten, dass der Experimentator vergangenes Geschehen beeinflussen kann. Wenn jemand die Resultate des Detektors bereits vor den Bemühungen des Experimentators beobachtete, war die Wahrscheinlichkeit, ein bewusst gewähltes Ergebnis zu erzielen, für den Experimentator jedoch nicht so groß. Es kam dann zu einem geistigen Machtkampf. Die erste Beobachtung schien den Ablauf festzulegen, doch je Fokus der beiden Beteiligten musste dies nicht unbedingt eintreten.

Diese Experimente zeigen, dass im Bereich der präphysischen Energie der Geist als allgegenwärtiges ursächliches energetisches Phänomen existiert, das die subatomaren und damit auch die molekularen Abläufe bestimmt. Die Macht des Geistes ist demnach sehr groß. Parapsychologen studieren in einigen unserer großen Universitäten die telepathische Fähigkeit des Geistes, die Gedanken und Gefühle von

Menschen zu beeinflussen, die sich nicht in unmittelbarer Nähe befinden.[1, 125] Es stellte sich heraus, dass der Geist die Energie von Pflanzen und die elektromagnetische Energie von Metall beeinflussen kann. Die Psychokinese, das Bewegen von Gegenständen durch geistige Beeinflussung, ist gut dokumentiert. Bei einem Besuch in Moskau hatte ich 1990 die Gelegenheit, mir Videos über psychokinetische Forschungen anzusehen. Meiner Ansicht nach handelte es sich um seriöse Aufzeichnungen von Abläufen, die die Macht des Geistes über die Materie demonstrierten.

Millionen von Menschen, darunter auch westliche Wissenschaftler und Journalisten, waren Zeuge, wie Sai Baba, ein heiliger Mann in Indien, verschiedene Gegenstände materialisierte und Kranke heilte.*[3] Ich besuchte Sai Baba 1989 und dann noch einmal 1993 in Indien und sah, wie er Asche, Ringe, Münzen und anderes auf seiner Handfläche materialisierte, die sich so nahe vor meinen Augen befand wie dieses Buch vor den Ihren. Die Anwendung von Tricks war ausgeschlossen. Ich nahm zwei materialisierte Gegenstände mit mir. Sai Baba sagte: „Der einzige Unterschied zwischen mir und dir ist, dass ich weiß, wer ich bin. Du weißt noch nicht, wer du bist.“ Die phänomenalen Manifestationen sind sicherlich nicht Sai Babas größte Leistung, aber sie zeigen die potentielle Unbegrenztheit des menschlichen Geistes, wenn der Mensch eins mit der eigenen Wahrheit ist. Sai Babas größtes Geschenk an die Menschheit ist seine Liebe, und darunter fallen auch seine Lehren und die segensreichen Aktivitäten, die er unterstützt und die so vielen Menschen zugute kommen.

Beobachtungen weisen darauf hin, dass wir nicht-ortsgebundene Energiefelder des Bewusstseins sind und dass der Geist die Macht hat, Ereignisse zu beeinflussen, die außerhalb der Reichweite des Körpers sind. Wenn wir dies zu unserer Wahrnehmung machen könnten, wären wir im Stande, uns von vielen Ängsten in Bezug auf unsere Ohnmacht und Hilflosigkeit zu befreien und damit positiv auf die Ereignisse in unserem Leben einzuwirken. Weil der Geist allgegenwärtig und mächtig ist, werden unsere Ängste leicht zu Prophezeiungen, die sich selbst erfüllen, und unser mangelndes Vertrauen erscheint dann als gerechtfertigt. In der medizinischen Praxis können sich eine physische

---

[3] Literaturhinweise: 36, 41, 67, 68, 69, 98

Diagnose und eine auf vergangenen Erfahrungswerten beruhende Prognose selbst erfüllen und alle Beteiligten in einem negativen Paradigma gefangen halten.

Es gibt aber noch mehr zu entdecken: Woher stammt der Geist letztendlich? Können wir mit seiner Weisheit und mit seinem Wohlwollen als allgegenwärtiger, mächtiger Kraft rechnen? Was ich bisher geschrieben habe, ist wissenschaftlich fundiert. Doch um weiter zu kommen, müssen wir die Wissenschaft hinter uns lassen. Es liegen wissenschaftliche Präzedenzfälle vor, die diesen Schritt möglich machen. Die Wissenschaft konnte sich entwickeln, weil sie bereit war, über sich selbst hinaus zu wachsen. So hatten wir vor Einstein auf wissenschaftlichem Gebiet nur Newtons Konzepte, wenn wir die Physikalität verstehen wollten, und Newtons Gesetze basieren auf dem, was dem physischen Auge zugänglich ist. Bis zu einem gewissen Grad scheinen diese Beobachtungen zu funktionieren. Sie lassen sich mathematisch ausdrücken, doch letztendlich schränken sie unser Denken ein.

Weil Einstein Newtons Physik hinter sich ließ, sah man in ihm denjenigen, der lange gehegte und hoch geschätzte Überzeugungen über Bord warf. Seine unorthodoxen Ansichten verhinderten vermutlich, dass er eine Lehrstelle an der Universität bekam, nachdem er sich habilitiert hatte.[76] Als er dann im Schweizer Patentamt am Schreibtisch arbeitete, kam er ganz ohne Labor und Instrumentarium auf das Gesetz der Relativität. Was Einstein beschrieb, ließ sich mit physischen Augen und auch durch die physikalischen Instrumente seiner Zeit nicht sehen. Erst vierzehn Jahre nach der Veröffentlichung seiner Theorie entwickelte die Welt die Technologie, mit der sich beweisen ließ, dass er Recht hatte. Von Einstein wird berichtet, das er sich bei der Arbeit öfter mal ein Nickerchen gönnte und dann wieder an seine Arbeit ging. Er schloss die Augen zur physikalischen Welt und zog sich in seinen Geist zurück, in die Energie seines Bewusstseins, um unmittelbar aus seiner inneren Weisheit zu schöpfen und um eine mystische Erfahrung zu haben. Die Akkuranz seiner Erkenntnisse bestätigt, dass die Mystik - das innere Wissen - eine Quelle der Weisheit ist.

Wenn wir mit unserem Verständnis vorankommen wollen, müssen wir uns auf die mystische Weisheit verlassen. Diese Information finden wir in den alten Büchern der Weltreligionen, und wir können sie auch aus jüngeren, zeitgenössischen Quellen beziehen (siehe Anhang). Solchen Informationen zufolge existiert ein ursprünglicher Geist, eine allgegenwärtige Energie - die Energie des Bewusstseins, dem alle Energie und damit alle Dinge letztendlich entspringen. Diese universelle, allgegenwärtige Energie besitzt alle Attribute unseres Geistes. Sie weiß. Sie weiß alles, was sich wissen lässt. Sie ist allwissend. Sie denkt, und ihr Denken ist die Bewegung der Energie in ihre Manifestation hinein. Sie ist allmächtig. Sie ist überall, es gibt keinen Ort, an dem sie nicht ist. Sie ist allgegenwärtig. Sie empfindet, das heißt, sie hat eine Erfahrung auf emotionaler Ebene. Sie empfindet Liebe. In ihrem Erleben gibt es nichts als Liebe. Sie empfindet Liebe, weil sie Liebe ist. Liebe ist die Energie und der energetische Zustand des ursprünglichen Geistes. Bei uns nennt man diesen ursprünglichen Geist Gott.

Der ursprüngliche Geist (Gott) ist sich seiner selbst, seines Wissens und Fühlens bewusst. Indem er Liebe empfindet, liebt er. Es ist das Wesen der Liebe zu lieben. Indem die Liebe danach trachtet zu lieben, erweitert sich der ursprüngliche Geist und denkt. Sein Denken ist die Bewegung der Energie in die Manifestation, damit er das lieben kann, was manifest ist. Da das Erleben der Liebe Freude einschließt, vermehrt sich die Freude, indem die Liebe durch das Denken erweitert wird.

Dieser Prozess nennt sich Schöpfung. Der Motor der Schöpfung ist also die Liebe. Was wurde geschaffen? Alles, was existiert - unter anderem wir. Wir wurden durch den ursprünglichen Geist geschaffen, damit er durch seine Liebe zu uns sich selbst erfahren kann. Wir wurden geschaffen, um geliebt zu werden.

Aus zeitgenössischen und aus alten Quellen wissen wir, dass wir nach Gottes Ebenbild geschaffen wurden. Wir sind Energie des Bewusstseins (des Geistes) und als solche auch allwissend, allgegenwärtig und allmächtig. Wir wurden mit einem Selbstbewusstsein erschaffen, und wenn wir als göttlicher Gedanke ins Dasein hineinplatzen, platzen wir auch in das Bewusstsein des Selbst hinein. Wir existieren nicht außerhalb des göttlichen Geistes, und die Frequenz unserer geistigen Energie ist auch die Frequenz der Energie Gottes. In diesem Zustand sind wir uns Gottes bewusst, der Allwissenheit und der Erfahrung der Liebe, des Geliebtseins, der Freude des Liebens. Wir denken also um der Liebe willen. Wir haben auch die Fähigkeit zu denken. Indem wir die Liebe erfahren, wünschen wir zu lieben. Wir denken also um der

Liebe willen. Unsere Gedanken sind die Bewegung der Energie in die Manifestation, damit wir das lieben können, was sich manifestiert hat. Dadurch erfüllen wir unsere Funktion, denn wir wurden geschaffen, um die Liebe zu verbreiten und die Freude des Liebens zu vermehren, indem wir in der Energie der Liebe, der Energiefrequenz Gottes, an der Schöpfung mitwirken. Wir wirken an Gottes Schöpfung mit, indem wir liebevoll denken. So wie wir das lieben, was wir schaffen, liebt auch Gott uns. So wie die geistige Energie aller Geschöpfe im Geist Gottes und auf der göttlichen Frequenz existiert, so kennt und erfährt der Geist aller anderen die Freude unserer Schöpfungen, und wir erfahren das Wissen und die Freude der Schöpfungen aller anderen. Dadurch erhöht sich die Erfahrung der Liebe exponentiell und kommt allen zugute.

Alle Menschen sind Kinder Gottes, Söhne und Töchter. Dem Neuen Testament zufolge war sich Jesus dessen bewusst. Als er verkündete, dass Gott sein Vater und er mit diesem eins sei, beschuldigten ihn die Pharisäer der Blasphemie. Darauf antwortete Jesus: „Steht es nicht geschrieben in eurem Gesetz: ‚Ich habe gesagt, Ihr seid Götter'." (Johannes 10, 34) Er bezog sich auf Psalm 82, in dem Gott die Menschen ermahnt, weil sie sich nicht wie die Söhne Gottes verhalten, die sie sind, sondern wie bloße Menschen.

Ich habe über die Schöpfung gesprochen, als finde sie gegenwärtig statt. Die moderne Physik impliziert, dass Zeit eine Illusion ist, eine variable Erfahrung, die von der Position/Wahrnehmung des Beobachters abhängt. Das Erleben der Zeit ist die Manifestation eines Denkmusters - in unserem Fall eines der Muster kollektiven Denkens. Dies würde die mystischen Schriften bestätigen - die von den alten Veden*[4] bis hin zum zeitgenössischen „Ein Kurs in Wundern" klar und deutlich aussprechen, dass Zeit eine Illusion ist. Die Schöpfung fand also nicht in der Vergangenheit statt. Sie vollzieht sich in diesem Augenblick. Wir werden in diesem Augenblick erschaffen – vollkommen weise und mächtig, vollkommen liebend, vollkommen freudig. Das hat sich nie geändert und wird sich niemals ändern. Der Unterschied zwischen uns und Gott besteht darin, dass wir uns nicht

---

[4] Die Veden sind alte Sanskritschriften, auf die sich der Brahmanismus (jetzt: Hinduismus) stützte. [48, 110, 119] Der Glaube Abrahams - des Vaters des Judaismus - hat seine Ursprünge im Brahmanismus [23], und das Christentum wurzelt natürlich im Judentum. Auch die Muslime führen ihr Erbe auf Abraham zurück.

selbst erschaffen haben, auch wenn wir an der Schöpfung mitwirken können, und dass wir nichts daran ändern können, wie wir erschaffen sind. Natürlich kann es sein, dass uns all das alles nicht mehr bewusst ist, aber ändern können wir es nicht. Verändern können wir also nur unser Bewusstsein; in unserem irdischen, menschlichen Erleben haben wir das Bewusstsein unserer Weisheit, Macht, Liebe und Freude verloren.

Wie konnte das geschehen und wie konnten wir vergessen, wer wir sind? Wenn wir erschaffen werden, erhalten wir die Freiheit, uns für unsere eigenen Gedanken zu entscheiden. Wenn wir einen Gedanken denken, ist unser Bewusstsein in der Energie dieses Gedankens. Unser Bewusstsein macht sich an unseren Gedanken fest. Wir erfahren die Energie des Denkens auch als Emotion. Ein wahrer Gedanke besitzt eine charakteristische Frequenz, die mit der Frequenz der göttlichen Energie, dem ursprünglichen Geist, in Einklang ist. Die Energie der Wahrheit wird als Liebe und Freude erlebt. Indem wir Gedanken der Weisheit (Wahrheit) denken, um die Liebe zu verbreiten und die Freude zu vermehren, ist unser Bewusstsein in der Energie dieser Gedanken. Wir haben die Freiheit, jeden Gedanken in der Energie der Liebe und Wahrheit zu denken, wenn wir uns für sie entscheiden.

Wir haben auch die Freiheit, unwahre Gedanken zu denken, und machen davon Gebrauch. Aus der Zeitperspektive könnten wir fragen, warum wir das getan haben. Richtiger wäre es aber zu fragen, warum wir es auch jetzt noch tun. Und wieder: Aus der Zeitperspektive begann dieser Prozess vor der Erfahrung der Zeit, das heißt jenseits der Zeit. Als ein Geist einen unwahren Gedanken dachte, einen nicht-allwissenden Gedanken, schlossen sich andere an. Es wurde zu einem kollektiven Phänomen, an dem der Geist vieler beteiligt ist.

Bestimmte vorhersehbare Ereignisse treten ein, wenn ein Geist damit anfängt, eine Unwahrheit zu denken. Das Bewusstsein dessen, der den unwahren Gedanken hegt, verändert sich und hat nun andere, niedrigere energetische Eigenschaften (niedrigere Frequenz). Somit beginnt das Bewusstsein des Geistes, der die Unwahrheit denkt, eine niedrigere Frequenz anzunehmen. Diesem Geist ist die Energie der Wahrheit höherer Frequenzen - Liebe und Freude - nicht mehr bewusst, obwohl das wahre Wesen dieses jetzt Höheren Selbst unverändert bleibt. Wenn der Geist die Unwahrheit denkt, empfindet er auf Gefühlsebene die Abwesenheit der Liebe. Diese Erfahrung nennen wir Angst. Indem sein

Bewusstsein aus der Wahrheit heraus fällt, weiß er nichts mehr von der Weisheit. Er weiß nicht mehr, wer er ist und worin seine Funktion besteht. Er weiß nichts mehr von seinem Einssein mit Gott und von seinem Daseinszweck - zu lieben und geliebt zu werden. Er erlebt keine Freude mehr. Einmal wusste er, aber jetzt weiß er nicht mehr. Was einmal Wissen war, wird nun zu einer bloßen Vorstellung, die mit der Zeit zu einer Erinnerung verschwimmt. Da es sich bei Vorstellungen und Erinnerungen nicht um unmittelbares energetisches Erfahren des Wissens handelt, sind sie Veränderungen und dem Vergessen unterworfen.

Indem sich das Bewusstsein nun in einem Zustand der Unwahrheit und der Angst befindet, spürt der Geist, dass etwas nicht in Ordnung ist. Er erfährt nun das Gefühl des Versagens, bei dem es sich im Grunde um Schuld handelt. Angst ist also mit der Erfahrung von Schuldgefühlen verbunden. Schuld intensiviert die Angst, was wiederum zu mehr Schuldgefühlen führt, was zu mehr Angst führt. Eine sich selbst perpetuierende, sich selbst verstärkende negative energetische Dynamik verankert sich im Geist.

Schuld ist die schlimmste menschliche Erfahrung. Sie ist schlimmer als der physische Schmerz, den sie letztlich verursacht. Wir würden alles dafür tun, sie zu vermeiden. Der Versuch, der Schuld zu entkommen, steht hinter allen negativen Entscheidungen, die in dieser Welt getroffen werden. In seinem negativen Bewusstsein hat der Geist einen zweiten falschen Gedanken, weil er versucht, sich selbst und den anderen zu beweisen, dass der erste falsche Gedanke nicht falsch war, und darauf hofft, dass sich die Schuldgefühle dadurch verflüchtigen werden. Doch da der zweite falsche Gedanke eine Unwahrheit ist, intensiviert er die Angst, was zu mehr Schuld führt, was zu mehr Angst führt... So verankert sich eine weitere negative, sich selbst perpetuierende, sich selbst verstärkende energetische Dynamik im Geist, und die Frequenz des Bewusstseins wird noch niedriger. Weil der Geist nun zu beweisen versucht, dass der zweite falsche Gedanke wahr ist, hat er einen dritten falschen Gedanken und hofft wieder, damit der Schuld zu entgehen. Aber das funktioniert auch diesmal nicht, denn der dritte falsche Gedanke erhöht die Angst, was die Schuld verstärkt. Und so geht es weiter. Eine weitere negative energetische Dynamik entsteht und vergrößert die Entfernung zwischen dem Bewusstsein und der ursprünglichen Energie der Wahrheit. Obwohl die Energie der

Wahrheit im Bewusstsein nicht mehr erfahren wird, ist der Geist nicht von ihr getrennt. Vom Schöpfer fließt kontinuierlich höhere Energie. Sie wird vom höheren Aspekt des Geistes angenommen und erreicht die Tiefen des gefallenen Bewusstseins, auch wenn sich das Bewusstsein in seinem veränderten Zustand dessen nicht bewusst ist.

In seinem fortgesetzten falschen Denken versucht der Geist zu leugnen, dass er für seine Erfahrungen selbst verantwortlich ist. Damit glaubt er, den Schuldgefühlen zu entgehen. Die Schuld wird jemand oder etwas anderem gegeben, und das drückt sich in Ärger aus. Da die Bedrohung nun als dem Selbst äußerlich angesehen wird, beginnen wir mit Vorwürfen, Beklagen, Angriff und Verteidigung, und das Gefühl der Isolation verstärkt sich. Wir basteln uns Wertsysteme zurecht, mit denen wir die Vorwürfe und das Jammern rechtfertigen. Weil wir uns selbst als wertlos erleben, versuchen wir, andere als noch wertloser zu sehen, und glauben, dass wir uns dadurch als wertvoller und damit weniger schuldig empfinden können. Die Wahrnehmung des Mangels entspringt auf emotionaler Ebene der Erfahrung eines Mangels an Liebe und Freude.

In seinem falschen Denken schafft sich der Geist eine Ersatzrealität für das, was er verloren hat. In ihr versucht er, das Selbst als wertvoll zu definieren und eine Ersatzquelle der Freude zu finden. Ersatz funktioniert aber nicht, und da er zu dem System falschen Denkens gehört, wird nun noch mehr Angst und Schuld erzeugt.

In seinem negativen Bewusstseinszustand entscheidet sich der Geist vielleicht dafür, sich selbst zu bestrafen und erhofft sich davon, die Schuldgefühle zu beschwichtigen, indem er sie als Schmerz und Leid freisetzt. Aber auch das funktioniert nicht. Der Angriff auf das Selbst und der Schmerz und das Leid, die damit verbunden sind, führen nur zu mehr Angst und Schuldgefühlen.

Obgleich sich die Frequenz unseres Bewusstseins erniedrigt, sind unsere Gedanken noch immer mächtig. Noch immer manifestieren sie Energie, jetzt allerdings Energie niederer Frequenz. Wir schaffen eine Dimension niederer Frequenz und erfahren sie als Realität.

Auf diese Weise kann der Geist den Schuldgefühlen nie ganz entkommen. Deshalb versucht er, sein Bewusstsein von den negativen Gefühlen abzutrennen, und im gewissen Sinne gelingt ihm das auch. Dieser Prozess der Verdrängung wird zum automatischen, unbewussten

Versuch, den eigenen Gefühlen zu entkommen. So entwickelt sich das Unbewusste. Der Geist ist sich auf seinem niederen Bewusstseinszustand der Wahrheit nicht mehr bewusst, die sein wahres unverändertes Selbst (sein höheres Bewusstsein) ist. Darüber hinaus ist er sich auch vieler seiner negativen Gefühle und falschen Vorstellungen nicht mehr bewusst. Das Bewusstsein hat sich in bewusste und unbewusste Aspekte gespalten, und im Unbewussten erfolgt eine weitere Spaltung in das Unbewusste der höheren Natur (Überbewusstes) und der niederen Natur (Unterbewusstes). Im Grunde ist dies eine Art Wahnsinn. Vom größten Teil des eigenen Selbst kein Bewusstsein zu haben, ist wahnsinnig. Man kann sich die Welt als riesiges Irrenhaus vorstellen. Wir alle sind die Insassen, und die weniger Wahnsinnigen versuchen, den Wahnsinnigeren zu helfen.

Obwohl die negative Energiedynamik verdrängt wird und uns nicht mehr bewusst ist, hat sie noch immer die Macht, sich zu manifestieren. Die verdrängten Gedanken und Gefühle ziehen negative Ereignisse an, verursachen und beeinflussen sie und lassen uns den Körper negativ erfahren. Die Ereignisse scheinen sich von uns nicht kontrollieren zu lassen, da wir - durch die Erfahrung unseres physischen Körpers - die Energie unserer Gedanken nicht sehen können. Wir können die Energiefelder physischer Manifestationen bzw. die Energie unserer Gedanken und Gefühle nicht sehen, die von Geist zu Geist übertragen und angenommen bzw. zurückgewiesen werden und somit eine kollektive Erfahrung erzeugen. Durch unser Nicht-Sehen versuchen wir, uns unsere Unschuld zu bewahren, doch wir erzeugen dadurch nur noch mehr Angst durch die Wahrnehmung der Hilflosigkeit und Trennung. Dies führt zu mehr falschen Gedanken und falschen Handlungen, welche ihrerseits zu mehr Schuld und Angst führen. Und der Kreislauf setzt sich fort.

Die physische Welt, wie wir sie heute erfahren, manifestiert das kollektive falsche Denkens der Menschheit, das vor Äonen einsetzte. Da diese fehlgeleitete Schöpfung uns weitgehend unbewusst ist, glauben wir, dass der Zufall, die Kräfte der Natur bzw. Gott verantwortlich sind. Die Paranoia der Schuld lässt uns hinter den negativen Ereignissen im Leben einen strafenden, zornigen Gott sehen. Aber Gott hat die Welt nicht so geschaffen. Wir waren es. Auch der Natur können wir keine Schuld geben. Die Natur, die wir erfahren, manifestiert die Energie, auf die wir uns eingependelt haben, als wir uns für ein bestimmtes Denken entschieden. Diese weitgehend unbewusste emotionale Energie bestimmt unsere Erfahrung.

Unseren physischen Körper haben wir von Vater und Mutter, durch deren Energie er sich anfangs manifestiert, doch unser Geist stammt nicht von ihnen. Unser Geist wurde von Gott erschaffen. Studien über Rückführungen unter Hypnose und spontane Erinnerungen legen nahe, dass der Geist dem Körper vorangeht[56, 123], und aus Studien über Nahtoderfahrungen haben wir viele Hinweise darauf, dass der Geist nach dem Tod weiterlebt.*[5] Der Geist wird nicht vom Gehirn erzeugt; er benutzt und erhält vielmehr das Gehirn.

Wir haben die Fähigkeit, unser Bewusstsein auf alle Punkte in unserem allgegenwärtigen Geist zu richten. Bei der Geburt richten wir unsere Energie in den physischen Körper, da wir das Leben durch ihn erfahren wollen. Lichtenergie (Photonen) wird von den Energiefeldern der Objekte unserer physischen Realität reflektiert, während wir scheinbar in die Welt hinaus sehen. Das Licht tritt durch die Pupille des Auges, und die Photonen stimulieren das Energiefeld der Retina, auf die das Energiefeld unserer Linse sie richtet. Dies stimuliert das Energiefeld des Sehnervs, der seinerseits das Energiefeld der Sehrinde stimuliert und dort Energiemuster erzeugt, die wir aus Gewohnheit als Sehen interpretieren. Es kommt uns also so vor, als seien wir in unseren Köpfen und blickten nach außen.

Da dieser Mechanismus auch bei allen anderen Sinnesorganen anzutreffen ist, kommt es zu der Erfahrung, als befänden wir uns in unserem Körper und sähen, hörten und spürten körperlich eine Welt, die scheinbar draußen ist. In Wirklichkeit sind wir jedoch überall, und das „Draußen“ ist in unserem Geist. Wir haben unsere Aufmerksamkeit auf einen Aspekt der Energie - das Bild - unseres allgegenwärtigen Geistes gerichtet und unser Bewusstsein im wahrsten Sinne des Wortes umgestülpt: von innen nach außen blickend. Was wir durch das Energiefeld unseres Körpers erfahren, erscheint als äußerliche, von uns abgetrennte Realität und ist gleichzeitig die einzige Realität, deren wir uns bewusst sind. Diese Erfahrung flößt uns natürlich Angst ein, denn sie ist nicht die Wirklichkeit. Sie ist mit der falschen Vorstellung verbunden, wir seien isoliert, begrenzt und den Wirkungen einer Kraft

---

[5] Literaturhinweise: 2,3,5,8,37,57,65,72,92,93,94

ausgeliefert, die unabhängig von uns ist und über die wir keine Kontrolle haben.

Uns ist nicht klar, dass das Draußen nicht außerhalb unseres Geistes ist und dass der Geist durch das Denken bestimmt, was im Draußen passiert - und welche körperlichen Erfahrungen wir machen. Obwohl unser Körper ursprünglich durch die Energiefelder unserer Eltern und durch ihre energie-genetischen Beiträge zustande kam, kann der sich mit dem Körper verbindende Geist die Erfahrung des Körpers auf molekularer Ebene beeinflussen - u.a. genetische Kombinationen, die bei der Zeugung auftreten - und den genetischen Ausdruck nach der Zeugung beeinflussen und verändern.

Was wir als Kinder über unsere Identität gelernt haben, kommt aus der physischen Erfahrung des Körpers, doch spiegelt das Gelernte die Wirklichkeit kaum wider. So setzen wir die Wirkungen einer Äonen alten falschen Wahrnehmung fort und verewigen sie entweder bewusst oder durch die unbewusste Dynamik des verdrängten Denkens und der verdrängten emotionalen Energie.

Der Prozess beginnt bereits vor der Geburt. Bevor sich das Individuum im Körper inkarniert, richtet es sein Bewusstsein auf das Energiemilieu der Familie. Zu diesem Zeitpunkt beschränkt sich das Bewusstsein des Individuums nicht auf das physische Gehirn. (Der Geist, der sich mit dem Körper verbindet, hat auch noch die Fähigkeit, die genetischen Kombinationen der Zeugung und der fetalen Entwicklung zu beeinflussen.) Im Zustand des erweiterten Bewusstseins weiß das Individuum auf telepathischem Wege, was die zukünftigen Eltern und andere Familienmitglieder über die Welt und über das zukünftige Baby denken und empfinden, mit dem sich das Individuum nun langsam identifiziert. Der sich mit dem Körper verbindende Geist nimmt diese Energiemuster (die Wahrnehmungen und Gefühle der Familie) vielleicht auf und macht sie sich zueigen.

Unmittelbar nach der Inkarnation und bevor das Individuum durch Versuch und Irrtum lernt, mit dem physischen Gehirn umzugehen, hat es noch immer sein erweitertes Bewusstsein. Ein neugeborenes Baby ist sich der „unbewussten" Ebene durchaus bewusst. Deshalb ist das Baby in Wirklichkeit bewusster als seine Eltern, kann das nichtkörperliche Bewusstsein aber mit dem neuen Körper noch nicht ausdrücken. Nun wird das Baby ständig vom Denken und Fühlen der Eltern und von

Menschen beeinflusst und programmiert, die alle die eigene Kultur widerspiegeln. Die neuen Glaubenssysteme werden durch die körperlichen Erfahrungen des Kindes verstärkt, während es lernt, durch den Körper mit der physischen Welt zu kommunizieren. Wir werden vom Denken und Fühlen der Menschen in unserer Umgebung geprägt und beeinflusst, auch wenn wir uns dieses Denkens und Fühlens nun nicht mehr bewusst sind.

Wer an Reinkarnation glaubt, wird davon ausgehen, dass das Individuum bereits viele Leben gelebt hat und mit den Wahrnehmungen und der emotionalen Energie seiner Erfahrungen in früheren Leben geboren wurde. Für diejenigen, die nicht daran glauben, wird dieses Leben das erste und einzige sein. In unserem Zusammenhang spielt es keine Rolle, woran Sie glauben. Ich selbst hatte Gelegenheit, mit Menschen zu arbeiten, die Erinnerungen und emotionale Narben haben, die aus früheren Leben zu stammen scheinen.

Die hier beschriebene Reduzierung unseres Bewusstseins durch falsches Denken und Handeln ist der biblische „Sündenfall". Es ist ein Fall des Bewusstseins. Die Inkarnation in der physischen Welt ist sozusagen ein Hineingeborenwerden in die Sünde. Wir werden in falsche Vorstellungen und in negative Energie hineingeboren und müssen damit zurecht kommen. Das ist mit dem biblischen Begriff „Erbsünde" gemeint.

Die psychische Dynamik des Menschen nach dem Sündenfall wurde von Freund analysiert[16, 31], der die Begriffe „Über-Ich" für den unbewussten Aspekt, „Ich" für den bewussten Aspekt und „Es" für die (körperlichen) Triebe geprägt hat. Kollektiv werden diese Aspekte auch als Ego-System oder einfach als Ego bezeichnet. C.G. Jung [29, 49, 50, 71] und andere erkannten die kollektive Natur des Unbewussten und einen höheren Aspekt des Bewusstseins, der jenseits des Egos existiert und die Begrenzungen des Egos transzendieren kann.

Ich habe ein paar mal auf jüdisch-christliche Begriffe verwiesen, doch finden sich diese Begriffe in den Lehren aller Weltreligionen. [66, 68, 110] Da die meisten Leser dieses Buchs einen jüdisch-christlichen Hintergrund haben oder zumindest kulturell davon beeinflusst sein werden, werde ich diese Terminologie benutzen. Damit will ich keinesfalls die jüdisch-christlichen Traditionen über die anderen stellen, sondern vielmehr zu besserem Austausch und Verständnis beitragen.

Der nicht „gefallene“ Aspekt des Selbst, der sich seine göttliche Frequenz bewahrt hat, hat seine Entsprechung in Christus bzw. dem Messias. Die Liebe aus der höchsten Dimension, die dem Menschen auch nach seinem Fall geblieben ist, wird in der christlichen Tradition als Heiliger Geist bezeichnet. Der Heilige Geist gilt als Arm Gottes, der in der Christusenergie angenommen wird, um die Erfahrung der Trennung zu heilen. Er ist allgegenwärtige Bewusstseinsenergie und kennt sowohl die Wahrheit als auch die „Realitäten“ (Illusionen) des gefallenen Bewusstseins. In seiner Liebe und Weisheit enthält er Lösungen, die allen zum Besten gereichen. Es bringt Liebesenergie in unsere Erfahrung auf den niederen Frequenzen und dadurch ein Bewusstsein von Liebe und Freude und verändert die „Realität“ der niederen Dimensionen, um diese Liebe und Freude zu reflektieren. Obwohl die Frequenz der Liebe herabgesetzt wird, damit sie mit der Energie niederer Frequenz in Kontakt treten kann, ist sie in Harmonie mit der Frequenz höherer Dimensionen. Die so erfahrene Liebe und Freude sind daher nicht so groß wie in höheren Dimensionen, doch groß genug, um in der niederen Dimension vom Körper als vollkommene Wonne erfahren zu werden.

Die jüdische Tradition nennt diese Energie Rauch Hakodesch - „Heiliger Atem“. Das lateinische Wort für „Geist“ ist „spiritus“ und bedeutet ursprünglich „Atem“. Heiliger Geist bedeutet also wörtlich Heiliger Atem und verweist darauf, dass seine Wirkungen erfahren werden können, ohne dass er mit physischen Augen zu sehen ist. Die jüdische Tradition hat auch das Wort Sechinah, das sich auf den femininen, den Menschen nährenden Aspekt Gottes bezieht und dem Heiligen Geist entspricht. Nach christlicher Tradition brachte Jesus die Christusenergie durch die Energie des Heiligen Geistes in die niedere Erdendimension. Während er inkarniert war, hielt er eine offene Verbindung mit der höheren Dimension aufrecht und war sich seines Höheren Selbst bewusst.

Große Propheten und andere Erleuchtete erschienen in verschiedenen Kulturen und zu verschiedenen Zeiten und spielten ihre einzigartige Rolle, trugen aber auch kollektiv dazu bei, die Menschheit zu ihrem ganzen Potenzial zu erwecken. Einige erschienen im Kontext bestehender religiöser Traditionen, andere waren der Ursprung neuer Traditionen. Das Ego vermischte ihre Lehre mit Irrtümern und Interpretationen, doch trotz der unterschiedlichen Formen lässt sich in allen großen Weltreligionen die Wahrheit finden. Wie Paulus (Korinther 12:12-31) lehrte, sind wir alle eins im Leib Christi, im Körper universeller, bedingungsloser Liebe - im Höheren Selbst, das wir alle sind.

Als nächstes soll besprochen werden, wie wir diese Erfahrung machen können.

Kapitel 6 - ... und sein, wer wir sind

Kommen wir in die Gegenwart zurück. Unser Leben hier enthält Ängste und Konflikte; im besten Fall ist es nicht vollkommen glücklich. Ich habe erklärt, warum es uns an Freude mangelt und warum wir physischen oder emotionalen Schmerz erleiden können. Was lässt sich tun?

Die Lösung des Problems besteht in der Korrektur der falschen Vorstellungen, die wir geerbt und an denen wir mitgestrickt haben, und in der Veränderung der negativen emotionalen Energie dieser falschen Vorstellungen. Grundlegend falsch ist beispielsweise die Vorstellung, dass wir schuldig sind. Wir sind verantwortlich für das, was wir als Wahrheit akzeptieren und wie wir uns - unseren selbst gewählten Überzeugungen entsprechend -verhalten, aber wir sind nicht schuldig. Wenn man die Vorstellungen berücksichtigt, die wir in dieser Inkarnation übernahmen oder durch Erfahrungen gewannen, und die emotionale Energie, die von diesen Vorstellungen erzeugt wird, gaben wir immer unser Bestes. Wir sind unserem Wesen nach gut. Wir können gar nicht anders als gut sein, denn wir wurden so geschaffen.

Der Geist lässt sich mit einem Schwamm vergleichen, den man in eine schmutzige Pfütze getaucht hat. Natürlich saugt der Schwamm das schmutzige Wasser auf, bis er ganz von ihm durchtränkt ist. Wenn er den Gestank nicht mehr ertragen kann, fängt er an zu suchen und findet einen Weg, es auszuwringen und sich für klares Wasser zu öffnen. Dabei entdeckt der Schwamm, dass er rein ist und immer rein war. Der Gestank kam vom schmutzigen Wasser. Wenn der Schwamm sich reinigt, reinigt er gleichzeitig die Pfütze.

Wenn der Geist auf dieser Ebene geboren wird, absorbiert er die negative Energie seiner Umgebung. Wir erfahren den Schmerz dieser Ebene, wir lassen unsere Handlungen von der Angst und mangelnden Weisheit dieser Ebene bestimmen, und wir leben mit den Ergebnissen unserer unglücklichen Entscheidungen. Wenn wir genug Schmerz erfahren haben, sehen wir uns nach einem anderen Weg um, und da wir bereit sind, findet sich einer. Dadurch heilen wir die Energie in unserem eigenen Geist, und da damit auch ein Teil der negativen Energie unseres Planeten geklärt wird, tragen wir auch zu seiner Heilung bei.

Wir entdecken nun, dass unser Geist rein ist und immer rein war. Anstatt uns Vorwürfe zu machen, dass wir in der Vergangenheit irgend etwas getan oder nicht getan, gesagt oder nicht gesagt haben, sollten wir uns das Verwundetenabzeichen das „Violette Herz“ geben, weil wir hierher gekommen sind, um den Schmerz zu fühlen und ihn und damit die Welt zu heilen. Das ist der einzige Zweck unseres Hierseins. Wir sind gekommen, um uns dieses Planeten anzunehmen und ihn zu heilen, indem wir unserer eigenen Erfahrung den Schmerz nehmen. Es war von vornherein klar, dass wir das schmutzige Wasser aufsaugen und es am eigenen Leibe erleben, dass wir vergessen, wer wir sind und durch den Prozess des Erwachens gehen.

Unser Leben hier ist mit allen seinen Ereignissen und Beziehungen eine Reflexion unseres Selbst. Wir müssen es leben und erfahren, um zu lernen, was wir an uns verändern wollen. Unsere Lebenserfahrungen sind also eine Art Selbstportrait. Es führt uns vor Augen, was verändert werden muss, damit wir das Meisterstück schaffen können, das unsere wahre Natur zum Ausdruck bringt.

Man kann das Leben auch als einen fortwährenden Workshop betrachten, in dem wir freiwillig an einem Psychodrama teilnehmen, um verborgene Emotionen ans Tageslicht zu befördern. In unseren negativen Beziehungen helfen wir einander, negative Emotionen an die Oberfläche zu bringen, damit wir sie heilen können. Wenn wir beleidigt sind, tut uns jemand einen Gefallen. Wir sehen dann, wo unsere wunden Punkte sind und wo unser Glück unvollkommen ist. Auch die Menschen, die wir verletzt haben, haben die Möglichkeit, ihre Schwächen zu erkennen und ihre Stärken zu entdecken. Und immer tun wir in vollkommener Unschuld unser Bestes.

Alles, was auf der Grundlage des falschen Denkens individuell und kollektiv geschieht, geschieht in der Dimension der niederen Energie des veränderten Bewusstseins und damit nur in der Fantasie. Auch seine Manifestation ist nichts als Fantasie. Da es in der höheren göttlichen Frequenz nicht vorkommt, ist es nicht ewig und in diesem Sinne auch nicht wirklich. Die Welt um uns herum ist ein Hirngespinst allmächtiger Geister. Sie wird als Realität erfahren, ist aber nicht wirklicher als der Traum von vergangener Nacht. Von diesem unterscheidet sie sich nur dadurch, dass wir immer wieder zu ihr zurückkehren und sie mit den anderen teilen. Sie träumen auch jetzt nur, dass sie dieses Buch lesen, und ich habe geträumt, dass ich es schreibe. Wenn Sie im Traum eine „Sünde“ begehen, sind Sie nach dem Aufwachen erleichtert, denn sie wissen, dass sie nie passiert ist. Mit dem Traum der physischen Welt verhält es sich nicht anders. Wir wollen uns der Traumnatur unserer Erfahrung jedoch bewusst werden, solange wir noch in ihr stecken, durch luzides Träumen den Traum in Wahrheit umwandeln und uns gegenseitig dabei helfen, zur Wahrheit zu erwachen. Dann können wir auch zu der Wirklichkeit erwachen, die jenseits der Zeit liegt, jenseits von Unwissenheit und Angst vor der Wirklichkeit. Dabei sollten wir uns und die anderen immer wieder daran erinnern, dass wir träumen, damit wir uns nicht gegen das Aufwachen zur Wehr setzen und in einen Albtraum zurückfallen.

Neben der Korrektur von Vorstellungen - der intellektuellen Arbeit - hat der Geist auch noch andere Möglichkeiten, zum Heilungsprozess beizutragen. Angst heilt sich nicht selbst, sondern setzt sich gleichsam von selbst fort. Nur die höhere und mächtigere Energie der Liebe kann Angst heilen. Wenn Liebe mit Angst gekoppelt wird, beginnt die niedere Energieform, sich zu verändern. Wenn die niedere Frequenz der Angst und ihrer Übersetzungen - Ärger, Schuld und Kummer - in die höhere Frequenz der Liebe umgewandelt werden, hört die Angst auf zu existieren. Es gibt nur noch Liebe.

Wie machen wir uns die Liebe zugänglich, damit sie die Angst heilen kann? Die Öffnung, durch die Liebe einfließen kann, ist unsere Bereitschaft. Unser Wille drückt sich im Denken aus, für das wir uns entschieden haben. Alles geschieht durch das Denken. Durch unser Denken schaffen wir die Welt um uns herum. Durch unser Denken aktivieren wir unsere Verbindung mit allem um uns herum. Wenn wir an etwas oder an jemanden denken, findet ein Austausch von Energie statt. Je nach Absicht und dem Grad unserer Verletzlichkeit, die durch falsche Vorstellungen und mangelnde Wachsamkeit verursacht ist, können wir Einfluss ausüben oder beeinflusst werden. Wir denken praktisch immer an Menschen, Dinge und Ereignisse in der Welt, die wir sehen. Weil es so viel Angst in dieser Welt gibt, absorbieren wir sie und erleben ihre Gedanken.

Glücklicherweise ist unser Geist nicht nur in dieser dreidimensionalen Raum-Zeit-Erfahrung allgegenwärtig. Wir sind in allen Dimensionen allgegenwärtig, auch in der höchsten Dimension der reinen Liebe - in Gott. Wir können unsere Verbindung mit dieser Dimension aktivieren und uns ihre höhere Energie durch das Denken zugänglich machen. Da wir in Worten und Symbolen denken, können wir in Gedanken mit Gott eins sein und dadurch die Liebe Gottes erfahren. Wir können auch Symbole für die Liebe - Licht beispielsweise - visualisieren und uns vorstellen, wie es uns umgibt und sich auf unsere Erfahrung auswirkt. Wer sich mit dem Wort „Gott“ unbehaglich fühlt oder einen Glauben hat, der ohne das Wort „Gott“ auskommt, kann die Verbindung aktivieren, indem er an etwas Gutes denkt, das seine Vorstellung von gut übersteigt. Man kann sich auch in Gedanken mit dem höchsten Aspekt des Selbst vereinen oder einen Namen benutzen, der eine Verbindung zu Gott darstellt, z.B. den eines Propheten, eines Heiligen oder einer Person aus der Hierarchie der betreffenden Religion. Wenn wir uns persönlich oder rein gefühlsmäßig mit einer religiösen Persönlichkeit verbunden fühlen, die Gottes Liebe demonstriert hat, kann das Hinzuziehen dieser Persönlichkeit unsere Verbindung stärken. Für Gott und die Liebe ist es bedeutungslos, welchen Namen wir benutzen. Die Aktivierung der Verbindung erfolgt über unsere Absicht bzw. unseren Willen, die im Denken zum Ausdruck kommen.

In unserer Kultur wird der Vorgang, den ich beschrieben habe, als Gebet bezeichnet. Ich werde diesen Begriff der umständlichen Umschreibung „unsere Verbindung mit der höheren Energie durch das Denken aktivieren“ vorziehen. Wenn wir mit der Bereitschaft beten, frei von der Energie der Angst und ihrer Übersetzungen zu sein, erhalten wir Zugang zu der höheren Energie, die die Schwingungen der niederen Energie erhöht. Dies schärft das Bewusstsein für Frieden, Liebe, Freude, Dankbarkeit, Mitgefühl, Zuneigung und Vertrauen. Diese Liebe geht von der Energie der höchsten Bewusstseinsebenen aus und beeinflusst die Erfahrung in niederen Dimensionen.

Die allwissende Energie des höheren Bewusstseins kennt die Wahrheit und die falschen Vorstellungen. Ihre Weisheit hat für jedes Problem die Lösung, die allen Beteiligten am besten dient. Diese Energie liefert uns eine neue Interpretation und ein neues Verständnis unserer Erfahrung. Wir müssen bereit sein, unsere Angst und die Vorstellungen loszulassen, die zur Angst und zu ihren Übersetzungen führen. Wenn wir die Liebe mit ihrem Frieden und ihrer Freude erfahren wollen, müssen wir bereit sein, ihre Weisheit anzunehmen. Diese kann uns sowohl intuitiv als auch durch Information bewusst werden, die uns durch die Synchronizitäten des Lebens zugetragen wird. Ist es uns wichtiger, Recht zu haben oder glücklich zu sein? (ACIM T-29.VII.9)[17]

Wenn wir unser Glück im Rechthaben suchen, so wie unsere Kultur es uns zu vermitteln scheint, ist die Enttäuschung bereits vorprogrammiert, die uns schließlich dazu bewegen kann, eine andere Antwort zu akzeptieren.

Wenn diese höhere Energie anfängt, unseren Geist zu beeinflussen, greift sie - aufgrund unseres allgegenwärtigen Energiefelds - auf unsere Umwelt über und spiegelt uns Liebe und Weisheit wider, noch bevor sie unser Bewusstsein gänzlich verändert hat. Die Welt wird nun zu einem Ort, an dem es leichter ist, glücklich zu bleiben. Diese Veränderung betrifft auch die energetische und molekulare Erfahrung des Körpers und ermöglicht dadurch physische Heilung. Sie beeinflusst die Menschen um uns herum und bewegt sie dazu, auf die ihnen bestmögliche Weise auf uns zu reagieren. Wenn sie nicht bereit sind, Liebe widerzuspiegeln, werden sie uns in Ruhe lassen, weil sich ihr Energiefeld nicht mit den höheren Energien verträgt, die durch uns kommen. Unsere Beziehungen werden schöner, unsere Situation wird besser, wir werden Reichtum anziehen. Diese Energie wird auch den Tieren und Pflanzen in unserer Nähe zugute kommen. Die Tiere in Haus und Landwirtschaft werden ruhiger, und unsere Pflanzen gedeihen besser. Unser Glück hängt aber nicht von diesen Veränderungen ab, denn die unmittelbare Erfahrung innerer Freude lässt uns die Ereignisse um uns herum gelassen aufnehmen.

Als ich selbst Krankheit, zerbrochene Beziehungen, finanzielle Probleme und Depression erlebte, tat das Gebet seine Wirkung. Auf emotionaler Ebene erfuhr ich tiefen Frieden und Liebe. Bestimmte Menschen und Situationen ärgerten mich nicht mehr. Ich hatte mich beispielsweise immer geärgert, wenn vor mir jemand langsam fuhr; meist waren es ältere Leute, die nicht schneller fahren konnten. Statt des üblichen Ärgers empfinde ich nun überwältigende Liebe für den Fahrer, und diese Liebe richte ich auf ihn. Der Verkehr auf den Straßen ist gleich geblieben, aber ich reagiere jetzt anders darauf, und er bringt mein Leben und meinen Zeitplan nicht mehr durcheinander.

Ich entdeckte - oder sollte ich sagen, es wurde mir gezeigt? - dass ein Minimum an Gebet notwendig ist, um einen höheren Lebenszustand und den Zauber des Lebens aufrecht zu erhalten. Meine eigene Heilung verschaffte mir die Freiheit vom Schmerz und eine neue Erfahrung der Freude der Liebe, die ich ausgiebig genoss. Dann bot mir das Leben neue Chancen in Form von neuen Herausforderungen, die noch verbliebene Ängste an die Oberfläche brachten. Mit dem Frieden war es wieder vorbei, und ich war von neuem versucht, mich zu ärgern, und kam damit immer schlechter zurecht. Ich machte mir über dieses Phänomen Gedanken und betete für eine Lösung. Die Antwort kam in Form von Träumen und meditativen Visionen. Die Botschaft lautete, dass ich meine Verbindung mit den höheren spirituellen Energien stärker aktivieren musste. Ein Aspekt dieser Lösung bestand darin, dreimal täglich etwa fünf Minuten lang laut zu beten. Bis dahin hatte ich täglich eine formelle Gebetszeit eingehalten, die aber nicht unbedingt ein gesprochenes Gebet enthielt.

Die Ergebnisse ließen nicht lange auf sich warten. Ich empfand spontan überwältigende Liebe für die Menschen, die mich vorher irritierten und die ich leichthin verurteilt hatte. Meine Gereiztheit hatte sich durch hinzu kommende Schuldgefühle kompliziert, da ich mich selbst wegen dieser Empfindungen verurteilte. Doch durch meine beharrliche Bereitschaft zu lieben und durch die Gebete, die ich dreimal am Tag sprach, um mich auf meine Absicht zu konzentrieren, löste sich auch dieses Problem.

Warum laut gesprochene Gebete? Für Gott sind sie nicht wichtig, aber für uns umso mehr. Wenn wir einen Gedanken verbalisieren, können wir uns besser auf ihn konzentrieren und führen ihm daher mehr Energie zu. Dadurch öffnen wir uns und können mehr empfangen. Wenn wir das Gebet durch physische Aktivität ritualisieren, führen wir ihm mehr Energie zu und erhalten größeren Nutzen. Darin besteht der Wert religiöser Rituale. Natürlich können wir genauso viel Energie in ein stilles Gebet legen, doch wenn das Gebet verbal bzw. ritualisiert ist, sind wir im Allgemeinen beständiger.

Ich schlage vor, diese formellen Gebetszeiten mit Dankbarkeit zu beginnen, denn Dankbarkeit ist der Schlüssel, der die Tür öffnet. Sie ist Bestandteil der Liebe. Während wir uns auf die Dankbarkeit konzentrieren, bringen wir uns in Einklang mit den höheren Energien. Beginnen Sie damit, allgemein Dankbarkeit für die Liebe Gottes zu verbalisieren, für Ihre Schöpfung in dieser Liebe und für den Segen, den sie Ihnen bringt. Werden Sie dann etwas spezifischer und sprechen Sie Ihre Dankbarkeit für die guten Dinge aus, die Sie erfahren haben, auch wenn sie unbedeutend erscheinen mögen, auch wenn Sie diese immer als gegeben hingenommen haben. Verbalisieren Sie diese Dankbarkeit wie in einem Gespräch.

Verbalisieren Sie dann ihr Bedürfnis nach Heilung. Hier geht es immer um das Loslassen von Angst mit ihren Übersetzungen (Ärger, Schuld und Traurigkeit) und um das Loslassen der Vorstellungen, die diese Gefühle erzeugen. Der Prozess beinhaltet immer Vergebung in irgend einer Form - sich trennen von der Verurteilung der eigenen Person und anderer und bereit sein, Liebe und Freude zu erfahren. Wir brauchen nicht zu versuchen, diese Gefühle zu erzeugen, und können es auch gar nicht. Es genügt, dass wir uns auf unsere Bereitschaft konzentrieren, sie zu erfahren und in unserem Leben wirken zu lassen. Sie existieren bereits. Wir öffnen uns nur, um sie zu empfangen, und lassen dadurch die alten Gefühle und Vorstellungen los. Wenn wir das Bedürfnis loszulassen anerkannt haben, verbalisieren wir Loslassen und Hingabe.

Der nächste Schritt besteht im Eingehen einer Verpflichtung. Lösen Sie sich von Ihren Verpflichtungen gegenüber alten Vorstellungen und Wünschen und verpflichten Sie sich der unmittelbaren Erfahrung von Gottes Liebe aus Ihrem Innern, die von unserer Umwelt unabhängig ist. Verpflichten Sie sich der Liebe und dem Frieden, die diese Erfahrung bietet, ohne zu erwarten, dass sich zuerst etwas „draußen" in der Welt verändert. Dann brauchen wir andere nicht mehr zu manipulieren und keine Probleme zu lösen, um glücklich zu werden. Wir können uns ohne Wenn und Aber dem Glück öffnen. Wenn wir uns jetzt für die Liebe und Freude öffnen, wird diese Energie auf unser unbewusstes Energiefeld einwirken, uns zu Lösungen führen und uns die Ideen und Handlungen eingeben, die zum Annehmen dieser Lösungen nötig sind. In der Bibel heißt es: „Doch trachtet nach dem Reich Gottes, so wird Euch das alles zufallen." (Lukas 12:31) Wir müssen uns aus unserer Verhaftung an die Ergebnisse auf der materiellen Ebene lösen. Wenn uns das gelingt, öffnen wir uns für höhere Energien, die dann frei sind und uns das vollkommene Ergebnis bringen. Damit dienen wir unserem höchsten Wohl und gleichzeitig dem aller Menschen. Die anderen sind nicht von uns getrennt, und ihr höchstes Wohl unterscheidet sich nicht von unserem. Auf der äußeren Ebene des Geistes kennen wir nicht unbedingt die beste Lösung. Wir müssen bereit sein, der Weisheit der Liebe zu vertrauen und uns ihr zu verpflichten.

Der nächste Schritt beim Gebet ist das Annehmen. Verbalisieren Sie Ihr Annehmen der Liebe Gottes in Form von Frieden, Freude und der Fähigkeit, Liebe und Mitgefühl für alle ohne Ausnahme zu erfahren. Verbalisieren Sie dann das Annehmen der Liebe in Form des gelösten

Problems, der geheilten Situation. Empfangen Sie die Liebe in Form Ihres geheilten Körpers, einer geheilten Beziehung, besserer finanzieller Verhältnisse, besserer Arbeit etc. Das wahre Problem sind natürlich die Angst und die negative Vorstellung, die die Situation ermöglichte oder anzog bzw. der Veränderung im Weg stand. Die Verbalisierung des Annehmens wird dazu beitragen, unterbewusste Ängste und Blockierungen aufzudecken und loszulassen. Doch auch wenn wir eine Vorstellung des gelösten Problems annehmen, müssen wir flexibel bleiben und uns nicht an ein bestimmtes Ergebnis klammern. Das Ergebnis wird in jedem Fall vollkommen sein, auch wenn es unseren Vorstellungen nicht entspricht. Da es nichts als Liebe enthält, haben wir nichts zu befürchten. Wir müssen uns daran erinnern, dass das Geheimnis zum Erfolg in der Bereitschaft liegt, jetzt in Frieden zu leben und glücklich zu sein - noch bevor bestimmte Veränderungen eintreten. Dann werden sich diese Veränderungen spontan und wie von selbst einstellen und die Ereignisse in unserem Leben an unserem höchsten Wohl ausrichten. Die Visualisierung des Problems in seiner gelösten Form kann dabei helfen, die Gedanken an dem zur Lösung nötigen Frieden auszurichten. Das Ergebnis muss sich nicht mit unserer ursprünglichen Vorstellung decken, da wir zu dem Zeitpunkt vielleicht nicht zu einem höheren Verständnis fähig waren. Der emotionale Inhalt des Ergebnisses wird der emotionalen Erfahrung unserer Vorstellung jedoch mehr als gerecht werden.

Nach dem Annehmen empfehle ich, dankbar zu sein für den Frieden und die Freude der Liebe und für die Lösung des Problems und dies zu feiern.

Das Gebet muss nicht genau fünf Minuten dauern, aber einige Minuten sollte es schon in Anspruch nehmen. Hier muss ich schnell hinzufügen, dass kein Gebet - lang oder kurz, still oder verbal - umsonst ist. Man kann sich Rat holen, wie man am besten betet und welche Form man benutzen soll. Hören Sie sich den Rat an und entscheiden Sie dann selbst, welche Form Ihnen am besten entspricht. Es wird die richtige Form sein.

Neben den formellen Gebetszeiten sind häufige stille Gebete wichtig. Jedes Mal, wenn wir aus der Fassung gebracht werden, ist ein stilles Gebet angebracht, um loslassen und die Situation mit anderen Augen sehen zu können.

Die Formel für das Gebet	
Dankbarkeit	Bringen Sie Ihre Dankbarkeit für die Liebe und ihre Manifestationen zum Ausdruck.
Loslassen	Geben Sie Ängste, Ärger, Schuldgefühle, Traurigkeit und die falschen Vorstellungen auf, auf denen diese basieren.
Verpflichtung	Alles, was Sie sich in dieser Welt wünschen, zeigt nur, wie sehr Sie diese Liebe von Gott erfahren möchten.
Annehmen	Nehmen Sie die Auswirkungen von Gottes Liebe in allen Aspekten des Lebens an: Gesundheit, Glück, Erfolg, Wohlstand und gute Beziehungen.
Feiern	Bringen Sie noch einmal Ihre Dankbarkeit zum Ausdruck.

Das Gebet, wie ich es beschrieben habe, lässt sich als aktives Öffnen für unsere Verbindung mit der Energie einer höheren Dimension denken, die der Heilung dient. Auch die wichtige, mehr passive Erfahrung des Empfangens gehört dazu. Wir können uns das Gebet als Zwiegespräch mit Gott zu einem bestimmten oder allgemeinen Zweck vorstellen, oder einfach als Erfahrung der Kommunion in Liebe und Dankbarkeit. Das ist die höchste Form des Betens. Wir müssen aber auch zuhören und unserem Geist Ruhe gewähren, damit er empfangen kann. Vielleicht empfangen wir eine bestimmte Information, aber das muss nicht so sein. In jedem Fall wird höhere Energie in unser Energiefeld auf dieser niederen Erfahrungsebene fließen. Psalm 46:10 in der Bibel lautet: „Der den Kriegen steuert in aller Welt, der Bogen zerbricht, Spieße zerschlägt und Wagen mit Feuer verbrennt". Der Psalm bezieht sich auf eine physische Schlacht und benutzt sie als Metapher für den Kampf in unserem Geist, der durch Angst- und Konfliktdenken verursacht ist. Wenn wir nur eine kleine Weile aufhörten zu denken, würden wir erkennen, was mit der Affirmation „Ich brauche nichts zu tun" (ACIM T-18.VII) gemeint ist.[17] Wir würden feststellen, dass wir nach kurzer Zeit des Nicht-Denkens Frieden finden und dass der Friede in ein starkes Glücksgefühl übergeht. Wir würden erfahren, was gemeint ist, wenn es heißt, dass wir bereits froh sind.

Der Geist lässt sich mit einem See mit schlammigem Grund vergleichen. Die Strömung befördert den Schlamm nach oben. Wenn die Sonne auf den See scheint, durchdringt sie die Oberfläche nicht. Wenn die Strömung aufhörte, würde sich der Schlamm setzen und das Licht würde durch die Oberfläche bis zum Grund des Sees dringen. Dort würde es die Samen der Wasserpflanzen stimulieren, die sich ausbreiten und den Schlamm absorbieren würden. Wenn dann die Strömung wieder einsetzte, würde kein Schlamm aufgewirbelt werden. Das klare Wasser würde im Sonnenlicht glitzern, und der See wäre klar, schön und gesund. Der Schlamm am Grund des Sees steht für die Angst, die durch unsere falschen Vorstellungen erzeugt ist. Die Strömung ist unser Denken, das unsere falschen Vorstellungen widerspiegelt und die Angst aufwirbelt. Wenn wir aufhören zu denken, blockiert die mit den negativen Gedanken verbundene Angst die höheren Energien nicht mehr. Das Licht durchdringt den Geist und weckt uralte Erinnerungen an die Wahrheit. Die Blätter, die den Grund des Sees bedecken und den Schlamm absorbieren, stehen für die neuen Wahrnehmungen. Sie spiegeln die Wahrheit wider, die aus den Samen der Weisheit sprießt. Diese Wahrnehmungen und die ihnen entsprechenden Gedanken produzieren keine Angst.

Der Geist wurde geschaffen, um an der Schöpfung mitzuwirken, und wir erschaffen durch das Denken. Deshalb liegt es nicht in unserer Natur, nicht zu denken. Obgleich wir lernen können, unseren Geist zu disziplinieren und in den Zustand des Nichtdenkens zu gelangen, können wir den Zustand des Friedens auch erreichen und aufrecht erhalten, indem wir uns auf einen oder mehrere Gedanken konzentrieren, die uns nicht von unserer Wahrheit ablenken. Wenn der Gedanke in Einklang mit der Energie der Wahrheit ist, fließt der Friede Gottes in unser Bewusstsein und in die Welt, die unsere Gedanken erzeugen. Der Gedanke selbst spielt keine Rolle, solange er uns Frieden bringt und mit der Liebe vereinbar ist. Ich selbst stellte mir vor, in meinem Segelboot zu sein, denn beim Segeln fand ich immer meinen Frieden. Somit konzentrierte ich mich auf einen sehr komplexen Gedanken, der eine ganze Szene enthielt: Boot, Segel, Wellen und Gischt. In meiner Vorstellung ging ich segeln. Wenn Gedanken der Vergangenheit oder der Zukunft dazwischen kamen, schickte ich sie sanft wieder fort und konzentrierte mich von Neuem auf meine Szene. Als ich dann mehr Disziplin aufbrachte, benutzte ich weniger komplexe Gedanken, z.B. die Affirmation: „Ich bin der Friede Gottes.“ Manchmal blickte ich einfach in die Flamme einer Kerze und überließ mich ganz der visuellen Erfahrung, oder ich hörte sanfte Musik und ging auf in der Erfahrung des Zuhörens. Ich zählte auch meinen Atem - immer wieder von eins bis zwölf - und konzentrierte mich auf meine Atmung. Ich wollte mich ganz dem physischen Vorgang des Atmens hingeben, um Gedanken loszulassen, die nichts mit der Erfahrung des gegenwärtigen Augenblicks zu tun hatten.

Körperliche Aktivitäten wie z.B. Laufen oder andere Formen sportlicher Betätigung lassen sich auch für Konzentrationsübungen benutzen. Diese aktive Form, den Geist von beunruhigenden Gedanken wegzulenken, ist sehr nützlich, wenn die Schlammschicht besonders dick ist und die negative Strömung sich nur mit Mühe aufhalten lässt. In solchen Situationen kann man den positiven Gedanken laut chanten, um die Konzentration aufrecht zu erhalten.

Wenn wir den Geist zur Ruhe bringen, um den inneren Frieden erfahren zu können, sprechen wir normalerweise von Meditation. Ich empfehle, zweimal am Tag zu meditieren, und zwar gleich nach dem Aufwachen am Morgen und dann wieder am Abend. Setzen Sie die Absicht der Meditation durch ein Gebet fest. Meditieren Sie jeweils 15 bis 30 Minuten. Beginnen sollte man mit kürzeren Meditationen, damit sich nicht zu viel negative Energie aufbaut, wenn man anfangs den Geist noch nicht disziplinieren kann und darüber frustriert ist. Mit genügend Übung werden Sie sich schließlich unmittelbar in einen meditativen Zustand versenken können.

Wenn Sie längere Zeit meditiert haben, werden Sie nicht nur Ruhe und ein tiefes Glücksgefühl empfinden, sondern auch visuelle Erfahrungen machen. Am häufigsten ist die Empfindung schöner, farbiger Wellen, die im Dunkel hinter den geschlossenen Augenlidern heranwogen und sich wieder fortbewegen. Die Farben lassen sich als Konzentrationspunkt benutzen, um den Zustand des Nicht-Denkens aufrecht zu erhalten. In dieser Erfahrung sieht man die höheren Energien tatsächlich. Man kann auch eine rhythmische Empfindung haben, vielleicht ein sanftes Hin- und Herbewegen oder eine mehr oder weniger subtile Schwingung. Auch diese Erfahrung kann als Konzentrationspunkt benutzt werden. Ziel der Meditation ist es,

Frieden zu erfahren, und das genügt. Man kann in der Meditation aber auch nützliche und erleuchtende hellsichtige Erfahrungen haben oder Information durch „stereophones Wissen“ - wie ich es nenne - empfangen. Vielleicht hören Sie eine Stimme, die Ihnen friedliche, sanfte Anweisungen gibt.

In den frühen Phasen der Meditation erfahren Sie vielleicht Energie oder Information aus dem kollektiven Unterbewussten (dem negativen Bewusstsein). Diese Erfahrung wird harmlos sein. Konzentrieren Sie sich einfach erneut auf die Meditation. Sie haben nichts zu befürchten und werden diese Erfahrung schnell hinter sich gebracht haben. Wenn die Information kommt, fragen Sie nach ihrer Quelle, und Ihnen wird gezeigt werden, ob sie aus dem höheren oder aus dem niederen Bewusstsein stammt. Während sich Ihr Bewusstsein öffnet und mehr Liebe einlädt, wird Ihre Empfänglichkeit für die niederen Energien abnehmen. Wenn Sie die Absicht der Meditation immer durch ein Gebet festsetzen, wird Ihre Verbindung mit einer höheren Quelle gesichert sein.

Nachdem Sie eine Zeitlang regelmäßig meditiert haben, werden Sie bemerken, wie sich Ihr Leben verändert. Die Energie, die sich durch Sie ausdrückt, wird positiv und stark werden. In der Vergangenheit fühlten Sie sich beim Eintreten in ein Gebäude oder einen mit Menschen gefüllten Raum vielleicht manchmal unsicher, traurig oder reizbar. Wahrscheinlich haben Sie die im Raum vorherrschende Energie absorbiert. Nachdem Sie einige Monate lang regelmäßig meditiert haben, werden Sie sich durch die negativen Gefühle der Menschen in Ihrer Umgebung nicht mehr beeinflussen lassen. Statt dessen werden diese Ihre positivere Energie übernehmen und sich langsam besser fühlen. Streit wird sich schlichten, die Menschen werden positiv, für anstehende Probleme finden sich weise Lösungen im Gruppenprozess. Doch immer ist der freie Wille am Werk. Wenn jemand seinen Frieden nicht finden will, kann er nicht dazu gezwungen werden. Er wird aber nicht in Ihrem machtvolleren Energiefeld bleiben können und bleibt negativ. Die Erfahrung wird für ihn unangenehm sein, und er wird eine Entschuldigung finden oder sich unbewusst einen Grund ausdenken, um gehen zu können. Dann haben Sie nichts mehr mit ihm zu tun. Wenn Sie allerdings diese Person verurteilen, weil sie gegangen ist oder dies als Bedrohung empfinden, erlauben Sie Ihrer eigenen Energie, in die Angst zurückzufallen. Dann kommt diese Person vielleicht zurück, und das Ergebnis wird weniger gut ausfallen.

Wenn Sie regelmäßig meditieren, werden Sie klüger, humorvoller, glücklicher, gesünder und in allen Aspekten ihres Lebens erfolgreicher. Die Energie Ihres Höheren Selbst drückt sich in Ihrer Persönlichkeit aus und beeinflusst Ihre Erfahrung in der physischen Welt. All dies lässt sich dadurch erreichen, dass Sie täglich zweimal 15 bis 30 Minuten gar nichts tun. Lassen Sie sich nicht entmutigen, wenn Sie es nicht immer schaffen. Auch kürzere Meditationen sind nützlich. Die Energie, nach der Sie suchen, ist bedingungslose Liebe. Deshalb profitieren Sie am meisten, wenn Sie bereit sind, allumfassend und bedingungslos zu lieben und glücklich zu sein.

Neben Gebet und Meditation ist Wachsamkeit wichtig. Jeder Gedanke, den wir denken, hat eine Wirkung; kein Gedanke läuft leer. Unsere emotionale Erfahrung und die Ereignisse in unserem Leben bestimmen sich durch die Qualität unserer Gedanken. Vielleicht sehen wir die Verbindung zwischen unseren Gedanken und diesen Ereignissen nicht, denn nicht immer findet im linearen Verlauf der Zeit eine unmittelbare Reaktion statt. Wir können die Energie des Denkens nicht sehen, und trotzdem sollten wir langsam anfangen, Gedanken als genauso real zu betrachten wie tatsächliche Handlungen. Gedanken, die die Wahrheit widerspiegeln, sind immer mit der emotionalen Energie der Liebe verbunden, die wir auch als Frieden und Freude erfahren. Gedanken, die die Wahrheit nicht widerspiegeln, werden immer in irgendeiner Form mit Angst verbunden sein, die wir auch als Schuldgefühle, Ärger oder Traurigkeit erleben können. Die emotionale Energie unserer Gedanken ist deren schöpferische Kraft; sie schafft das, was widergespiegelt wird. Ärger und Schuldgefühle erschaffen böse, strafende Erfahrungen; Angst und Traurigkeit erschaffen beängstigende und traurige Erfahrungen. Deshalb müssen wir mit jedem Gedanken sehr wachsam umgehen. Wir müssen ihm zusehen und ihn analysieren. Ist er liebevoll? Welches Gefühl erzeugt er in uns? Schicken Sie negative Gedanken weg und wählen Sie positive. Wenn unser Denken die Wahrheit widerspiegelt, führen wir unserem Gcist friedliche Energie zu. Die Last unterbewusster Ängste aus altem negativem Wahrnehmen und Denken hindert uns vielleicht am Anfang daran, dass uns der Friede bewusst wird. Mit jedem positiven Gedanken heilen wir negative Energien in unserem Unterbewussten und programmieren neue Denkmuster, bis uns das positive Denken und ein beständiges Bewusstsein des Friedens zur zweiten Natur werden.

Vielleicht ist die Vorstellung, unsere Gedanken wählen zu können, neu für uns. Noch merkwürdiger mag es erscheinen, dass wir uns unsere Gefühle aussuchen können, denn wir sind daran gewöhnt, passiv und mit alten Denkmustern auf unsere Umwelt zu reagieren. Wenn uns negative Gedanken kommen, geraten wir in einen Strudel negativer Gedankenenergie, bis wir erkennen, dass wir eine Wahl haben. Die negativen Gedanken können aus unserem Unterbewusstsein oder aus dem kollektiven Unterbewussten stammen.

Wenn jemand in unserer Umgebung negativ denkt, dringen diese negativen Gedanken auch in unser Bewusstsein. Wir wissen vielleicht gar nicht, wo der Gedanke seinen Ursprung hat. Aber wenn wir ihn akzeptieren, eignen ihn uns an und lassen uns und unsere Erfahrung von ihm beeinflussen, selbst wenn er gar nicht unserem eigenen Unterbewussten entspringt. Als wir Kinder waren, hat man uns beigebracht, nicht aus den Gläsern anderer Leute zu trinken, damit wir ihre Bakterien nicht übernehmen. Wir täten besser daran, ihre negativen Gedanken nicht zu denken, denn wenn wir sie denken, machen wir uns für negative Energie empfänglich. Dr. Elizabeth Kübler-Ross [54] sagte einmal, dass ein Gedanke zu unserem wird, wenn wir länger als fünfzehn Sekunden an ihm hängen bleiben. Wenn wir ihn vorher von uns schieben, kann er unsere Energie nicht beeinflussen. Allerdings lässt sich ein Gedanke heilen, und seine Wirkungen können immer transformiert werden, wenn er uns bewusst wird und wenn wir beschließen, ihn zu verändern.

Folgende Gedanken spiegeln die Wahrheit wider: Ich bin vollkommen unschuldig, und alle anderen sind es auch. Wir alle sind durch und durch wertvoll, wir alle sind von unschätzbarem Wert. Ich kann nicht beleidigt, gekränkt oder angegriffen werden. Es gibt keinen Mangel, keinen Verlust, keine Not.

Natürlich können wir auf verschiedene Art und Weise einen Angriff, Mangel, Verlust oder Not erfahren, doch geschieht das nur, wenn wir in unserem negativen Denken fortfahren, das sich mit solchen Erfahrungen vereinbaren lässt. Vielleicht sind wir nicht wachsam genug und lassen uns allzu leicht in negative Ereignisse verwickeln, die uns von anderen zukommen, auch wenn wir ursprünglich gar nicht an das betreffende Ereignis denken. Wir können im Handumdrehen einen negativen Gedanken oder eine negative Wahrnehmung annehmen, die jemand auf uns projiziert; vielleicht manifestieren wir sie aber auch mehr aktiv oder ziehen sie durch unsere eigenen verdrängten negativen Emotionen an. Wenn diese Ereignisse eintreffen, lassen sie sich augenblicklich transformieren, und die negativen Emotionen können geheilt werden, indem wir uns mit positivem Denken neu fokussieren.

Eine vierte Aktivität oder ein weiteres Werkzeug für die Heilung ist der sogenannte Fokus. Liebe ist die Energie, die wir brauchen. Sie ist die mächtigste Energie und zugleich durch und durch wohlwollend und weise. Die Liebe liebt. Richten Sie Ihre Aufmerksamkeit deshalb darauf, alle und alles ohne Ausnahme zu lieben. Der Geist lässt sich nicht unterteilen. Wenn wir Ärger auf einen Menschen, eine Institution oder eine Sache haben, durchdringt dieser Ärger alle Bilder in unserem Geist, unserem Körper und in unserer Erfahrung. Ärger funktioniert wie ein Maschinengewehr, das nach allen Seiten feuert. Wer am Abzug ist, bekommt die meisten Kugeln ab. Ärger kehrt in Form von Schuldgefühlen zur Quelle zurück, denn das Unbewusste nimmt keine Trennung wahr und deutet den Ärger auf jemanden anderen als Ärger auf sich selbst. Umgekehrt wird der Ärger auf sich selbst als Ärger auf andere erfahren.

Wie fokussieren wir uns auf die Liebe? Ganz einfach dadurch, dass wir uns dafür entscheiden, einen liebevollen Gedanke zu denken - „Ich liebe dich“ zum Beispiel. Wir sollten allen, die wir sehen, im Stillen unsere Liebe schicken, auch wenn die Begegnung noch so flüchtig ist. Machen Sie eine Bestandsaufnahme der Vergangenheit und bekräftigen Sie Ihre Liebe für alle, an die Sie sich erinnern. Schließen Sie niemanden aus. Jedes Mal wenn Sie an eine Begegnung in der Zukunft denken, konzentrieren Sie sich auf Ihre Liebe zu dieser Person und sehen Sie in ihr einen liebenden Menschen. Vertrauen ist ein Bestandteil der Liebe. Sie müssen nach dem greifen, was Ihnen fehlt. Wenn Sie glauben, dass jemand Sie betrügt oder Ihnen auf andere Weise Schaden zufügt, dann denken Sie folgenden Gedanken: „Ich vertraue meinem Bruder/meiner Schwester, mit dem/der ich eins bin.“ Das ist nicht falsch, denn in diesem Menschen gibt es etwas, was vollkommen vertrauenswürdig ist. Liebe ist die mächtigste Energie, und wenn Sie sich darauf konzentrieren, während sie mit jemandem kommunizieren, muss der andere zulassen, dass seine eigene Angst geheilt wird. Er wird vertrauenswürdig werden, da seine eigene Liebe zum Vorschein kommt, oder er wird aus Ihrem Energiefeld verschwinden und Sie in Ruhe lassen, da sein eigenes Energiefeld sich mit Ihrer höheren, stärkeren Energie nicht verträgt. Er wird Ihnen dann keinen Schaden zufügen können. Vielleicht beschwert er sich beim Weggehen, doch Worte können Ihnen nicht schaden, es sei denn, Sie glauben an sie. Andere Menschen werden in Ihr Leben kommen, um die Leere auszufüllen und die Situation zum Besten zu wenden. Zwei Menschen, die beschlossen haben, Liebe zu erfahren, werden einander gegenseitig diese Erfahrung verstärken.

In unserer Kultur habe ich erfahren, dass achtzig Prozent der Menschen die Liebe annehmen, wenn sie ihnen angeboten wird. Es spielt keine Rolle, wie schwierig eine Situation ist. Indem wir die Notwendigkeit einer Heilung erkennen und uns auf Liebe und Vertrauen konzentrieren, wird die Situation transformiert. Selbst wenn Sie nachts in einer dunklen Straße verfolgt und mit einem Messer oder einer Schusswaffe bedroht werden, werden Sie unbehelligt davon kommen, solange Sie bereit sind, sich auf Liebe und Vertrauen zu konzentrieren. Über solche Begegnungen liest man in den Zeitungen nichts, denn die Medien berichten nur, wenn jemandem etwas zustößt, doch ich kenne mehrere solcher Fälle und hatte meine eigenen - etwas weniger gefährlichen - Erlebnisse; ich weiß, dass es funktioniert.

Aufgrund verdrängter negativer Emotionen und Wahrnehmungen in unserem Unbewussten ist es am besten, sich ganz bewusst auf Liebe und Vertrauen zu konzentrieren, dabei immer wachsam zu sein für den liebenden Gedanken und keine Situation, keine Begegnung oder Erfahrung als gegeben hinzunehmen. Ansonsten kann sich eine negative Erfahrung gerade dann manifestieren, wenn wir es am wenigsten erwarten, und in einem Augenblick der Überraschung die Oberhand gewinnen, wenn wir vergesslich geworden sind. Bei diesen Zeitspannen, in denen wir alles als gegeben hinnehmen, kann unser Bewusstsein in einen Leerlauf kommen; das Denken, das dann stattfindet, hat nichts mit der aktuellen Erfahrung zu tun, kann aber auf subtile Weise negativ sein und deshalb nicht unvereinbar mit einer negativen Erfahrung. Doch sobald wir uns auf die Liebe konzentrieren, lässt sich eine negative Situation transzendieren. An diesem Punkt der Erinnerung erkennen wir natürlich auch, dass die Situation in Wahrheit nicht negativ ist, sondern eine Chance darstellt, die Liebe auszudehnen und unglückliche Emotionen zu heilen. Wenn das Unbewusste geheilt wird, kommt die Wachsamkeit mit weniger bewusster Anstrengung aus. Unsere Gedanken werden spontan positiver werden.

In Wahrheit gibt es absolut nichts zu fürchten. Sie können jetzt alle Ängste loslassen und sich auf eine friedliche Reise durchs Leben machen. Sie können das Abenteuer genießen, die Welt mit Liebe neu zu erschaffen und durch Ihre schöpferischen Erfahrungen Liebe zum Ausdruck zu bringen. Ihr Leben wird schön sein und vielen Menschen Freude bringen. Es wird nie langweilig sein. Wir brauchen uns nicht zu Tode zu erschrecken, um zu wissen, dass wir am Leben sind. Wir brauchen keinen Kummer zu erfahren, um zu wissen, was Glück bedeutet. Das Glücksgefühl braucht nicht sein Gegenstück in unserem Leben, damit wir uns seiner Präsenz bewusst sind. Glück ist eine Erfahrung, die unserer wahren Natur entspricht.

Dankbarkeit ist ebenfalls ein Bestandteil der Liebe. Konzentrieren Sie sich darauf. Wenn Sie sich von jemandem abgeschreckt fühlen, dann können Sie folgende Affirmation benutzen: „Gott, ich bin dankbar für die Gegenwart dieses Menschen, denn dadurch kann ich in Kontakt mit meiner Liebe zu ihm kommen." Wenn die Situation verfahren erscheint, suchen Sie etwas, wofür Sie dankbar sein können, bitten Sie um etwas. Erinnern Sie sich daran, dass sich Ihre emotionale Energie so manifestieren wird, wie sie ist. Wenn wir in der Energie der Undankbarkeit verbleiben, wird diese Energie eine Situation erschaffen, für die sich nur schwer Dankbarkeit empfinden lässt. Sie müssen zuerst ein Gefühl der Dankbarkeit erzeugen, dann wird sich die Situation verändern und die Energie der Dankbarkeit widerspiegeln. Dadurch wird es leichter, Dankbarkeit zu empfinden.

Einer meiner Klienten hatte große Schwierigkeiten, Dankbarkeit für seinen akademischen Betreuer zu empfinden. Er war jedoch ein guter Student und setzte die Lektionen, die er lernte, in die Tat um. Bei unserer nächsten Sitzung drei Wochen später hatte er aufregende Neuigkeiten. Sein Betreuer war unerwarteterweise versetzt worden. Wir können mit Recht davon ausgehen, dass die Versetzung auch zum Besten des Betreuers war.

Auch Respekt ist ein Bestandteil der Liebe. Versuchen Sie, die anderen in ihrer ganzen Persönlichkeit zu respektieren. Respektieren Sie ihre Überzeugungen auch dann, wenn Sie diese nicht teilen. Natürlich können wir unsere Ansichten äußern, wenn es angebracht erscheint und wir im Frieden mit uns selbst sind. Während Sie Ihre Meinung ausdrücken, konzentrieren Sie sich weiter auf den Respekt für die andere Person und ihre Überzeugungen. Unbewusst wird sie Ihre Gefühle erfassen, und dies macht sie froh. Vielleicht dachte sie, sie bekäme den vermissten Respekt, wenn sie Recht hätte und ihre Ansichten den Ihren standhielten. Doch wenn sie einmal den Respekt gespürt hat, den sie sich von Ihnen wünscht, wird ihre Angst nachlassen und sie wird nicht länger das Bedürfnis haben, Recht zu bekommen. Dann wird es zu einem Kompromiss kommen, und ihr Geist wird sich der Möglichkeit einer Veränderung öffnen.

Wachsamkeit und Fokus sind im Wesentlichen gleich, und beide sind im Wesentlichen das Gleiche wie Beten. Da wir uns durch unser Denken auf die Wahrheit einstellen, wird jeder Gedanke zum Gebet. Gebete können flehend oder affirmativ sein. Wenn wir mit jedem Gedanken die Wahrheit bekräftigen, beten wir affirmativ und folgen damit den Anweisungen des heiligen Paulus, der im Thessalonickerbrief schrieb: „Betet ohne Unterlass." Die komplette Anweisung findet sich in I Thessalonicher 5:16-18: „Seid allzeit freudig. Betet ohne Unterlass. Seid dankbar in allen Dingen." Wenige Menschen können dies als praktische Anweisung akzeptieren, und doch ist sie so gemeint und lässt sich befolgen. Irgendwann werden wir sie meistern müssen und auch können. Die Frage ist, wann wir es tun.

Wenn wir sechzehn Stunden am Tag wach sind, gehen uns etwa 19.200 Gedanken durch den Kopf, wobei jeder Bestandteil einer Gedankenserie etwa drei Sekunden dauert. Jeder Gedanke tut seine Wirkung. Manche sind positiv, doch viele sind negativ. Deshalb schaffen wir Schönheit und Chaos dicht nebeneinander. Einige Aspekte unseres Lebens sind gut, doch wir machen auch unangenehme Erfahrungen. Unser Leben ist wie ein Traum, der auf der einen Seite angenehm und auf der anderen Seite ein Albtraum ist. Wir haben uns das Ziel gesteckt, unser Leben so lange zu transformieren, bis es durch und durch angenehm ist. Dieses Ziel ist nicht nur möglich, es ist unser Geburtsrecht. Es ist durchaus vereinbar mit der Liebe, wenn wir uns das totale Glück wünschen. Die Welt braucht es.

Da aus einer vergangenen negativen energetischen Dynamik, die sich noch in unserem Unterbewussten hält, und aus dem kollektiven Unterbewussten so viele negative Gedanken in unseren Geist eingeschleust werden, kann es nützlich sein, eine Liste positiver Gedanken bzw. Affirmationen zur Hand zu haben, die wir immer wieder rezitieren, um unseren Geist zu schützen. „Ein Kurs in Wundern“ [17] und die „ICH-BIN-Diskurse“ [33] sind ausgezeichnete Quellen für heilende Affirmationen.

Vielleicht fragen Sie sich, warum Ihre schlimmsten Ängste nicht Wirklichkeit wurden, wenn Ihr Geist so mächtig ist. Die Antwort ist, dass sie sich selten in ihrem ganzen Ausmaß verwirklichen, weil wir nie ganz ohne Liebe sind. Selbst wenn eine negative Erfahrung bis zum Tod führt, werden wir dann erkennen, dass wir gar nicht getötet werden können. Wir sind keine Körper. Der Geist stirbt nicht, und er wird sich nur bis zu einem bestimmten Grad quälen und sich dann auf die Suche nach einem neuen Weg machen.

Die Formel für Heilung

Gebet	Beten Sie dreimal täglich etwa fünf Minuten lang laut, wenn nötig, auch still.
Meditation	Meditieren Sie zweimal täglich 15 bis 30 Minuten.
Wachsamkeit	Überwachen Sie jeden Gedanken; entscheiden Sie sich nur für positive Gedanken.
Fokus	Konzentrieren Sie sich in jeder Situation auf Liebe, Vertrauen, Dankbarkeit und Respekt für alle und alles.

Es genügt nicht, sich von diesen Ideen ermutigen zu lassen, obwohl das ein guter erster Schritt ist. Letztlich heißt es, die Vorschläge in der einen oder anderen Form umzusetzen. Es sieht schwierig aus, muss aber nicht schwierig sein. Dieses Rezept ist auf jeden Fall besser als lebenslanges Leiden oder stille Verzweiflung. Wenn Sie wegen einer Krankheit einen Arzt aufsuchen und er Ihnen Pillen verschreibt, nehmen Sie diese, sofern Sie daran glauben, dass sie Ihnen helfen können. Diese Formel ist mein Rezept für Sie. Sie brauchen nicht daran zu glauben, dass sie funktioniert, akzeptieren Sie einfach, dass sie funktionieren könnte. Tun Sie es! Sie werden nur positive Ergebnisse haben, keine unerwünschten Nebenwirkungen.

Kapitel 7 - Gebet und Vergebung

Wenn wir unsere Verbindung mit der höheren Energie durch das Denken aktivieren, können wir gleichzeitig diese Verbindung für andere aktivieren. Viele Menschen sind sich dieses inneren Potentials nicht bewusst und wissen nicht, wie sie Zugang zu ihm finden können. Wir können es für sie tun. Der freie Wille ist auch hier am Werk, doch die meisten Menschen akzeptieren die Energie der Liebe und lassen es zu, dass ihre Angst und deren Begleiterscheinungen geheilt werden. Die Liebe wird zu ihrem Besten wirken. Wir verhalten uns dabei nicht übergriffig. denn die Entscheidung, ob sie die Liebe annehmen oder zurückweisen, liegt bei ihnen.

Dieser Prozess nennt sich vermittelndes Gebet. Wir können für andere nichts Besseres tun, als für sie zu beten. Durch das Gebet machen wir uns die mächtigste und unendlich wohlwollene Macht des Universums nutzbar. Und wenn sie jetzt nicht offen sind für die Liebe, dann wird Liebe da sein, sobald sie bereit sind. Kein Gebet ist vergeblich, jedes Gebet hat eine Wirkung, auch wenn sie nicht immer sofort sichtbar ist.

Ich beziehe meine Information über das Gebet aus mystischen Lehren, meiner eigenen Erfahrung und der Erfahrung anderer. Aber die Wirkung des vermittelnden Gebets ist auch wissenschaftlich nachgewiesen. Der Kardiologe Dr. Randy Byrd berichtete 1985 im „Southern Medical Journal“ [9,51] über seine Doppel-Blindstudie in der Abteilung für Koronarerkrankungen im General Hospital in San Francisco. In der Studie wurden 393 Patienten nach dem Zufallsprinzip in zwei Gruppen eingeteilt. Die Namen der einen Gruppe wurden der Gebetsgruppe mitgeteilt. Die Namen der anderen Gruppe wurden keiner Gebetsgruppe übergeben. Weder die Patienten noch das Krankenhauspersonal wusste, zu welcher Gruppe die einzelnen Patienten gehörten. Nach zehn Monaten wurden die Ergebnisse analysiert, und die Ergebnisse überraschten sogar die Skeptiker. In der Gruppe, für die gebetet worden war, gab es erheblich weniger Komplikationen als in der Kontrollgruppe. Nur drei Patienten, für die man gebetet hatte, brauchten Antibiotika, in der Kontrollgruppe dagegen sechzehn. Sechs Patienten, für die man gebetet hatte, hatten Lungenödeme; in der Kontrollgruppe waren es achtzehn. Keiner der Patienten in der Gruppe, für die gebetet worden war, musste katheterisiert werden, dagegen zwölf in der Kontrollgruppe.

Wäre ein Medikament für diese guten Ergebnisse verantwortlich gewesen, hätte man Millionen von Dollar für seine Entwicklung und Vermarktung ausgegeben. Aber Krankenhäuser arbeiten normalerweise nicht mit Gruppen zusammen, die für ihre Patienten beten. Natürlich bräuchte man mehr Studien, um die Welt von der Wirksamkeit des Gebets zu überzeugen. Doch warum sollten wir darauf warten? Die Prozedur hat schließlich keinerlei Nebenwirkungen.

Mehr wissenschaftliche Dokumentation über die Macht des Gebets findet sich in Dr. Larry Dosseys Buch „Healing Words“.[20]

Da wir besser aus den Erfahrungen anderer lernen als aus abstrakten Begriffen, werde ich hier einige meiner Erfahrungen wiedergeben. Vor einigen Jahren erkrankte meine jüngste Tochter, die damals vierzehn war, am Pfeifferschen Drüsenfieber. Als sie schon etwa eine Woche krank war, setzte ich mich eines Abends zu ihr ans Bett, um sie zu trösten. Sie hatte hohes Fieber, und ihr Hals war belegt und verursachte ihr große Schmerzen. Sie hatte auch Schmerzen im ganzen Körper. Ich hatte meine spirituelle Reise gerade erst begonnen, sonst hätte ich schneller gewusst, was zu tun war. Ich hatte meine Hand auf ihre heiße, fiebernde Stirn gelegt, als mir mein starker Wunsch, ihr zu helfen, die Idee eingab, für sie zu beten. Ich nahm meine Hand von ihrer Stirn und betete still und mit großer Intensität. Nach einigen Augenblicken legte ich meine Hand wieder auf ihre Stirn und fand diese zu meinem großen Erstaunen kühl vor. Das Fieber war verschwunden. Nach einigen Tagen war meine Tochter wieder gesund.

Ein anderes Beispiel: Einmal war ich nach Texas geflogen, um meine Mutter zu besuchen, die im Koma war und offenbar im Sterben lag. Am gleichen Abend musste ich wegen anderer Verpflichtungen wieder nach Hause fliegen. Als Mediziner kam ich zu der Überzeugung, dass sie nur noch vierundzwanzig bis achtundvierzig Stunden zu leben hatte. Aber ich sprach diese Überzeugung nicht aus. Ich wartete, bis ich Gelegenheit hatte, mit ihr allein zu sein, und betete dann laut für ihre Heilung. Dabei legte ich mich nicht auf ein bestimmtes Ergebnis fest. Ich erwartete, dass sie sterben würde. Doch war ich auch nicht völlig überrascht, als mein Bruder mich am nächsten Morgen anrief und mir erzählte, dass etwas Unerwartetes eingetreten war: Unsere Mutter war am Morgen munter und bei Sinnen aufgewacht. Allerdings sah ich sie nicht mehr lebend, denn einen Monat danach legte sie sich zum Schlafen und wachte nicht mehr auf. Mein Bruder sagte mir später, dass sie sich die Situation offenbar bewusst gemacht und beschlossen hatte zu gehen.

Als ich eines Tages mit einem Neurochirurgen zu Mittag aß, erzählte er mir von folgendem Fall: Er hatte eine Frau operiert, die einen tiefen Tumor mitten im Gehirn hatte. Durch Computertomographie, eine hochempfindliche Röntgenprozedur, die ein genaues Bild der inneren Organe wiedergibt, war eine drei Zentimeter lange Verletzung nachgewiesen worden. Wegen seiner Lage galt der Tumor als nicht operierbar. Doch der Chirurg wollte eine Biopsie durchführen und Gewebe entnehmen, um die Art des Tumors zu bestimmen und um zu sehen, ob eine Chemo- oder Strahlentherapie angebracht war. Sechs Tage nach der letzten Computertomographie wurde die Biopsie durchgeführt. Eine Sonde wurde durch einen Schnitt in den Schädel der Frau eingeführt, und eine Probe wurde den Erkenntnissen der Röntgenaufnahme entsprechend entnommen. Unmittelbar anschließend wurde ein Gefrierschnitt an dem Gewebe vorgenommen. Der pathologische Bericht lautete: „Normales Gehirngewebe". Der Arzt wiederholte die Prozedur, und wieder war der Befund: normales Gewebe. Er versuchte es ein drittes Mal und erhielt den gleichen Befund. Verwirrt gab er auf. Zwei Tage später wiederholte er die Computertomographie und fand keinen Tumor. Ich fragte ihn, was die Familie darüber dachte. Er sagte: „Gott sei Dank glauben sie an Wunder."

Weil ich mich damals gerade mit Wundern beschäftigte, beschloss ich, dem Fall nachzugehen. Ich sah mir die Filme an, die später auf radiologischen und neurochirurgischen Konferenzen gezeigt wurden. Es bestand kein Zweifel daran, dass die Verletzung vorhanden gewesen war. Ich ging auch die Krankengeschichte der Patientin durch und setzte mich mit Familienmitgliedern in Verbindung. Die Patientin hatte fortschreitende Symptome im zentralen Nervensystem gehabt, die etwa drei Monate vor der Diagnostizierung des Tumors eingesetzt hatten. Den Symptomen war eine äußerst angespannte Familiensituation vorangegangen.

Die Patientin und ihre Familie waren sehr religiös und beteten nach der Diagnose des Tumors viel. In der Nacht vor der Operation kam ein Priester ans Bett der Patientin, um ihr die Hand aufzulegen und für sie zu beten. Weiter konnte ich nichts Ungewöhnliches entdecken. Die

Familie ist jedenfalls davon überzeugt, dass die wunderbare Heilung auf ihre Gebete zurückgeht, und die Umstände deuten ganz darauf hin.

Natürlich beschränkt sich das vermittelnde Gebet nicht auf körperliche Probleme. Jede Krankheit und jede Situation lassen sich positiv beeinflussen. Ein Vater machte sich große Sorgen um seinen Sohn, der als junger Mann in die Drogenszene geraten war und mit seinem Leben nicht mehr zurecht kam. Der Vater begann, mit großer Inbrunst für seinen Sohn zu beten. Kurz danach wurde die Wohnung des Sohnes durchsucht, und man fand ein Gerät, mit dem Drogen gewogen werden. Er kam wegen Drogenbesitzes und der Absicht zu verkaufen vor Gericht. Der ihm zugeteilte Richter war berüchtigt dafür, dass er bis dahin nicht vorbestrafte Täter wenigstens für zwei Jahre hinter Gitter brachte. Der Sohn wurde verurteilt, doch zum Erstaunen aller ließ der Richter Milde walten und verhängte nur sechs Monate Gefängnis, die mit einem Arbeitspass verbunden waren. Dank des Passes konnte der Sohn einige seiner finanziellen Probleme lösen, und die sechs Monate im Gefängnis halfen ihm dabei, von den Drogen wegzukommen. Zuerst dachte man, die Haftstrafe sei für den jungen Mann eine Tragödie, aber sie erwies sich als Segen. Der Vorfall zeigt, dass es beim Gebet wichtig ist, sich nicht auf bestimmte Ergebnisse zu versteifen.

Alle Gebete sind vermittelnd, denn wir leben nicht isoliert von anderen. Viele andere Menschen gehören zu unserem Leben, und wenn wir für uns selbst beten, wirkt sich dies auf alle aus, die an unserer Erfahrung teilhaben. Als meine Frau als OP-Krankenschwester arbeitete, wollte eine junge Frau einmal unbedingt vor der Narkose laut beten. Ihre Operation war die einzige an diesem Tag, die völlig fehlerlos verlief. Es fehlten keine Instrumente, keine Schwämme gingen verloren, es gab keine kleineren oder größeren Zwischenfälle, wie sie in Operationssälen so häufig vorkommen. Alle an der Operation Beteiligten standen unter dem Einfluss des Gebets, und dies wirkte sich für alle positiv aus. Bevor ich mir meiner vieldimensionalen Natur und der Macht der Liebe bewusst wurde, investierte ich in mehrere Unternehmungen, um Steuern zu vermeiden und „schnell reich zu werden“. Etwa drei Jahre später meldete das Energiesparunternehmen, in das ich investiert hatte, Bankrott an. Da die Firma nun bankrott war, wurde mir mein Steuervorteil über $ 25.000 nicht mehr gewährt. In der Zwischenzeit hatte ich $ 25.000 in eine Öl-Leasing-Gesellschaft gesteckt. Obwohl die Firma gute Referenzen vom Better Business

Bureau vorzuweisen hatte, stand es nicht gut um sie. Ich las in „Newsweek“, dass der Aufsichtsrat wegen Betrugs verklagt worden war; und der Präsident vom Better Business Bureau wurde beschuldigt, Bestechungsgelder von der Firma angenommen zu haben. Obendrein ging auch noch ein anderes Unternehmen bankrott, in das ich investiert hatte. Ich hatte also mit meinen Investitionen nicht nur keinen Gewinn erzielt, sondern zusätzlich meinen Steuervorteil verloren und konnte die $ 25.000 fürs Finanzamt nicht aufbringen. Es sah ganz danach aus, als hätte ich keine große Wahl. Ich konnte entweder Grundbesitz verkaufen, meine Altersversicherung zu Geld machen oder selbst Bankrott anmelden. Ich betete darüber und konzentrierte mich auf Vertrauen. Als Zeichen des Vertrauens erhöhte ich meinen Kirchenbeitrag von einem Prozent meines Einkommens auf fünf Prozent. Nun geschah etwas höchst Ungewöhnliches. Das Finanzamt hatte meine Akte verloren und konnte mir den Betrag nicht in Rechnung stellen. Drei Monate lang tauchte die Akte nicht auf. Gegen Ende dieser drei Monate besuchte mich die Vertreterin eines Bankhauses in meinem Büro, um mit mir meine Finanzen durchzugehen und zu sehen, ob mir ihre Bank ihren Service anbieten konnte. Nach ihrem Besuch konsolidierte die Bank alle meine Schulden in einen großen Betrag und bot mir eine akzeptable Ratenzahlung an. Daraufhin tauchte meine Akte beim Finanzamt wieder auf. Als ich die Rechnung endlich erhielt, konnte ich sie begleichen.

In all diesen Erfahrungen spielt das flehende Gebet eine Rolle. Wir bitten dabei um etwas, was von uns als notwendig wahrgenommen wird. Eine andere Form ist das affirmative Gebet. In den höheren Energien der Liebe ist die Lösung aller unserer Probleme immer schon da - eine Lösung zum Besten aller. Sie existiert in prä-physischer Energieform und umfasst auch die Energie für die Manifestation aller Dinge, die in der physischen Welt notwendig sind. Wir brauchen nichts weiter zu tun, als sie anzunehmen. Mit dem affirmativen Gebet erkennen wir das an, was bereits existiert, und stimmen unsere Energie darauf ein, so dass wir es empfangen können.

Wenn wir beispielsweise mit Geldangelegenheiten beschäftigt sind, ist folgende Affirmation nützlich: „Ich bin die Gegenwart des großen Reichtums Gottes.[33] Wenn es um die Gesundheit geht: „Ich bin die Gegenwart der vollkommenen Gesundheit Gottes.“ Wenn wir in Versuchung sind, aus der Fassung zu geraten: „Ich bin die Gegenwart von Gottes Frieden.“ Wenn wir nicht genug Liebe und Vertrauen spüren: „Ich vertraue meinem Bruder, mit dem ich eins bin“ (ACIM W-P I.181)[17] und: „Ich bin die Gegenwart von Gottes Allliebe. Gott ist in allen (bzw. in der Person, um die es geht) gegenwärtig und liebt mich.“ Nach meiner Erfahrung ist das letzte Gebet eine besonders machtvolle Affirmation für alle möglichen Gelegenheiten. Auch vermittelnde Affirmationen sind sinnvoll: „Ich bin die Gegenwart der vollkommenen Gesundheit Gottes oder des vollkommenen Reichtums Gottes in ....(der betreffenden Person)“. Neben Worten eignen sich auch Visualisierungen als Form affirmativen Betens. Wir können das bereits erlangte Ziel visualisieren und es mit seinen emotionalen Implikationen in unserer Vorstellung annehmen.

In dem Maße, in dem wir Angst loslassen und Bewusstheit entwickeln, können wir zu einer höheren Form des Gebets gelangen, das einfach im Fokussieren auf Liebe besteht - indem wir um nichts bitten, weil uns klar ist, dass in der Erfahrung der Liebe bereits alles enthalten ist. In der Liebe liegt vollkommene Freude - die emotionale Essenz aller Dinge. Während wir uns dieser Freude öffnen, werden die Bedürfnisse auf der materiellen Ebene automatisch und spontan erfüllt. Diese Form des Gebets ist eigentlich Kommunion: Wir erkennen die Liebe und Dankbarkeit für Gott an. In diesem Zustand findet ein Energieaustausch statt, in dem wir die Einheit mit dem Schöpfer erfahren. Zwischen den formellen Gebetszeiten kommunizieren wir mit Gott, indem wir Gott in allen und allem sehen und lieben. Das flehende und das affirmative Gebet können uns jedoch dabei helfen, unbewusste Blockierungen aufzulösen und Liebe und Veränderung in unserem Leben anzunehmen.

Beten hat auch einen Handlungsaspekt. Wie wir leben, zeigt, was in unserem Bewusstsein ist - was wir glauben. Wenn wir unser Bewusstsein verändern, verändern wir auch unser Leben. So hatte ich beispielsweise meine Schulden unter Kontrolle gebracht und konnte ohne finanzielle Schwierigkeiten recht gut leben, aber ich hatte keine finanziellen Reserven. Als die Rechnungen bezahlt waren, blieb uns nichts für andere nützliche Aktivitäten übrig, zum Beispiel für Reisen oder andere Extras. In meinem spirituellen Leben war ich beim affirmativen Beten angekommen und verbrachte viel Zeit damit, meinen Wohlstand zu affirmieren und zu visualisieren. Aber da sich nichts bewegte, bat ich in einem flehenden Gebet um die Lösung des Problems. Kurz danach hatte ich einen informativen Traum, in dem ich mich am Steuer einer Planierraupe sah. Ich wollte eine Straße durch einen dichten Wald bauen, aber der Wald setzte mir Widerstand entgegen. Die Entwicklung war zum Stillstand gekommen. Ich wurde in die Höhe gehoben, über den Wald und den Straßenverlauf hinweg, und konnte jetzt sehen, dass es schon eine Straße gab. Sie verlief am Waldrand entlang, war frei von Hindernissen und führte zu meinem Ziel. Irgendwie hatte ich die Stelle übersehen, wo sie nach rechts abzweigte. Ich begab mich also wieder nach unten und vollendete meine Reise. Als ich am nächsten Tag im Zusammenhang mit meinem finanziellen Dilemma über diesen Traum nachdachte, erhielt ich mit der Post eine Veröffentlichung, die einen langen Artikel über die Entrichtung des Zehnten enthielt. Viele Beispiele von Menschen wurden angeführt, die ihre finanzielle Situation durch Entrichtung des Zehnten positiv verändert hatten. Ich wusste sofort, was der Traum bedeutete. Ich versuchte, meinen Weg in den Wohlstand zu affirmieren, doch der Weg existierte bereits. Ich hatte das Wesentliche nicht bedacht: richtiges Handeln. Meine Handlungen entsprachen nicht dem Glauben, den ich haben wollte und brauchte.

Der Zehnte ist per Definition die Entrichtung des zehnten Teils des Einkommens, in diesem Fall für spirituelle Zwecke. Ich hatte mir immer vorgenommen, den Zehnten zu entrichten, sobald ich an mehr Wohlstand gelangen würde. Doch der Gedanke des Mangels setzte den Mangel fort. Ich hätte lange warten müssen. Nun lebte ich ein anderes Bewusstsein und entrichtete den Zehnten ganz so, als könnte ich es mir erlauben. Sobald mein Gehalt eintraf, wurden zehn Prozent abgezweigt. Zu meinem Erstaunen verdoppelte sich mein Einkommen innerhalb der nächsten drei Monate unerwartet. Jetzt konnte ich es mir leisten, den Zehnten zu entrichten.

Wie unser Denken wirkt sich auch unser Gebet nicht nur auf Menschen, sondern auch auf unbelebte Dinge aus. Ich kaufte mir ein Auto und freute mich darüber, wie leise und glatt es fuhr. Nach etwa zwei Tagen klemmte das Bremspedal. Nach jedem Bremsen musste ich mich vorbeugen und das Pedal mit der Hand wieder lockern. Ich konnte tun, was ich wollte, das Pedal klemmte. Ich hätte das Auto durch die ganze Stadt fahren müssen, um zum Kundendienst zu kommen. Da erinnerte ich mich daran, dass Gott der größte Mechaniker im ganzen Universum ist. Deshalb betete ich an diesem Abend über diese Angelegenheit. Am nächsten Morgen testete ich die Bremse. Sie funktionierte und klemmte nie wieder.

Etwa ein Jahr später klapperte es auf einmal laut im Auspuffsystem. Eine Klammer musste sich gelöst haben, und der Auspufftopf oder das Rohr schlug bei der geringsten Straßenunebenheit gegen das Fahrgestell. Wieder schien es mir nicht zu meinem Besten, das Auto durch die ganze Stadt zum Händler zu bringen, obwohl mir klar war, dass es letztendlich unumgänglich war. In einem affirmativen Gebet bekräftigte ich die Vollkommenheit Gottes in diesem Auto. Ich konzentrierte mich mit Dankbarkeit auf das Auto, ignorierte emotional, was meine Ohren hörten und tat so, als sei der Wagen in tadellosem Zustand. Ich machte mir die emotionale Erfahrung eines nagelneuen Wagens zu eigen. Am dritten Tag wollten meine Frau Anne und ich wegfahren. Beim Anfahren blieben die Geräusche aus. Ich hatte meine Gebete Anne gegenüber nicht erwähnt und fuhr absichtlich durch alle Schlaglöcher, um das Auto zu testen. Das Geräusch kehrte nicht zurück. Das Auto fuhr so ruhig und glatt wie damals, als es noch neu war, und klapperte nie wieder. Als ich Anne die Geschichte erzählte, sagte sie mir, dass sie die Veränderung bemerkt und angenommen hatte, dass das Auto inzwischen beim Kundendienst gewesen war.

Diese kleinen Erfahrungen mögen vielleicht unbedeutend erscheinen, aber kein Problem in unserem Leben ist zu klein, als dass es sich nicht durch Liebe korrigieren ließe. Wir brauchen nur die Bereitschaft dazu.

Unter Wissenschaftlern gibt es die Tendenz, solche Geschichten als anekdotisch und somit nicht beweiskräftig abzutun. Doch das ist ein Fehler. Per Definition handelt es sich bei der Anekdote um die Darstellung eines wenig bekannten Faktums oder Ereignisses. Große Fallstudien setzen sich aus vielen Anekdoten zusammen. Selbst randomisierte Doppelblind-Studien sind Anekdotensammlungen. Wenn die Wissenschaft über sich hinaus wachsen und neues Terrain erforschen will, muss sie auch Beweismaterial berücksichtigen, das den Rahmen großer randomisierter Studien übersteigt. Dann kann sie diese neuen Informationen benutzen, um große prospektive bzw. retrospektive Studien zu entwickeln und zu finanzieren, und Beweismaterial zusammentragen, auf das wir uns bei Entscheidungen stützen können. Wir dürfen die Anekdote nicht gering schätzen, denn sie ist ein wichtiger erster Schritt und oft genug sogar der einzig mögliche Schritt. Wenn die etablierten Wissenschaftler nicht reagieren, werden die anekdotischen „grass-root“-Erfahrungen der allgemeinen Öffentlichkeit in Zukunft die Entscheidungen in unserer Kultur bestimmen.

Die Wissenschaft tut die Anekdote als unwissenschaftlich ab, um uns vor Betrug zu schützen. Allzu oft geht es aber in Wirklichkeit ums Rechthaben und um die mangelnde Bereitschaft, alte Vorstellungen aufzugeben und neue Paradigmen zu übernehmen. Die randomisierte Doppelblind-Studie kann ein nützlicher Wirklichkeits-Check sein, wenn sie von wahren Voraussetzungen ausgeht. Andernfalls ist sie im wahrsten Sinne des Wortes doppelt blind - als wollten Blinde Blinden den Weg weisen. Eine solche Studie muss der Macht des Geistes Rechnung tragen, die selbst auf der unbewussten Ebene ihre Wirkung tut. Die Wirkung darf nicht als getrennt vom Bewusstsein gesehen werden, vielmehr muss die Wirkung des Bewusstseins mit einbezogen werden. So muss die Studie beispielsweise die Überzeugungen von Arzt und Patient berücksichtigen. Der Placebo-Effekt ist ein realer Effekt, den wir nutzen wollen. Und in gewissem Sinne ist sogar jeder Effekt ein Placebo-Effekt, auch wenn er sich auf molekularer Ebene nachweisen und definieren lässt. Die Aktivität der Moleküle findet nicht unabhängig vom Bewusstsein statt. Das Bewusstsein ist ihr ursächlich.

In der Vergangenheit ging die Wissenschaft von der Voraussetzung aus, dass es eine objektive, vom Bewusstsein unabhängige Realität gibt und das Bewusstsein ein sekundäres Phänomen ist, das nur innerhalb der eng umrissenen Regeln der Realität wirksam wird. In Wirklichkeit gibt es keine objektive, vom Bewusstsein unabhängige Realität. Die physische Realität ist eine subjektive Erfahrung. Diese Einsicht muss bei der Planung wissenschaftlicher Studien berücksichtigt werden, wenn die Wissenschaft uns dabei helfen will, im besten Sinne Herr über unsere Erfahrungen zu werden.

Wir alle haben schon erfahren, dass unser Gebet nicht erhört wird. Und doch wissen wir aus den mystischen Quellen, dass alle Gebete erhört werden. Wir erkennen es nur nicht oder sind in diesem Moment nicht in der Lage, es zu akzeptieren. Die meisten von uns haben auch die Erfahrung gemacht, dass wir etwas wollen und es dann mit der Angst zu tun bekommen, wenn es tatsächlich eintrifft. Vielleicht schafft es irgendwelche Probleme, die uns Angst machen. Auch eine Krankheit oder eine negative Situation, die wir nicht loslassen können, bringen oft sekundäre Vorteile mit sich. Unser Gebet wird von der Liebe erhört, und Liebe verändert keine Situation, wenn die Veränderung unsere Angst so sehr verstärken würde, dass wir nicht mehr auf angemessene Weise mit ihr umgehen könnten.

Vielleicht besteht das Problem darin, dass wir noch in bewussten oder unbewussten Schuldgefühlen gefangen sind, mit denen die Vorstellung verbunden ist, dass wir die guten Dinge des Lebens nicht verdienen. Wenn wir uns unwürdig fühlen, fühlen wir uns unbehaglich, sobald uns etwas Gutes widerfährt.

Ärger ist der Versuch, Angst und Schuldgefühle zu unterdrücken. Wenn wir an ihm festhalten, werden die ungeheilten Schuldgefühle, die dahinter stecken, die Reaktion auf unser Gebet blockieren. Vergeben ist eine wichtige Voraussetzung, wenn wir eine Antwort auf unser Gebet bekommen wollen. Damit unser Gebet erhört wird, müssen wir bereit sein, bedingungslos zu lieben. Das heißt nicht, dass wir in jedem Moment bedingungslose Liebe zu spüren haben, aber die Bereitschaft zu lieben muss vorhanden sein. Durch unser bisschen Bereitschaft kann sich die Liebe zu unserem Besten ausdrücken.

Vergebung ist das Loslassen von Schuldgefühlen, Angst, Ärger und Kummer und die Bereitschaft, Liebe an ihre Stelle zu setzen. Dieser Schritt bedeutet immer auch einen Wahrnehmungswandel. Wahre Vergebung ist bedingungslos wie die Liebe, die sie möglich macht. Buße bzw. Veränderung sind nicht nötig. Egal was jemand getan oder nicht getan hat: Er/sie muss sich nicht ändern oder entschuldigen. Einen Menschen bedingungslos lieben heißt lieben, als gäbe es keine Vergangenheit mit ihm; lieben, als hätte nie eine Verletzung und nie ein Missbrauch stattgefunden; den anderen als vollkommen unschuldig sehen, unabhängig davon, was er/sie tut oder getan hat. Wahre Vergebung ist keine Begnadigung, sondern ein Freispruch.

Da Liebe und Freude identisch sind, öffnen wir uns durch bedingungsloses Lieben auch dem bedingungslosen Glück. Anstatt auf eine Veränderung zu warten, müssen wir die Bedingungen loslassen, die uns zu unserem Glück notwendig erscheinen und uns der Erfahrung dessen öffnen, was bereits in uns existiert. Dadurch werden wir die Energie freisetzen, die diese Veränderungen herbeiführen kann, und die Ereignisse in unserem Leben werden unser Glück widerspiegeln. Wenn wir uns für die Weisheit dieser Liebe öffnen, werden wir die Wirklichkeit wahrnehmen können, und Vergebung wird zum spontanen

Prozess. Diese Liebe müssen wir allen zu Teil werden lassen, also auch uns selbst.

Im Moment können wir noch nicht erwarten, dass wir spontanen Zugang zu dieser Ebene der Liebe haben. Und da wir sie nicht empfinden, können wir sie auch nicht erzeugen. Es genügt, dass wir bereit sind, sie zu empfinden. Die Liebe existiert bereits jenseits unseres Bewusstseins, und ihre Wirkung entfaltet sich durch unsere Bereitschaft. Zunächst erfahren wir sie vielleicht, wenn uns klar wird, dass sie um uns herum am Wirken ist und ohne unser bewusstes Zutun die Ereignisse verändert. Vielleicht erfahren wir sie aber auch erstmals in dem spontanen Wandel unserer Gefühle, bevor sich äußerlich etwas verändert. Vielleicht empfinden wir jetzt Liebe, wo wir früher Hass empfunden haben. Natürlich werden unsere Worte und Taten und die Veränderungen in unserer Umwelt die neue Empfindung widerspiegeln.

Kapitel 8 – Haken und Fallstricke

Wir alle haben den Wunsch, glücklich zu sein. Die Fallstricke und Haken, die uns an der Erfüllung dieses Wunsches hindern, sind meist genau die Dinge, von denen wir unser Glück abhängig machen. Niemand würde sich bewusst für das Unglück entscheiden, doch wenn es als Köder am Angelhaken steckt, erscheint es uns als die begehrenswerteste Sache der Welt.

Ein Freund, der von Beruf Vertreter ist, erzählte mir folgende Geschichte: „Gott stellte diejenigen, die es in den Himmel geschafft hatten, vor die Wahl, zu bleiben oder in die Hölle zu gehen. Neugierige hatten Gelegenheit, sich die Hölle erst einmal unverbindlich anzusehen. Petrus erklärte die Situation einem Neuankömmling, und dieser dachte sich: ‚Ach zum Teufel, ich werde mal runterschauen und mich umsehen.‘ Kaum war ihm der Gedanke durch den Kopf gegangen, als er auch schon vom Teufel auf Besichtigungstour durch die Hölle geführt wurde. Dort sah er Erstaunliches: einen schönen Country-Club mit fantastischen Golfplätzen, Tennisplätze, Swimmingpools, Speiselokale, Unterhaltung und schöne Menschen. Die schlechte Presse, die die Hölle auf der Erde hatte, beruhte offensichtlich auf falschen Informationen. Als der Mann in den Himmel zurückkehrte, bat er auch dort noch um eine Besichtigungstour. Auch hier bekam er einen Country-Club zu sehen, doch da dieser nicht ganz so attraktiv und interessant wie der in der Hölle war, entschied er sich für die Hölle. Kaum hatte er dies gedacht, fand er sich in einem übel riechenden Verlies an eine nackte Betonwand gekettet, wo er von allen möglichen unbeschreiblichen Folterwerkzeugen umgeben war und seine Füße schon von Flammen beleckt wurden. Ganz in der Nähe stand der Teufel, aber er hatte nun keinerlei Ähnlichkeit mehr mit dem Mann im Geschäftsanzug, der bei der Führung durch die Hölle so redegewandt gewesen war. ‚Ich verstehe gar nichts mehr‘, sagte der Mann. ‚Vor ein paar Minuten hast du mir diesen fantastischen Country-Club gezeigt und jetzt das hier. Das muss ein Irrtum sein.‘ Ohne zu zögern antwortete ihm der Teufel: 'Nein. Vorhin warst du ja erst ein potentieller Kandidat.‘

Alle Haken lassen die Dinge als etwas Besonderes erscheinen. Jemand, etwas oder ein Ereignis scheint ganz außergewöhnlich zu sein. Sie sprechen uns auf besondere Weise an, und wir reagieren auf besondere

Weise auf sie. Ich werde diese Haken und Fallstricke etwas ausführlicher beschreiben, damit Sie sie erkennen und sich losmachen können und sich nie wieder ködern lassen.

Wenn der Geist des künftigen Kindes seine Energie auf den Erdenbereich konzentriert, um sich auf die Inkarnation vorzubereiten, beschränkt sich sein Bewusstsein nicht auf die Energiemuster des Körpers und dessen Nervensystem. Deshalb sind dem sich inkarnierenden Individuum die Energiemuster (Gedanken und Gefühle) der Mutter und der engsten Familie und im weiteren Sinne auch der Kultur fast augenblicklich unmittelbar (telepathisch) bewusst.

Wahrnehmungen und Gefühle des Zurückgewiesenwerdens und der Trennung sind gegenwärtig in unserer kulturellen Erfahrung gang und gäbe. Wenn die Mutter beispielsweise kein Baby wollte oder in Bezug auf die Schwangerschaft zwiespältige Gefühle hat, ist dies dem sich inkarnierenden Geist bewusst. Er erhält die Botschaft: „Ich bin unerwünscht und daher unwürdig. Ich werde zurückgewiesen - man kann mich also zurückweisen.“ Das künftige Kind fühlt sich von den künftigen Eltern abgetrennt.

Eine meiner Patientinnen war seit ihrer Geburt deprimiert. Die Familie hatte sich einen Jungen ersehnt und quittierte ihr Erscheinen mit Enttäuschung. Da sich ihr Bewusstsein nicht auf ihr physisches Gehirn beschränkte, empfand sie diese negative Emotion in ihrer ganzen Wucht und fühlte sich daher zurückgewiesen. Dieses Gefühl wurde auf der bewussten und der unbewussten Ebene verstärkt, als sie aufwuchs.

Wenn ein Kind lernt, sein Gehirn zu benutzen und durch die Sinne des Körpers zu kommunizieren, schwindet normalerweise sein Bewusstsein von der Unbegrenztheit seines Geistes. Doch auch dann wird das Kind nicht nur von den Gedanken und Gefühlen beeinflusst, die es verbalisiert bzw. in Handlungen umsetzt, sondern auch von solchen, die ihm gar nicht bewusst sind.

Helen Schucman [113] erinnerte sich daran, dass sie als kleines Kind glücklich war und ein intaktes Selbstwertgefühl hatte. Eines Tages stand ihr Vater an ihrer Zimmertür und sah sie wortlos an. Auf einmal überkam sie das Gefühl, hässlich zu sein, und dieses Gefühl verließ sie von da an nicht mehr. Als sie älter wurde, wurde sie unattraktiv, wie es ihrer neuen Selbstwahrnehmung entsprach. Diese war ihr durch das unbewusste Reich des Geistes übermittelt worden, wo es keine verborgenen Gedanken oder Gefühle gibt, als ihr Vater sie durch den Nebel seiner eigenen Negativität als hässlich wahrnahm. Das Bewusstsein für die Bedeutung dieses Vorfalls kam ihr spontan zurück („Flashback"-Erfahrung), als sie sich für die Heilung öffnete.

Die Zurückweisung kann stillschweigend, subtil oder offenkundig sein. Sie kann hinter Höflichkeit getarnt daherkommen, aber auch in offenem Missbrauch bestehen. Manchmal ist sie unausweichlich - zum Beispiel wenn ein neues Geschwisterchen die Aufmerksamkeit der Mutter in Anspruch nimmt. Sie kann ihre Ursache in einer Krankheit oder im Tod eines Elternteils oder eines anderen wichtigen Menschen im Leben des Kindes haben. Viele Szenarien sind vorstellbar, in denen dem Kind die Aufmerksamkeit eines Menschen entzogen wird, der bis dahin eine wichtige Rolle in seinem Leben gespielt hat.

Auch die ungeduldige Reaktion eines sorgenbeladenen, gestressten Elternteils ist eine subtile Form der Zurückweisung. Eindeutiger liegen die Dinge, wenn jemand „gerechtfertigten" Zorn empfindet. Wenn jemand wütend (ungeduldig, frustriert, verärgert, gereizt) ist, erhalten wir jedes Mal die Botschaft des Zurückgewiesenwerdens. Das Kind, das ins Bett gebracht wurde und sich noch nach Kontakt mit der geliebten Mutter sehnt, ruft nach ihr. Die Mutter ist nach einem arbeitsreichen Tag jedoch müde und braucht eine Verschnaufpause. Sie fühlt sich bedroht und gibt in ihrer Verzweiflung eine ungeduldige, abweisende Antwort. Das Kind spürt die Energie des Ärgers durch sein erweitertes Unbewusstes und nimmt sie in der Stimme der Mutter wahr. Die Botschaft heißt Zurückweisung und ist mit Schuldgefühlen und Angst verbunden. Natürlich heißt das nicht, dass die Mutter eine Ruhepause nicht verdient hat. Das Problem liegt nicht in der Form der Antwort, sondern in deren emotionaler Energie, obwohl diese natürlich die Form bestimmen kann. Solche Episoden kommen im Leben eines Kindes immer wieder vor.

Eine andere subtile Form des „Verrats" liegt vor, wenn die Integrität des Kindes durch wohlmeinende, gleichzeitig aber überstrenge, kontrollierende Eltern nicht gewahrt wird. Das Kind erhält die Botschaft, dass es nicht kompetent ist, Entscheidungen zu treffen bzw. sich verbal oder in seinen Handlungen adäquat und ungehindert auszudrücken. Andererseits kann ein Mangel an Aufmerksamkeit in Form angemessener Führung dem Kind vermitteln, dass es keinen Wert hat. Manchmal geschieht dies durch weniger wohlmeinende Eltern und in Form von eindeutiger Vernachlässigung, Kritik und offenem Missbrauch, was schwere Folgen nach sich zieht.

Negativ kann ein Kind auch durch negatives Verhalten beeinflusst werden, das gar nicht unbedingt gegen seine Person gerichtet ist. Es wird dann folgern: „Was jemandem anderen passiert, kann mir auch passieren.“ Oder: „Was jemand anderer machen kann, kann ich auch machen.“ Wir haben die Tendenz, uns bis zu einem bestimmten Grad mit allen Lebensformen zu identifizieren, in erster Linie jedoch mit den Menschen, vor allem mit denen in unserer unmittelbaren Familie und Umgebung. Die negativen Erfahrungen unserer Eltern können uns also lehren, dass uns das Gleiche widerfahren kann wie ihnen bzw. dass wir das Gleiche wie sie tun werden. Da wir uns mit unseren Eltern identifizieren, werden wir in gewissem Sinne zu ihrer Verlängerung und neigen dazu, ihren Schmerz und ihre Wahrnehmung zu übernehmen.

Ein Beispiel dafür ist eine Frau, die in einer großen Familie aufwuchs und deren Vater häufig abwesend war. Die Mutter war unsicher und überlastet, der Haushalt chaotisch. Als ältere Tochter war das Mädchen mitverantwortlich für die Ordnung im Haus. Als sie heiratete und zwei kleine Kinder hatte, fühlte sie sich überlastet, ängstlich und gereizt, wenn ihr Mann auf Geschäftsreisen war. Wie ihre Mutter verlor sie schnell die Nerven, denn sie hatte den Schmerz und die Wahrnehmung der Mutter in sich aufgenommen.

Die negativen Berührungen mit unserer Umgebung kommen in gewissem Maße in allen Bereichen der menschlichen Erfahrung vor: im intellektuell/professionellen, gesellschaftlichen, moralischen, materiell/finanziellen und im körperlichen Bereich. Die in einem Bereich erfahrene Zurückweisung kann das Gefühl der Unzulänglichkeit auch auf andere Bereiche übertragen, was dann auch dort zu einem negativen Selbstbild führt. Wir versuchen, die negativen Gefühle und Wahrnehmungen zu verdrängen, indem wir sie zuerst vor der Welt und dann vor uns selbst verbergen. So werden sie schließlich zu unserem geheimen Selbst.

Um uns vor unserem geheimen Selbst zu verstecken und diese Gefühle und Wahrnehmungen zu verdrängen, versuchen wir uns zu dem zu machen, was wir unserer geheimen Überzeugung nach gar nicht sind. Unsere Familie, Altersgenossen und unsere Kultur lehren uns, was und wie wir zu sein haben, damit wir nicht zurückgewiesen werden. Wir werden in unserem Wert bestätigt, wenn wir bestimmten kulturellen Standards entsprechen und von den anderen akzeptiert werden. Solche Standards - der perfekte Mensch - bilden das Ego-Ideal. Wenn wir einem bestimmten Bild entsprechen, fühlen wir uns wertvoll und damit weniger schuldig. Die vorübergehende Freiheit von Schuldgefühlen führt vorübergehend zu Glücksgefühlen. Ohne uns des eigenen Wesens bewusst zu sein, versuchen wir, das Ego-Ideal aufrecht zu erhalten und versprechen uns davon das Glück. Das Ergebnis ist ein Fassaden-Selbst (die Ego-Fassade), das wir der Welt und uns selbst präsentieren. Menschen, Dinge und Ereignisse, die in unserer Vorstellung die Fassade dem Ego-Ideal entsprechend erscheinen lassen, sind etwas ganz Besonderes für uns, und so hängen wir uns an sie und werden von ihnen abhängig.

Diese Form von Verdrängung nenne ich Substitution. Die Fassade ersetzt unser wahres Selbst, und die Dinge, Menschen und Ereignisse, die das Ego-Ideal ausmachen, ersetzen das, was wir uns eigentlich wünschen. Diese Substitutionen werden zu unseren Haken und Fallstricken, die unserem wahren Glück im Wege stehen.

Das Glück, die uns die Substitutionen in Aussicht stellen, ist falsch und führt nur zu Enttäuschung und zu mehr Angst und Schuldgefühlen. Im Ego-Ideal liegt kein wahres Glück, selbst wenn dieses Ideal durch die Substitutionen erreichbar wäre. Alle Versuche, es zu ermöglichen - z.B. indem man andere Menschen in seine Kontrolle bringt -, sind jedoch unausweichlich zum Scheitern verurteilt, denn in Wirklichkeit glauben wir an unser geheimes Selbst. Deshalb manifestiert sich letztlich das geheime Selbst, und die Fassade beginnt zu bröckeln. Wie weit der Verlust der Fassade geht, hängt davon ab, wie stark unser Glaube an das geheime Selbst ist. Wenn wir tief im Inneren von unserer Unzulänglichkeit überzeugt sind, wird sich dieser Glaube auch manifestieren. Wenn Schuldgefühle unsere vorherrschende Energie ausmachen, werden wir Bestrafung erfahren; wenn die Angst überhand nimmt, wird uns die Welt ängstigen; wenn Ärger vorherrscht, werden die dahinter verborgenen Schuldgefühle eine ärgerliche Welt erzeugen. Wenn Kummer unsere Energie bestimmt, werden wir Ereignisse anziehen, die uns Kummer bereiten.

Die Nichtrealisierung des Ego-Ideals und der damit verbundene Zusammenbruch des Fassaden-Selbst verstärken die Gefühle der Angst und Schuld, die das Ego-Ideal eigentlich verdrängen sollte, und bringen sie ans Tageslicht. Die Folge sind meist noch verzweifeltere Substitutionen und anderen Formen der Verdrängung.

Paradoxerweise verbirgt sich hinter den negativen Emotionen, die wir zu verdrängen suchen, genau das, was wir uns in Wirklichkeit wünschen: die unveränderte Liebe und Freude, unsere Lebenskraft, die Gott beständig durch uns und in Form von uns zum Ausdruck bringt. Diese Lebenskraft ist der ursprüngliche, unveränderte Zustand unserer Emotionen. Sie ist die emotionale Energie, die uns mit Bewusstsein und der Fähigkeit zu denken versieht. Sie ist unser Herzschlag und unser Atem. Sie manifestiert den Körper und die Dinge und Ereignisse in unserem Leben. Durch die negativen Wahrnehmungen des Geistes lässt sich diese Energie verändern, und in ihrer veränderten Form kennen wir sie als Angst und Schuldgefühle. Wenn wir Angst und Schuldgefühle zu verdrängen versuchen, verdrängen wir damit auch die emotionale Energie, die uns Leben und schöpferische Kraft spendet: die Liebe und Freude, die wir uns wirklich wünschen und die hinter Angst und Schuldgefühlen verborgen sind. Wenn wir unsere Emotionen gänzlich verdrängen könnten, würden wir aufhören zu existieren, doch das ist unmöglich. Die emotionale Energie baut sich auf, bis sie schließlich explodiert - so wie unser Versuch, den Atem anzuhalten, schließlich damit endet, dass wir nach Luft schnappen.

Um diese schmerzhaften Gefühle zu vermeiden, ohne dass unser emotionaler Energiefluss zum Stillstand kommt, tarnen wir unsere Angst und Schuldgefühle und drücken sie in einer Form aus, die uns weniger schmerzhaft und damit annehmbarer erscheint. Doch auch die Tarnung ist negativ, denn die Schuldgefühle werden nun in Ärger übersetzt. Ihr Ausdruck beruht auf der falschen Wahrnehmung, dass andere schuldig und für eine unangenehme Situation verantwortlich sind, dass jemand/etwas Macht über uns hat und wir nicht verantwortlich sind. Dieser Prozess wird als Projektion bezeichnet. Schuldgefühle werden in Form von Ärger auf jemanden außerhalb des eigenen Selbst projiziert.

Wie wir mit diesem Prozess umgehen, hängt in erster Linie davon ab, wie wir in den ersten Lebensjahren programmiert wurden. In dieser Zeit entstehen charakteristische Verhaltens- bzw. Projektionsmuster.

Wenn die Eltern zu viel Kontrolle über das Kind ausübten und sich überfürsorglich oder offen repressiv verhielten, kann dem Kind der Glaube einprogrammiert werden, dass es kontrolliert oder - schlimmer - misshandelt wird. Es kann auch lernen, dass es gefährlich ist, Ärger oder andere Emotionen zum Ausdruck zu bringen.

Ein solcher Mensch wird seinen Ärger auf passive Weise in Form von Vorwürfen und Sich-Beklagen ausdrücken, was normalerweise hinter dem Rücken des vermeintlichen Bösewichts geschieht (passiv-aggressives Verhalten). Wenn der Ärger direkt ausgedrückt wird, geschieht das normalerweise sehr vorsichtig und ohne große Hoffnung auf Veränderung. Die Vorwürfe und Klagen sollen emotionalen Druck freisetzen, indem die Energie der Schuldgefühle umgewandelt wird und in Form von Ärger zum Ausdruck kommt. Der Betreffende braucht etwas/jemanden, dem er die Schuld zuweisen und über das/den er sich beklagen kann, um die eigenen Schuldgefühle zu tarnen. Wenn die schmerzhaften Schuldgefühle kurzzeitig verdrängt sind und die veränderte emotionale Lebenskraft in Ärger verwandelt ist und als solcher zum Ausdruck kommt, wird dies als Erleichterung empfunden. Deshalb wird so gern geklatscht und genörgelt. Das Heruntermachen anderer (womit ihnen der Wert abgesprochen wird) dient jedoch nicht nur als Ventil für die Emotionen, sondern erhöht scheinbar auch den eigenen Wert.

Die Eigenschaften, über die wir uns bei anderen besonders aufregen, spiegeln unser gehasstes geheimes Selbst wider. Unbewusst erinnern sie uns an das, was wir an uns selbst hassen. Wenn dieser Selbsthass (Schuldgefühle) an die Oberfläche kommt, übersetzen wir ihn in Unwillen über diejenigen, die uns an unsere eigenen vermeintlichen Unzulänglichkeiten erinnern. Unser Ärger kann aber auch Menschen treffen, die wir beneiden, da uns ihre Erfolge an unser eigenes vermeintliches Versagen erinnern.

Wer solche Verhaltensmuster hat, glaubt normalerweise bewusst oder unbewusst, dass er kontrolliert oder ungerecht behandelt wird. Man zieht dann Menschen an, die gern kontrollieren bzw. andere schlecht behandeln. Die Erfahrung, Opfer zu sein, bedient das Bedürfnis, andere zu beschuldigen und sich zu beklagen. Sie liefert den Vorwürfen und Klagen einen Vorwand und scheint sie somit zu rechtfertigen.

Man kann auch versuchen, Schuldgefühle loszuwerden, indem man sie in Schmerz und Leid übersetzt. Leid scheint die Schuldgefühle vorübergehend zu beschwichtigen. Nun gibt es Gelegenheit zum Jammern, und oft finden sich auch Schuldige, über die man sich beschweren kann. Wenn die Eltern das Kind zu oft bestraft haben, drückt sich sein passiv-aggressives Verhalten meist durch diese masochistischen Muster aus. Echte Masochisten beschuldigen allerdings meist nur sich selbst.

Wenn jemand zu Schmerz und Leid neigt und Jammern sich nicht mit dem Ego-Ideal vereinbaren lässt, wird man vielleicht eher feixen und alles schlucken. Das wird als Märtyrerkomplex bezeichnet. Wie sein jammernder Zeitgenosse wird der Märtyrer durch seine Wahrnehmung Menschen anziehen, die seine Erfahrung des Leidens bedienen.

Wenn das Ego-Ideal Jammern nicht zulässt und Feixen nicht erfordert, wird der Betreffende vielleicht dazu neigen, die Zähne zusammenzubeißen. In diesem Fall lässt das Ego-Ideal nur sehr wenig Emotion zum Ausdruck kommen. Der Betreffende wird sich emotional zurückziehen und mit stoischer Entschlossenheit durchs Leben gehen. Der emotionale Rückzug dient in erster Linie dem Selbstschutz und kann auch ein passiver Ausdruck von Ärger sein, durch den andere bestraft und manipuliert werden sollen, damit sie den Erfordernissen der Ego-Fassade entsprechen.

Wenn jemand in der frühen Kindheit gleichzeitig Freizügigkeit und Zurückweisung erfuhr, kann noch eine andere Form entstehen, negative Emotionen auszudrücken. Entweder hat das Kind nach Zeiten wohlwollender Zuwendung immer wieder etwas erlebt, was es als Verrat empfand, oder die freizügige Atmosphäre verdankte sich der Gleichgültigkeit und mangelnden Aufmerksamkeit der Eltern bzw. anderer Erwachsener, die das Kind ansonsten verbal oder physisch missbrauchten. In diesem Fall hat der Betroffene vielleicht weniger Angst, seinen Ärger zum Ausdruck zu bringen. Auch wenn sich ein Elternteil anderen Menschen gegenüber aggressiv verhielt und gleichzeitig dem Kind gegenüber nachgiebig oder nachlässig war, wird das Kind vermutlich aggressiv sein. Kinder neigen dazu, die Verhaltensmuster der Eltern zu übernehmen, wenn ihnen das ungefährlich erscheint, obwohl ihnen diese Verhaltensmuster vielleicht gar nicht gefallen. Unbewusst glauben sie, dass sie genauso werden wie die Eltern. Dieses Verhalten wird Bestandteil des geheimen Selbst. Im

Geheimen nimmt man sich als böse wahr. Für einige Menschen kann das aggressive Verhalten aber auch zum Bestandteil des bewusst angestrebten Ego-Ideals werden - so wie für andere passives Verhalten zum Ideal wird.

In dieser Konstellation werden Menschen aktiv-aggressiv, wie ich es nenne. Der Ärger wird offen und in der Absicht ausgedrückt, anderen Leid zuzufügen und sie dadurch zu kontrollieren und zu manipulieren. Solche Menschen sind - zumindest im übertragenen Sinn – Schlägertypen. Wenn sie nicht offen gewalttätig sind, verletzen sie andere mit Worten oder durch die Manipulation der jeweiligen Situation. Auch Schuldzuweisungen können Teil dieses Musters sein, wenn das Ego-Ideal sie braucht, um das brutale Verhalten zu rechtfertigen.

Wenn sich die Rolle des Bösewichts nicht mit dem Ego-Ideal verträgt, wird man das brutale Verhalten unbewusst rechtfertigen. Dies geschieht dadurch, dass man Unrecht ausfindig macht, gegen das man sich zur Wehr setzen muss. Man findet einen Schuldigen, wendet sich gegen ihn und fühlt sich dann als Retter. Man sucht sich also eine Situation mit einem Opfer und einem Bösewicht. Die Errettung des Opfers rechtfertigt die Gewaltanwendung gegenüber dem Bösewicht, und die emotionale Energie der Schuldgefühle wird als gerechtfertigter Zorn freigesetzt. Das ist der Robin-Hood-Komplex. Wenn sich auf „legitime" Weise keine Bösewicht-Opfer-Kombination finden lässt, wird man sich eine ausdenken und versuchen, jemanden davon zu überzeugen, dass er ungerecht behandelt wird und gerettet werden muss. Diese Motivation trifft man bei vielen Menschen, die sich für ansonsten ehrenwerte Ziele engagieren. Was aus Ärger getan wird, erzeugt jedoch meist auch wieder Ärger.

Nun kann eine Übertragung auf irgend ein Projektionsziel stattfinden, das sich anbietet. Wenn kein echter „Bösewicht" zur Verfügung steht oder wenn es gefährlich erscheint, den Ärger auf den vermeintlichen Schurken zu richten, wird unbewusst Ersatz gesucht und gefunden werden.

Je nach Situation kann man die negative Energie unterschiedlich ausdrücken; dies hängt davon ab, welche Verhaltensweisen man gerade für ungefährlich bzw. für wirksam hält. So kann jemand beispielsweise bei der Arbeit passiv-aggressiv und zu Hause aktiv-aggressiv sein.

Projektionsmuster:	
passiv-aggressiv	Schuld zuweisen, sich beklagen
	jammern
	feixen und schlucken
	Zähne zusammenbeißen
aktiv-aggressiv	Gewalt anwenden
	Opfer erretten.

Wir müssen uns darüber im Klaren sein, dass wir so lange von unseren negativen emotionalen Bedürfnissen beherrscht werden, bis uns diese Dynamik bewusst wird; und der Drang, sie auf bestimmte Art und Weise auszudrücken, kann genauso stark und unkontrollierbar sein wie das Bedürfnis zu atmen. Deshalb ist denen gegenüber, die passiv-aggressive oder aktiv-aggressive Verhaltensweisen an den Tag legen, Mitgefühl angebrachter als Kritik - ob es einen selbst betrifft oder jemand anderen.

Wenn wir die Formel mit der Bereitschaft, zu vergeben und zu lieben, befolgen, wird Heilung stattfinden und die Dynamik wird sich verändern.

Kapitel 9 - Spezielle Hassbeziehungen

Passiv-aggressive Menschen, die anderen Schuld zuweisen und sich beklagen oder jammern, sind so programmiert, dass sie sich in der Opferrolle sehen. Sie leben nicht nur in der ständigen Erwartung, ungerecht behandelt zu werden, sondern brauchen dies auch, damit sie Schuld zuweisen, sich beschweren und jammern können. Um die Opferrolle zu manifestieren, werden die benötigten Elemente unbewusst angezogen. Aktiv-Aggressive sind dagegen auf Angriff programmiert und haben das Bedürfnis anzugreifen.

Diese unbewussten Energien greifen auf das kollektive Energiefeld des Bewusstseins über, wo sie auf andere Energien treffen, sich mit diesen vernetzen und schließlich mit den passenden Energien Verbindungen eingehen. Die Energiekombinationen bringen Menschen in Situationen zusammen, die den jeweiligen Glaubenssystemen und Bedürfnissen dieser Menschen entsprechen. Die Situation dient als Szenario für eine Beziehung, die sich als Hassbeziehung bezeichnen lässt.

Hassbeziehungen können offenkundig oder subtil sein, doch die grundlegende Dynamik der emotionalen Energie ist immer die gleiche. Sprechen Sie gern schlecht über Menschen oder Institutionen? Üben Sie gern Kritik oder empfinden Genugtuung, wenn Sie jemanden nieder machen können? In solchen Fällen erfüllen diese Menschen bzw. Institutionen einen besonderen Zweck. Sie dienen uns dazu, unseren Ärger auszudrücken und uns dadurch ein unmittelbares Gefühl der Erleichterung zu verschaffen. Kennen Sie Menschen in Arbeitsbeziehungen, Ehen oder anderen gesellschaftlichen Zusammenhängen, die in ständigem Konflikt leben und trotzdem zusammen bleiben oder immer wieder zusammen kommen? Hier liegen spezielle Hassbeziehungen vor, von denen sich die Beteiligten angezogen fühlen und ohne die sie nicht „glücklich" wären. Sie haben ein ihnen unbewusstes Bedürfnis zu hassen, Dampf abzulassen, denn auf diese Weise lassen sich ihre Angst- und Schuldgefühle lindern und ihr Selbsthass wird kurzzeitig umgeleitet.

Einige Beispiele mögen das veranschaulichen. Zur Wahrung der Anonymität wurden Namen und Umstände etwas verändert.

Jack leitete eine Gruppenaktivität. Es war offensichtlich, dass er sich für einen Versager hielt. Er hatte zwar einiges im Leben erreicht, doch seine Leistungen reichten nicht aus, um seine verdrängten Schuldgefühle und Ängste zu besänftigen. Er fühlte sich inkompetent, verantwortungslos und hatte starke Schuldgefühle (Selbsthass), die nach einem Ausdruck verlangten. Er brauchte das Gefühl des Ärgers, und da er in seiner Kindheit entsprechend programmiert worden war, scheute er sich nicht davor, seinen Ärger auszudrücken.

Jacks Wahrnehmung seiner eigenen Inkompetenz bestand in einem unbewussten Gedanken-Energie-Muster, das durch seinen allgegenwärtigen Geist vibrierte und Menschen mit dem komplementären Muster anzog. Dieses verband sich mit seinem unbewussten Bedürfnis, die eigenen Gefühle auf andere zu projizieren. In diesem Fall wurde Jane angezogen, die sich ebenfalls als inkompetent empfand. Doch ihre Selbstwahrnehmung war nicht so stark verdrängt. Sie jammerte gern und zeigte offen, dass ihr alles misslang, was sie anpackte. Aufgrund ihrer Programmierung in der frühen Kindheit konnte sie ihren Ärger nicht aktiv ausdrücken. Sie setzte die emotionale Energie ihrer Schuldgefühle durch Leiden frei, das sich zum Teil im Herabsetzen der eigenen Person ausdrückte. Da sie sich bewusst vor dem Urteil der anderen fürchtete, drückte sie den Ärger über sich öffentlich aus und hoffte, damit ihren Kritikern den Wind aus den Segeln zu nehmen und ihr Mitleid zu erwecken. Unbewusst brauchte sie jedoch die Angriffe der anderen, um weiter leiden zu können.

Die unbewussten Energien der beiden manifestierten die Synchronizitäten, die sie in einer Organisation zusammen führten. Dort erkannten sie einander unbewusst. Ohne den Grund zu wissen, fühlte sich Jack durch Janes Anwesenheit gereizt. Sie erinnerte ihn an sein eigenes geheimes Selbst. Auch Jane wurde in Jacks Gegenwart nervös und erledigte dann die Aufgaben, die sie in der Organisation übernommen hatte, nicht ordentlich. Was Jack sofort geahnt hatte, bewahrheitete sich also jetzt vor seinen Augen. Er wurde wütend, beschimpfte Jane und beschwerte sich bei den anderen über sie. Sie hielt seinen Angriffen nichts entgegen, verkroch sich in Selbstmitleid und jammerte. Nun hatte sie einen handfesten Grund, sich zu beklagen, denn der Gruppenleiter hatte sie ja vor allen anderen heruntergeputzt. Jammern allein brachte ihr jedoch noch keine Genugtuung, und deshalb versuchte sie sich Erleichterung zu verschaffen, indem sie sich darüber beschwerte, dass Jack ihr nicht genug Sympathie, Verständnis und Hilfestellung anbot.

Die Beziehung war ein ständiger Kampf, doch keine der beiden Parteien löste sich aus dieser Verstrickung. Sie brauchten einander. Jack musste angreifen, und Jane musste jammern. Was im Augenblick als Erleichterung erscheinen mag, führt jedoch nicht immer zum erhofften Ziel und kann im Endeffekt sogar das Gegenteil bewirken. Die beiden schaukelten sich in ihrem Elend gegenseitig hoch. Jacks negatives Denken und Verhalten intensivierten seine Schuldgefühle, die ihrerseits seinen Ärger und seine Angst intensivierten. Bei Jane war die gleiche Dynamik am Werk. Dazu kam, dass die beiden jeweils die Gefühle des anderen als die eigenen empfanden. Während sich Janes Depression verschlimmerte, wurde Jacks Traurigkeit und Enttäuschung über sich selbst intensiviert und umgekehrt. Eine gemeinsame, sich selbst fortsetzende und sich verstärkende negative Dynamik war in Gang gesetzt worden.

Die Lösung des Problem besteht darin, sich nicht ködern zu lassen. Wenn Jack sich seiner selbst bewusster gewesen wäre, hätte er bald gemerkt, dass seine Gereiztheit in Janes Gegenwart Schuldgefühle in ihm auslöste. Anstatt die beiden Gefühle zu verleugnen, müsste er sie annehmen. Wenn er sich eingestehen würde, dass er lieber andere Gefühle hätte, könnten sie ihn nicht beherrschen, und er würde der Herr über seine Gefühle. Er würde Gedanken affirmieren, die den erwünschten Gefühlen entsprechen, und könnte die negativen Emotionen und die ihnen entsprechenden Wahrnehmungen durch Gebet und Meditation freisetzen. Als Jane ihr negatives Selbstbild auszuleben begann, hätte Jack diesen Prozess noch einmal durchleben und nach neuen Umgangsformen suchen müssen.

Jane würde unbewusst in den Einflussbereich der liebevollen Energie geraten, die Jack auf sie richtete, und käme besser mit sich selbst klar. In gefährlichen Situationen würde Jack ihr helfen, mehr Selbstvertrauen aufzubauen. Er würde sich auf sein Vertrauen in sie konzentrieren und sie in ihrer Vollkommenheit und ihrem Erfolg bestätigen. Er könnte ihren Erfolg auch visualisieren. Jane würde diese Gedankenform unbewusst in sich aufnehmen, empfände mehr Selbstvertrauen und könnte sich erfolgreicher fühlen.

Je nachdem wie intensiv und tiefsitzend Jacks eigene Ängste sind, könnte er Jane anfangs vielleicht nicht sehr viel Liebe und Vertrauen entgegen bringen. Eine Zeitlang müsste er deshalb schauspielern. Doch während er sich weiterhin auf seine Absicht zu lieben konzentrierte, würde sich allmählich ein spontanes gutes Gefühl Jane gegenüber entwickeln. Das entspräche seinem wahren Gefühl, seiner ursprünglichen Lebenskraft, durch die er seine eigenen Ängste loslassen und sein wahres Glück und seinen wahren Erfolg erfahren könnte.

Da es Jane jetzt besser ginge, würde Jack unbewusst ihre positive Energie empfangen, und dadurch würde sich seine eigene positive Energie verstärken. Beide wären glücklicher. Jane könnte ihr Projekt erfolgreich zu Ende bringen. Beide würden die Anwesenheit des anderen und die gemeinsame Arbeit genießen. Weil sie die Energie der Liebe erführen, wären ihre gemeinschaftlichen Projekte erfolgreicher und lohnender.

Die einstmals spezielle Hassbeziehung würde sich in eine Beziehung verwandeln, in der sich die beiden bedingungslose Liebe entgegen bringen. Das Wesentliche an dieser nun heiligen Beziehung ist die Liebe, die aus der Bereitschaft entsteht zu vergeben - sich selbst für das eigene vermeintliche Versagen und den anderen für deren Versagen. Vergebung schließt die Bereitschaft ein, die anderen und sich selbst als vollkommen zu sehen und loszulassen, was in der Vergangenheit - vor Jahren, letztes Jahr, gestern oder vor einer Millisekunde - passiert sein mag.

Damit diese Veränderungen eintreten können, müssen wir auf das unmittelbare Gefühl der Genugtuung verzichten, unseren Ärger auszudrücken und dadurch Schmerz oder Schuld loszuwerden. Andernfalls werden wir weiterhin von unseren Schuldgefühlen gequält werden.

Jeder, der in eine spezielle Hassbeziehung verstrickt ist, kann Licht in diese Beziehung bringen. So hätte Jane beim ersten Aufkommen ihrer Versagensängste ihre Fähigkeiten auf positive Weise affirmieren und durch Gebet und Meditation zu ihrer Heilung beitragen können. Wenn sie Jacks negativem Verhalten mit Liebe begegnet wäre, hätten sich seine Ängste beruhigt. Das hätte zu positiven Veränderungen in ihrer Beziehung geführt.

Jede Beziehung lässt sich heilen, selbst wenn die Situation völlig verfahren erscheint. Doch auch hier ist der freie Wille am Werk. Wer nicht bereit ist, von seinen Schuldgefühlen und Ängsten zu lassen, weist das Angebot des anderen zurück und steigt aus der Beziehung aus. Angst kann in der Gegenwart der Liebe nicht bestehen. Wenn einer in der Beziehung Liebe ausdrückt, gibt es keinen Raum für die Energie gegenseitiger negativer Anziehung, und die Beziehung bedient nicht mehr das Bedürfnis desjenigen, der nicht bereit ist, Liebe anzunehmen.

Ich habe schon über die Kraft des Vertrauens in schwierigen Situationen gesprochen. Hier noch ein Beispiel aus dem Leben: Judith Skutch [108], die in einer amerikanischen Großstadt zu Hause war, hörte in den Nachrichten von einer jungen Frau, die am Morgen des gleichen Tages in der U-Bahn einem Sexualmord zum Opfer gefallen war. Den ganzen Tag ging Judith der Vorfall durch den Kopf, und sie begann, um ihre eigene Sicherheit zu bangen, besonders als sie am Abend die gleiche U-Bahnlinie befahren musste. Wie Radiowellen breitete sich ihr Angstdenken im kollektiven Bewusstseins aus, wo es vom unbewussten Aspekt eines Menschen empfangen wurde, der sich auf dieses Muster eingestimmt hatte und darauf aus war, anzugreifen. In diesem Fall hatte der Betreffende Verluste erfahren und schlug sich mit der Energie verdrängter Schuldgefühle herum, da es ihm nicht gelungen war, seine finanzielle Situation zu verbessern. Er brauchte ein Objekt für seine Projektion - jemanden, auf den er seinen Ärger richten konnte. Er brauchte jemanden, der wirtschaftlich viel besser dastand und viel besser ausgebildet war als er. Der Kontrast musste ihn an sein eigenes Versagen erinnern und ihm ein perfektes Objekt für seine Projektion liefern. Judith passte genau in dieses Schema. Wir können auch davon ausgehen, dass dieser Mann von seiner Mutter vernachlässigt und misshandelt worden war und dass er seinen Ärger von seiner Mutter auf alle Frauen übertrug.

Die Energien des Unbewussten vermischten und vereinten sich und manifestierten die Synchronizitäten, die den Mann in der U-Bahn mit Judith zusammen brachten. Die beiden waren allein bis auf die zwei Begleiter des Mannes, die in ähnlicher Geistesverfassung waren wie er. Als Judith die drei Männer einsteigen sah, traute sie ihnen sofort die Tat zu, von der sie in der Zeitung gelesen hatte. Indem ihre Angst zunahm, machte sie sich zunehmend empfänglich für einen Angriff. Das Trio betrachtete sie und schien über ihr Schicksal zu beraten. Dann stand der betreffende Mann auf und kam auf sie zu. Zu Judiths eigenen Wahrnehmungen kam, dass sie unbewusst seine Gedankenenergien aufnahm und bejahte, und diese waren auf Angriff aus. Sie spürte, dass er nicht ihr Geld wollte. Während ihre Angst zunahm, kam ihr ein Gedanke. Sie schloss die Augen und betete darum, die Situation anders sehen zu können. Mit der Bereitschaft zu lieben öffnete sie nun die

Augen und sah vor sich ein Wesen von solcher Schönheit, dass sie lächeln musste. Ihre Bereitschaft, Liebe für den Mann zu empfinden, verschaffte ihr eine Vision seiner Höheren Natur. In ihrem Geist herrschte nicht mehr die Energie vor, die in die Bilder von Angriff und Angst einwilligte. Zunächst löste diese neue Energie hoher Frequenz im Bewusstsein des Mannes Verwirrung aus. Er schien völlig verblüfft zu sein. Dann zog er sich zurück und setzte sich. Die drei Männer schwiegen. Als die U-Bahn schließlich hielt, fiel Judiths Geldbeutel auf den Boden. Der Mann, der gerade noch vorgehabt hatte, Judith anzugreifen, hob den Geldbeutel auf und wünschte ihr einen guten Abend. Dann stiegen die drei aus.

Was als Durchspielen einer speziellen Hassbeziehung angelegt gewesen war, verwandelte sich von einem Augenblick auf den anderen in eine Beziehung bedingungsloser Liebe. Oft wird in den Frühstadien einer Krise nicht bewusst Liebe ausgedrückt, doch wenn ein Beteiligter die Bereitschaft zu lieben ausdrückt, fließt Liebe aus dem Unbewussten und verändert die Situation. Wir brauchen also keine Angst vor der Angst zu haben. Die Bereitschaft genügt, damit sich Liebe ausdrücken und eine Situation verwandeln kann.

Wenn wir uns der Dynamik der Projektion in speziellen Hassbeziehungen bewusst werden, erkennen wir sie leicht in den Beziehungen anderer. Der nächste Schritt ist, dass wir erkennen, wenn sie in unserem Leben einsetzt. Ich habe einmal mit jemandem gearbeitet, der ähnlich wie Jack funktionierte. Er nahm an einem Meeting teil, das ich leitete und das ich um zehn Minuten überzog. Da ich wusste, dass Bob (wie ich ihn nennen werde) sehr ungeduldig war, erwartete ich Kritik von ihm und wurde nervös. Natürlich gab ich ihm damit die Gedankenform vor, die zu eben diesem Ergebnis führte. Bob war nicht nur empfänglich für den Gedanken, weil er die Projektion brauchte, sondern hatte bereits seine Energie darauf gerichtet. Nach dem Meeting stand er auf und ließ sich über Inkompetenz, Verantwortungslosigkeit und die Unfähigkeit aus, ein Meeting pünktlich zu beenden. Dabei entging ihm völlig, dass er selbst zwanzig Minuten zu spät gekommen war.

Manchmal ziehen wir Kritik an, weil wir sie fürchten und sie damit erwarten. Viele Menschen müssen Kritik austeilen und fühlen sich von uns angezogen, weil wir ihnen erlauben, ihre Rolle zu spielen. Als ich mir selbst gegenüber wachsamer wurde, bemerkte ich, dass ich selten kritisiert wurde, wenn ich die Kritik nicht schon durch meine Erwartung vorwegnahm. Das soll nicht heißen, dass wir Kritik und Angriffe immer durch unsere Erwartung anziehen. Manche Menschen haben ein derartiges Bedürfnis nach Projektion, dass ihnen jedes Ziel recht ist, das sich bietet, auch wenn sie nicht dazu eingeladen werden. Manchmal wühlt der Kontrast zwischen der offenkundigen Unschuld des anderen und der bei sich selbst wahrgenommenen Schuld noch mehr Schuldgefühle auf, und der Unschuldige macht sich dadurch zur Zielscheibe. (Das Wort „unschuldig" ist hier bildlich gemeint, denn in Wirklichkeit ist jeder Mensch unschuldig.) Wir sollten uns jedoch immer daran erinnern, dass uns nichts schaden kann, solange wir in Frieden mit uns selbst sind und uns auf Liebe und Vertrauen konzentrieren. Der Angreifer oder Nörgler wird sich dann zurückziehen.

Schließlich erkannte ich auch, wann ich auf andere projizierte. In einer Gruppe, mit der ich an einem Projekt arbeitete, fühlte ich mich durch die Anwesenheit einer Frau gereizt. Mary war gesprächig, klammerte und strahlte Bedürftigkeit aus. Ihre Anwesenheit und ihre verrückten Ideen lenkten die anderen von der Arbeit ab und führten zu unnötigen Verzögerungen. Meine Gereiztheit verstärkte sich durch die Schuldgefühle, die ich empfand, weil ich ihr keine Liebe und kein Mitgefühl entgegenbringen konnte. Meinem Verstand war die Wahrheit klar, aber auf emotionaler Ebene konnte ich sie nicht erfahren. Deshalb spiegelte ich sie vor. Ich meditierte und betete darum, Mary lieben zu können. In meiner Meditation kam mir eine Erinnerung von einem Ereignis, das lange zurücklag und nichts mit Mary zu tun hatte, das mir aber große Schuldgefühle einflößte. Diese Erinnerung brachte mich aus der Fassung, und meine Schuldgefühle beschäftigten mich fast drei Tage lang. Am dritten Tag las ich in dem Buch „Ein Kurs in Wundern"[17], und auf einmal verzogen sich die Schuldgefühle. Als Mary am nächsten Tag kam und mit mir reden wollte, kam die entnervende Gereiztheit zu meinem Erstaunen gar nicht erst auf. Ich konnte Mary in Ruhe zuhören. Es war das letzte Mal, dass ich sie sah, denn sie beschloss, sich mit anderen Dingen zu beschäftigen. Als ich meine Schuldgefühle losließ, diente mir ihre Bedürftigkeit nicht mehr als Quelle der Irritation. Ihr Verhalten und ihre Energie hatten mich offenbar unbewusst an einen Aspekt meiner selbst erinnert, den ich hasste. Der Selbsthass drückte sich als Ärger ihr gegenüber aus. Als er geheilt war, fühlte ich mich nicht mehr unbewusst von ihr angezogen. Dass sie genau zu diesem Zeitpunkt ging, war kein Zufall.

In einer ähnlichen Situation fiel es mir schwer, Liebe für Bill zu empfinden. Ich betete mit großer Inbrunst darum, ihn lieben zu können. Als ich ihn wieder sah, war ich überwältigt von Gefühlen der Liebe und des Mitgefühls, und daran hat sich bis heute nichts geändert. Bill konnte seine höhere Energie annehmen und blieb in meinem Leben. Darüber bin ich froh, denn es freut mich jedes Mal, wenn ich ihn sehe. In diesem Fall trat der Wandel ohne eine Erinnerung oder das Bewusstsein verdrängter Gefühle ein.

Kapitel 10 .- Spezielle Liebesbeziehungen

Wir hängen uns an Dinge und Menschen, die das Bild unseres Ego-Ideals ausmachen, denn ohne sie würde die Ego-Fassade bröckeln. Der Kaiser würde auf einmal erkennen, dass er nackt ist, und würde sich dafür schämen. Wir werden von diesen speziellen Dingen und Menschen so abhängig, dass wir glauben, ohne sie nicht leben zu können. So lange wir hoffen können, das Ersehnte bzw. die ersehnte Person in unseren Besitz zu bekommen, oder solange wir sie zu besitzen glauben, empfinden wir weniger Angst und Schuldgefühle. Mit Hilfe der speziellen Liebesbeziehung gelingt es uns vorübergehend, uns den Wert unseres Selbst zu beweisen. Wir sind uns der verdrängten Schuldgefühle hinter dem Bedürfnis nach dieser Beziehung nicht bewusst und scheinen Liebe und Freude zu empfinden. Die falsche Liebe wird auf den speziellen Menschen oder die spezielle Sache gerichtet. Was wir als Liebe wahrnehmen, ist in Wirklichkeit jedoch getarnter Hass - Hass auf uns selbst. Wenn die Tarnung bröckelt, bleibt die spezielle Liebe auf der Strecke, und ihre wahre Natur kommt zum Vorschein. Schuldgefühle bahnen sich ihren Weg an die Oberfläche und werden in Form von Ärger auf die spezielle Person projiziert. Aus diesem Grund war ich als Jugendlicher und als junger Erwachsener davon überzeugt, dass Hass nur die Kehrseite der Liebe ist. Das ist aber nicht wahr. Die Kehrseite echter Liebe ist Freude, und mit ihr ist kein Schmerz verbunden.

Unter unser Ego-Ideal fallen unsere Bestrebungen auf beruflicher und intellektueller Ebene, unsere Lebensphilosophie und unser Festhalten an dieser Philosophie (Moral), unsere finanziellen und materiellen Besitztümer, unser Aussehen, unsere körperlichen Verrichtungen und unsere zwischenmenschlichen Beziehungen (mit Familie, Freunden, Bekannten und Fremden). Wenn diese Komponenten in unserem Sinne zu funktionieren scheinen, lieben wir sie - ansonsten hassen wir sie. In jedem Fall machen wir sie zu etwas Besonderem.

Nie sind wir uns unseres Werts sicherer, als wenn uns jemand in irgendeiner Form sagt, dass wir okay sind. Oder - besser noch - wenn uns jemand sagt, dass er uns mag, dass wir ihm etwas bedeuten und dass er mit uns befreundet sein möchte. Am besten ist es natürlich, wenn sich jemand uns ganz und gar widmet und uns allen anderen vorzieht. Das scheint uns zu etwas ganz Besonderem zu machen. Es geschieht in Paarbeziehungen, Ehen und anderen familiären Beziehungen, zum Beispiel zwischen Eltern und Kind. Die ultimative Bindung ist die Ehe. Hier bindet sich jemand in einer ausschließlichen Beziehung an uns, um ein Zuhause und eine Familie mit uns zu gründen. Frau, Mann und Familie sind wichtige Aspekte des Ego-Ideals in unserer Kultur. Doch unweigerlich führen sie in gewissem Sinne zu Enttäuschung.

In den USA wird etwa die Hälfte aller Ehen geschieden. Von den Ehen, die halten, sind viele unglücklich, und die meisten sind zumindest nicht restlos befriedigend. Viele Ehepaare waren wohl irgendwann ineinander vernarrt, „unsterblich verliebt“, doch in die meisten Ehen schleichen sich Elemente der speziellen Hassbeziehung ein.

Das heißt nicht, dass Ehe und Familie als Institutionen schlecht sind. Aber wenn wir in ihnen eine Quelle für unser eigenes Glück sehen, werden wir enttäuscht. Wir können allerdings Glück in diese Beziehungen bringen, wenn wir zulassen, dass sie uns lehren zu lieben und unser Bewusstsein für die Gegenwart der Liebe frei zu machen.

Trotz der niederschmetternden Statistiken wünschten sich die meisten von uns irgendwann in ihrem Leben einmal nichts dringender als einen Menschen, der eine Bindung mit uns eingeht. Vor der Ego-Idealfamilie können nicht jede beliebige Frau, jeder beliebige Mann, jedes beliebige Kind bestehen. Von unserer Familien und unserer Kultur sind wir programmiert, nur Menschen zu akzeptieren, die uns in unserem Wert bestätigen. Wir fühlen uns zu jemandem hingezogen, dessen Fassade unserem Ego-Ideal in etwa entspricht. Wenn dem Ego-Ideal dieses Menschen unsere Fassade ebenfalls entspricht, kommt es zur „idealen Beziehung“. Jede spezielle Liebesbeziehung ist einzigartig, doch der emotionale Inhalt und das Ergebnis sind allen gemeinsam. Angst und Schuldgefühle bahnen sich wieder ihren Weg an die Oberfläche und werden als Ärger projiziert.

Dass spezielle Liebesbeziehungen scheitern, liegt an mehreren Gründen:

- Das Ego-Ideal ändert sich.
- Das geheime Selbst manifestiert sich und wird entdeckt.
- Substitution aktiviert die verborgenen Schuldgefühle.
- Substitution funktioniert einfach nicht.

Das Ego-Ideal ist selten statisch. Ein junger College-Student schätzt sich vielleicht glücklich, wenn seine Freundin ihre Ausbildung abbricht und arbeiten geht, um ihn zu finanzieren und die Kinder großzuziehen, während er weiter studiert. Nach dem Examen - sagen wir mal in Betriebswirtschaft - macht er dann Karriere als Manager. Sein neues Ego-Ideal verlangt eine ausgebildete und erfolgreiche Geschäftsfrau. Er hat das Gefühl, dass seine Frau mit ihm nicht Schritt gehalten hat. „Sie hat sich nicht weiter entwickelt", wird er denken. „Sie entspricht meinen Bedürfnissen nicht mehr." Er begegnet einer passenden Frau und „verliebt" sich in sie. Es kommt zur Trennung und Scheidung. Aus der einstmals speziellen Liebesbeziehung wird eine spezielle Hassbeziehung. „Nach allem, was ich für ihn getan habe", beschwert sich seine Frau, „lässt er mich jetzt einfach fallen."

Auch unsere Kinder können uns das Gefühl geben, etwas ganz Besonderes zu sein. Wenn die Eltern-Kind-Beziehung am Ego-Ideal ausgerichtet ist und den Mangel an Glück wettmachen muss, ist die Enttäuschung vorprogrammiert. Die Natur dieser Beziehung wird sich wandeln, denn die Kinder werden erwachsen und verändern sich. Ich kannte einen Vater, der seinen Sohn sehr liebte und von diesem bewundert und geachtet wurde. Der Vater hatte eine Position im unteren Management, die seinem Fassaden-Selbst nicht gerecht wurde, weil sein Ego-Ideal nach mehr verlangte. Im Geheimen hielt er sich für einen Versager. Deshalb waren für ihn die Bewunderung und der Respekt wichtig, die ihm sein Sohn entgegenbrachte. Als der Sohn erwachsen wurde, ergriff er den gleichen Beruf wie sein Vater, hatte aber mehr Erfolg. Damit verstärkten sich die Schuldgefühle des Vaters wegen seines eigenen vermeintlichen Versagens. Als sie an die Oberfläche gekommen waren, übersetzte der Vater sie in Ärger auf seinen Sohn, ohne dies zu bemerken. Er suchte nach Gelegenheiten, den Sohn zu kritisieren. Wenn er nichts fand, machte er sich unbewusst Gründe zurecht und glaubte an die eigenen Konstruktionen. Den Sohn verwirrte und beunruhigte dieses Verhalten. Die spezielle Liebesbeziehung hatte sich in eine spezielle Hassbeziehung verwandelt. Die Schuldgefühle des Vaters waren so stark, dass der Sohn es dem Vater einfach nicht mehr recht machen konnte.

Nicht jeder reagiert so. Einem persönlich wenig erfolgreichen Vater könnte der Erfolg seines Sohnes genauso gut als Ersatzbefriedigung dienen, da er damit als erfolgreicher Vater gelten kann.

Ein anderes Beispiel ist eine Mutter, die ihren Sohn gern als Arzt gesehen hätte. Obwohl der Sohn Schauspieler werden wollte, drang die Mutter auf ein Medizinstudium. Die medizinische Laufbahn war nie in seinem Sinne gewesen und frustrierte ihn zusehends. Seine Frustration führte zu Ärger gegenüber der Mutter, den er weder verdrängen noch ändern konnte. Deshalb änderte sich die Beziehung. Hätte sich der Sohn gegen den Willen seiner Mutter entschieden, Schauspieler zu werden, hätte sie dies als Verrat empfunden, denn ihr Ego-Ideal wollte, dass ihr Sohn Arzt war. Aus ihrer Sicht hätte der undankbare Sohn ihrer aufopfernden Arbeit zum Trotz die Möglichkeit einer schönen Karriere einfach weggeworfen. Sie hätte ihre Enttäuschung und ihren Ärger vielleicht nicht beherrschen können, die im Grunde nur ihre bewussten Reaktionen auf die mit Mühe unterdrückten Schuldgefühle waren. Und wieder einmal wäre eine spezielle Liebesbeziehung gescheitert und durch eine spezielle Hassbeziehung ersetzt worden.

Unser Ärger richtet sich immer am stärksten auf die Menschen, die uns am nächsten stehen, denn sie haben einen ganz besonderen Stellenwert für uns. Wir erwarten von ihnen, dass sie uns glücklich machen. Wenn sie uns nicht glücklich machen (und das können sie auch gar nicht), drücken sich unsere Schuldgefühle als Ärger aus, der sich nur mühsam beherrschen lässt.

Ein weiterer Grund, weshalb die spezielle Liebesbeziehung zum Scheitern verurteilt ist, besteht darin, dass das geheime Selbst schließlich entdeckt wird. In einer Paarbeziehung zieht das geheime Selbst normalerweise das entsprechende geheime Selbst an, auch wenn man dies der Fassade nicht anmerken mag. Ein Opfer wird einen Bösewicht anziehen, um dann auch tatsächlich zum Opfer gemacht zu werden. Oder es zieht ein anderes Opfer an, um dann mit ihm gemeinsam die Situation auskosten zu können. Ein unsicherer Mensch wird einen unsicheren Menschen anziehen. Jemand, der sich zurückgewiesen fühlt, wird seine Entsprechung anziehen. Letztendlich bröckelt die Fassade, und das geheime Selbst wird sichtbar. Opfer und Bösewicht spielen nur ihre Rollen. Der unsichere Mensch ärgert sich über den unsicheren Partner. Der Zurückgewiesene glaubt immer, der andere habe ihn zurückgewiesen.

Ein Mann, der von seiner Mutter zurückgewiesen wurde und die nährende weibliche Energie nicht erfahren hat, sucht sich eine Frau, von der er diese Energie bekommt. Eine genügt aber nicht, deshalb sucht er sich noch andere, doch keine kann ihm das geben, was er wirklich braucht. Wenn er aus moralischen Gründen in der Ehe bzw. in einer monogamen Beziehung gebunden ist, kann er immer noch unbewusst im Kollegen- und Freundeskreis nach dieser Ersatzmutter suchen. Doch die Energie des Mangels und der Unsicherheit zieht unbewusst Frauen an, deren Leben selbst durch Mangel und Unsicherheit bestimmt ist. Anfangs sieht es so aus, als würden sie ihm gut tun, doch schließlich wird er wieder zurückgewiesen werden oder die Frau stellt sich selbst als bedürftig heraus und braucht seine Hilfe. Dieses Szenario wird sich so lange wiederholen, bis die unbewusste energetische Dynamik geheilt ist.

Die Dynamik gegenseitiger Zurückweisung veranschaulicht der Fall eines Mannes, der schon früh von seiner Mutter zurückgewiesen wurde, obwohl ihr das selbst nicht bewusst war. Sie war depressiv und unfähig, sein Bedürfnis nach Nähe und Zuneigung zu befriedigen. Die erfahrene Zurückweisung verletzte und verärgerte den Sohn. Sein Schmerz war so groß, dass er ihn sofort verdrängte. Später versuchte er sich mit allen möglichen Aktivitäten abzulenken. Als er erwachsen wurde, geriet er immer wieder an Frauen, in denen er eine Mutter fand. Er stellte sie auf ein Podest, aber letztlich wurde er immer wieder zurückgewiesen. Schließlich ging er eine Verbindung mit einer älteren Arbeitskollegin ein, die er als weise und erfahren empfand. Er machte sie zu seinem Mentor und wies ihr damit unbewusst die Mutterrolle zu. Die Frau war das älteste Kind in ihrer Familie gewesen. Da die Mutter bei der Geburt noch sehr jung war, wuchs das Mädchen bei der Großmutter auf. Als sich später die Umstände der Mutter besserten, zog sie die jüngeren Kinder bei sich auf, aber ihr erstes Kind holte sie nicht zu sich zurück. Das war ein vernichtendes Urteil für das Mädchen, das sich nun ständig zurückgewiesen fühlte. In ihrer Beziehung mit ihrem Freund führte ihre Angst vor Zurückweisung zu feindseligem Verhalten bei der Arbeit, so dass der Mann ihr schließlich ein Ultimatum stellen musste. Sie sollte ihr Verhalten ändern oder die Arbeitsbeziehung beenden. Das musste ihr natürlich wie eine neuerliche Zurückweisung vorkommen, und so ging sie im Ärger. Der Mann war am Boden zerstört - zuerst hatte sie sich ihm gegenüber feindselig verhalten und nun verschwand sie wütend aus seinem Leben. Noch einmal durchlebte er die Emotionen seiner Kindheitserfahrung. Die beiden hatten einander unbewusst angezogen; ihre verdrängten Emotionen hatten die Ereignisse und Interaktionen ausgelöst, die ihre spezielle Liebesbeziehung in eine spezielle Hassbeziehung verwandelten, als sie sich gegenseitig zurückgewiesen fühlten. Als der Mann therapeutische Hilfe suchte, wurde er auf diese Dynamik hingewiesen, und der Heilungsprozess konnte beginnen. Für ihn war der Kreislauf endlich unterbrochen.

Die Manifestation der Zurückweisung durch das geheime Selbst kann auch in einem genau abgegrenzten Bereich auftreten, wenn dies den versteckten Überzeugungen des einzelnen entspricht. So kann ein Geschäftsmann beispielsweise eine erfolgreiche Ehe führen, aber im Berufsleben immer wieder Zurückweisung und Sabotage erfahren.

Das Scheitern spezieller Beziehungen kann sich aber auch von einem Bereich auf einen anderen verlagern. Betty war im Beruf erfolgreich, solange in ihren Beziehungen Chaos herrschte. Als sie kurzzeitig eine erfolgreiche Beziehung hatte, ging es bei der Arbeit bergab. Dieser Kreislauf wiederholte sich mehrere Male, bevor sie durch eine Therapie entdeckte, dass ihre verdrängten Schuldgefühle den Erfolg in zwei wichtigen Lebensbereichen gleichzeitig nicht zuließen.

Manchmal vergiftet das geheime Selbst eines Menschen die Fassade eines anderen. Wenn sich ein Mann unzulänglich vorkommt, empfindet er womöglich auch das als unzulänglich, was zu ihm gehört. Wenn er eine Beziehung aufgebaut hat, meint er, dass mit seiner Partnerin etwas nicht in Ordnung ist, das sie ihn liebt (sie gehört jetzt ihm und verliert deshalb durch seine eigene Wahrnehmung an Wert). Er ist irritiert, weil sie in seinen Augen nun nicht mehr dem Ego-Ideal entspricht, das ihn heil machen könnte.

Wenn ein unsicherer Mensch anfängt, die Fassade eines anderen unsicheren Menschen zu durchschauen, den er angezogen hat, fühlt er sich irritiert, weil er an sich selbst erinnert wird. Schuldgefühle kommen an die Oberfläche und werden auf der Stelle in Ärger übersetzt, der in irgendeiner Form ausgedrückt werden muss. Natürlich bestätigt sein Ärger beim anderen das Gefühl der Unsicherheit, so dass auch bei ihm nun Schuldgefühle zum Vorschein kommen. Auch er übersetzt vielleicht jetzt seine Schuldgefühle in Ärger, und es wird zu Angriff und Verteidigung kommen.

Spezielle Liebesbeziehungen sind nie frei von Schuldgefühlen. Irgendwo dämmert es uns, dass wir vom anderen etwas nehmen, um selbst heil und ganz zu werden, ihm aber wenig dafür bieten können. Dieses unterdrückte „Wissen“ ist mit verdrängten Schuldgefühlen verbunden. Diese können so stark werden, dass irgendwann die bloße Anwesenheit der speziellen Person genügt, uns daran zu erinnern, was wir eigentlich tun. Wenn die Schuldgefühle bis in die oberen Schichten des Unterbewussten vorgedrungen sind, werden sie in Ärger übersetzt. Dann fühlt sich der Betroffene durch die Anwesenheit des Partners/der Partnerin ohne ersichtlichen Grund irritiert und muss einen Grund an den Haaren herbeiziehen - die Frisur, die Kleidung oder auch die Ausdrucksweise. Vielleicht versucht er, diesen Impuls zu beherrschen, aber die Energie verdichtet sich, und schließlich kommt er nicht mehr darum herum, sie zum Ausdruck zu bringen. Ein Bekannter von mir spürte diese Irritation eines Tages und behielt sie so lange wie möglich für sich, aber als er und seine Frau einmal zu einer Party gehen wollten und er den Wagen rückwärts aus der Einfahrt fuhr, konnte er nicht länger an sich halten und platzte heraus: „Musste es unbedingt dieses Kleid sein?“ Seine Frau war bereits verunsichert gewesen und war nun am Boden zerstört. Sie ging in Abwehrhaltung und wurde wütend. Beide verlegten sich nun auf Verteidigung durch Angriff. Wenn sich solche Vorfälle wiederholen, kann sich ihre Energie aufstauen, bis wir es mit einer regelrechten speziellen Hassbeziehung zu tun haben, in der sich die beiden gegenseitig beschuldigen.

Selbst wenn die oben erwähnten Faktoren erfolgreich unterdrückt und die Fassade gewahrt werden könnte, um dem Ego-Ideal zu entsprechen, würde es nicht funktionieren, denn wir würden nur ein Gefühl der Leere empfinden. Substitution funktioniert einfach nicht. Sie ist leer und entbehrt der lebensspendenden Liebe und Freude, die wir in Wirklichkeit suchen. Die Langeweile, die wir nun zunehmend mit unserem Partner empfinden, ist die subtile Depression, die der erste Schub von verdrängter Angst und Schuld zu Tage fördert. Doch hinter der Wolke negativer Emotion verbirgt sich die Energie der Liebe und Freude, die wir uns eigentlich wünschen.

Hier noch ein paar persönliche Erfahrungen, die mir dabei halfen, spezielle Liebesbeziehungen zwischen Männern und Frauen zu verstehen. Als ich einmal meditierte, erschien mir eine schöne Frau. Ich fühlte mich sinnlich von ihr angezogen. Sie sagte mir: „Ich bin dein Höheres Selbst.“ Damals verstand ich die Bedeutung dieser Erfahrung nicht. Später hatte ich in der Meditation eine ähnliche Vision, doch war diesmal die Frau nicht sinnlich anziehend, sondern erschien mir als weise Lehrerin, von der mir überwältigende, nährende Liebe zuströmte.

Sie sagte: „Ich bin dein Höheres Selbst.“ Dann kam eine Botschaft, durch die ich erfuhr, dass mir dieser nährende weibliche Aspekt meines Selbst fehlte, den ich nur von innen erfahren konnte. Doch ohne mir dessen bewusst zu sein, hatte ich ihn außerhalb meiner selbst gesucht und dadurch Frauen angezogen, die mich in meinem Leben und bei meiner Arbeit unterstützen sollten. Doch da ich mir die Wahrnehmung des Mangels zu eigen gemacht hatte, zog ich Frauen an, die sich ebenfalls als mangelhaft empfanden und mir deshalb weder die ersehnte Unterstützung noch den Erfolg geben konnten, den ich bei meiner Arbeit so nötig hatte. Durch meine Visionen bekam ich Einsichten in andere, zurückliegende Erfahrungen. Ich erinnerte mich daran, dass ich bis zum Alter von drei Jahren unbedingt ein Mädchen sein wollte. Ich spielte mit Puppen und versuchte, meine Pullover lang zu ziehen, so dass sie wie Kleider aussahen. Jetzt verstand ich, dass ich damit versucht hatte, den weiblichen Aspekt meines Selbst zu erfahren, von dem ich mich abgetrennt fühlte.

Als ich etwas älter war, übersetzte ich meinen Wunsch, ein Mädchen zu sein, in den Wunsch, ein Mädchen zu haben. Ich fühlte mich vom anderen Geschlecht angezogen. Die meisten Männer genießen die weibliche Energie - in der Rolle des Liebhabers, des Sohnes oder auch des Bruders. In Liebesbeziehungen fühlen sich Männer vom weiblichen Körper angezogen, besonders von den Körperteilen, die das Weibliche am eindeutigsten symbolisieren. Für Männer ist die weibliche Energie eine Art göttlicher Nektar. Doch alle Frauen der Welt können das männliche Verlangen nicht stillen, auch wenn einige Männer das niemals wahrhaben wollen. In Wirklichkeit fehlt ihnen der weibliche Aspekt ihres Selbst.

Frauen machen natürlich entsprechende Erfahrungen. Sie ihrerseits sehnen sich nach starker, fürsorglicher männlicher Energie.

Einmal sollte ich in einer spirituellen Gruppe über diese Erkenntnis sprechen. An diesem Abend tauchte ein Transvestit in Frauenkleidung auf. Ich hatte ihn nie vorher gesehen und sah ihn seitdem nie wieder. Er hörte sich die Geschichte an. Weil er die Bereitschaft hatte, brachten ihn die Synchronizitäten des Lebens mit der Information zusammen, die ihm dabei half, seine unbefriedigten und nicht zu befriedigenden Sehnsüchte zu verstehen.

Aus verschiedenen Gründen lassen wir uns eine Reihe von Dingen einfallen, die uns dabei helfen sollen, außerhalb unserer selbst das zu finden, was wir vermissen. In unserer Kultur hat es ein Mann, der das Weibliche von einer Frau zu erhalten versucht, leichter als einer, der es dadurch zu bekommen versucht, dass er eine Frau wird. Natürlich gilt dies umgekehrt auch für Frauen. Beide Wege sind jedoch letztlich frustrierend. Die Lösung liegt immer in der inneren Erfahrung der Energie des Höheren Selbst. Wenn die energetische Verbindung einmal aktiviert ist, finden die weiblichen und männlichen Energien einen harmonischen Ausdruck, der der Situation angemessen ist. Dann können wir in unseren Beziehungen die Ganzheit erfahren.

Lösen sich die Probleme spezieller Liebesbeziehungen dadurch, dass man solche Beziehungen erst gar nicht eingeht? Sollten wir anderen wegen ihres geheimen Selbst oder ihrer Fassadenmuster aus dem Weg gehen und warten, bis unser eigenes Muster völlig geheilt ist? Nein! Wir brauchen diese Beziehungen, und zwar nicht als Wirklichkeitsersatz, sondern weil sie uns helfen können, mit der Wirklichkeit in Verbindung zu kommen. Durch diese speziellen Beziehungen - und ihre Enttäuschungen - kommen wir in Kontakt mit unserem geheimen Selbst. Wenn sich unsere verborgenen Muster in unseren Beziehungen wiederholen, können wir uns besser mit ihnen identifizieren und beginnen, sie zu heilen. Wenn wir in unseren Beziehungen zu unserem Höheren Selbst vorzudringen versuchen, lehren sie uns die wahre Erfahrung der Liebe. Wenn wir die Formel für Heilung anwenden, werden unsere Beziehungen diesem höheren Zweck dienen und zu glücklichen Erfahrungen werden.

Ein Partner allein kann die Beziehung verändern, sofern der andere ein kleines bisschen Bereitschaft mitbringt. Hier spielt das vermittelnde Gebet eine wichtige Rolle. Dem anderen müssen Fokus und Absicht des mehr erleuchteten Partners gar nicht unbedingt bewusst sein. Doch auch hier ist der freie Wille am Werk; nicht jeder wird sich für die Veränderung entscheiden. Vielleicht hat im Augenblick noch die Angst die Oberhand. Es ist wichtig, dass Sie sich nicht auf ein bestimmtes Ergebnis versteifen, wenn Sie die Beziehung neu definieren wollen. Wenn nötig, müssen die Partner frei sein, ihre eigenen Wege zu gehen. Vielleicht sollten wir besser nicht an Bindungen festhalten, die wir ohne Weisheit eingingen. Unser Glück hängt nicht von einer Beziehung ab, aber es wird sich vervielfachen, wenn es in einer Beziehung geteilt wird. In unserer Kultur lässt sich dieses Glück in vielen verschiedenen Arten von Beziehungen teilen. Was wir vermissen und in allen unseren Beziehungen suchen, ist immer unser ganzes Selbst oder unser Höheres Selbst - und damit Gott.

Mehr über spezielle Beziehungen finden Sie in „Ein Kurs in Wundern" (T-15.V,VII; T-16.IV-VII;T17.IV;T-18.I.II.V,VII).

Kapitel 11 - Fassadenmuster

Geheimes Selbst und Fassaden-Selbst gehen viele verschiedene Kombinationen ein. Diese sind von den frühen Lebenserfahrungen abhängig und führen zu bestimmten vorhersagbaren und immer wieder wiederholten Verhaltensmustern. Einige Muster, die ich beobachtet habe, werde ich hier beschreiben. Sie können Komponenten des Ego-Ideals enthalten, doch in Wirklichkeit sind sie meist Abbildungen unseres geheimen Selbst. Obwohl sie für andere gut sichtbar sein mögen, bleiben sie demjenigen meist verborgen, der versucht, sie aufrecht zu erhalten.

Fassadenmuster:

- klammern und sich bemuttern lassen
- klammern und bemuttern
- binden und kontrollieren
- benutzen und links liegen lassen
- erobern und fallen lassen
- erobern und besitzen
- kämpfen und durchhalten
- wegrennen und sich verstecken

Die Formulierungen sind - vielleicht mit Ausnahme der letzten - kaum erklärungsbedürftig, deswegen werde ich meine Kommentare kurz fassen. Die Besprechung dieser Muster soll uns helfen zu erkennen, wann wir in die Falle gehen und zum Täter oder Opfer werden, damit wir das Loslassen fokussieren können. Sie sollen nicht dazu anregen, Verhalten zu bewerten. Wir haben alle auf unsere Weise an diesen Mustern mitgestrickt, und doch sind wir alle unschuldig. Wenn wir uns auf jemanden einlassen, der eins dieser Muster an den Tag legt, kann uns das richtige Verständnis helfen, es zu entpersonalisieren (d.h. uns davon zu distanzieren) und dem anderen, der Liebe braucht, verständnisvoll und hilfreich zu begegnen.

Wer sich nach dem Prinzip „klammern und sich bemuttern lassen" verhält, hat in der frühen Kindheit genug positive Erfahrungen gemacht, um auf eine Nahrungsquelle hoffen zu können, wurde aber nicht gut genug genährt, um eine Befriedigung erfahren zu haben. Meist geht der Hunger auf das Gefühl zurück, zurückgewiesen worden zu sein, das erstmals im ersten Lebensjahr auftrat. In diesem Alter ist die Mutter die Hauptnahrungsquelle. Der Kontakt zur Welt wird in erster Linie auf oralem Wege hergestellt, und die lebenswichtige physische Ernährung erfolgt durch die Brust der Mutter bzw. über die Flasche in der Hand der Mutter. Wenn die emotionale Ernährung via Körperkontakt aus irgendwelchen Gründen vorzeitig unterbrochen wird, können sich im Unterbewussten Gefühle des Verlusts (Kummer) und Zurückgewiesenwerdens (Schuld und Angst) verankern. Unabhängig davon, ob die Zurückweisung tatsächlich oder nur in der Vorstellung stattfand, führt sie zu einem bleibenden Gefühl der Bedürftigkeit und zu der Angst, nicht ausreichend genährt zu werden. Die Betroffenen neigen zum Klammern und brauchen viel Aufmerksamkeit. Etwas Verzweifeltes haftet ihrem Verhalten an, das deshalb auf andere abschreckend wirken kann. Zuerst mag die klammernde Bedürftigkeit dem anderen als schmeichelhaft erscheinen, aber letztlich laugt sie ihn aus. Die unbewusste Energie der Zurückweisung stößt nicht nur andere ab, sondern zieht auch Menschen an, die das Bedürfnis haben, andere zurückzuweisen, was die Klammernden nur noch mehr frustriert. Sie trösten sich mit oraler Stimulierung, als wären sie in der frühkindlichen Phase oraler Kommunikation mit der Umwelt steckengeblieben. Sie haben die Tendenz, Gesicht und Mund mit den Händen zu bedecken. Psychologen sprechen von oralem Charakter.

Wer die Tendenz hat, zu klammern und zu bemuttern, bezieht seinen Wert über seine Fürsorglichkeit und stellt die eigenen Bedürfnisse oft hinten an. Ein solcher Mensch fühlt sich für das Glück und den Erfolg der anderen verantwortlich. Diese Programmierung erfolgt meist in der Kindheit durch wichtige Erwachsene und wird zum Bestandteil des Ego-Ideals. Das Ergebnis ist die „Supermutter“, die sowohl eine andere Person als auch eine Gruppe oder Organisation bemuttern kann. Sie wird sich mit jemandem zusammentun, der klammert und sich bemuttern lässt, oder versuchen, den Partner in diese Rolle hineinzubringen. Es ist aber nicht möglich, andere glücklich zu machen, und deshalb sind solche Versuche unweigerlich zum Scheitern verurteilt und verstärken die Angst und die Schuldgefühle. Dazu kommt der verdrängte Groll darüber, dass man sich aufgeopfert hat. Dieser Druck fordert letztlich seinen Tribut.

Ähnlich verhalten sich Menschen, die andere binden und kontrollieren. Nur wirken sie vielleicht nicht so wohlmeinend und fürsorglich. Sie können je nach Ego-Ideal den anderen auf subtile Weise entwaffnen oder ihm ganz offen massive Schuldgefühle einflößen. Es kommt einem solchen Menschen nicht so sehr darauf an, dass der andere glücklich ist; er will andere kontrollieren, damit sie seinem Ego-Ideal entsprechen. Die Kontrolle über jemanden anderen zu haben, kann das Gefühl der eigenen Hilflosigkeit mildern und dadurch zeitweilig Angst und Schuldgefühle verdrängen.

Wer andere benutzt und sie dann einfach links liegen lässt, braucht jemanden, der bestimmte Elemente des Ego-Ideals beisteuert, doch das Interesse am anderen und an einer Bindung sind nicht sehr stark. Das anfängliche Bedürfnis, den anderen zu kontrollieren, verflüchtigt sich schnell. Menschen dieses Typs wollen nicht die Verpflichtung einer langfristigen Beziehung eingehen, weil sie sich dadurch in ihrer Unabhängigkeit und Machtausübung bedroht fühlen. Dieses Muster kann sich in zwischenmenschlichen Beziehungen oder in Gruppen ausdrücken.

Ein Beispiel für diesen Typ ist ein Leiter einer Organisation. Klar definierte Ziele und definierte Projekte legitimieren den permanenten, stabilen Charakter der Organisation. Ehrenamtliche Mitarbeiter werden als Mitglieder aufgenommen, die sich für diese Ziele einsetzen und die Organisation finanziell unterstützen können. Versammlungen werden abgehalten, Geldquellen aufgetan, Projekte fertiggestellt, doch der Leiter der Organisation hat alles unter Kontrolle. Da die Pflichten nicht in angemessener Weise delegiert werden, können die menschlichen Ressourcen nicht sinnvoll genutzt werden. Ehrenamtliche und feste Mitarbeiter fühlen sich eingeengt und entmutigt und springen ab. Neue feste und ehrenamtliche Mitarbeiter kommen hinzu, wieder werden Versammlungen abgehalten, Geldquellen aufgetan, ein weiteres Projekt wird fertiggestellt. Und wieder wird die einengende Kontrollausübung des Leiters unerträglich, und die Betroffenen sind entmutigt und springen ab. Wenn sich die Ego-Dynamik des Leiters nicht ändert, setzt sich der Kreislauf fort. Gelder und Menschen sind bald erschöpft, und die Aufgabe der Organisation wird nie wirklich erfüllt. Der Leiter, der die anderen benutzt und dann links liegen lässt, fängt dann vielleicht an, sich zu beklagen oder zu jammern.

Wer gern erobert und das Eroberte dann fallen lässt, bezieht aus seiner Eroberungslust ein Gefühl der Macht. Was zählt, ist die erfolgreiche Jagd. Nach der Eroberung lässt das Interesse schnell nach. Die Trophäe mag noch eine Weile an der Wand hängen, doch am Ende muss sie den Platz für Neues räumen und verschwindet im Dachboden. Dieser Typ fühlt sich vielleicht geschmeichelt, wenn sich jemand für ihn interessiert, und vergisst dann für kurze Zeit die eigenen Gefühle der Unzulänglichkeit, doch sobald ihm der Partner vertraut ist, erfüllt ihn die Beziehung nicht mehr. Am Anfang sieht es so aus, als sei er an einer festen Bindung interessiert; aber sie dient ihm nur als Mittel zur Eroberung und wird später gebrochen.

Für manche ist das Besitzen jedoch genauso wichtig wie das Erobern. Solche Menschen haben ein starkes Interesse daran, eingegangene Bindungen aufrecht zu erhalten, fordern vom Partner aber dauernd Beweise für dessen Standfestigkeit. Eine Bindung schließt nicht aus, dass mehrere Objekte gleichzeitig begehrt und verfolgt werden. Dieser Typ kann eine Frau und eine Geliebte haben und versteht die Welt nicht mehr, wenn eine von beiden ihn verlässt oder ihre Unabhängigkeit demonstriert.

Menschen mit dem Muster „kämpfen und durchhalten“ identifizieren sich mit ihrer Fähigkeit, Hindernisse zu überwinden, die sie unbewusst anziehen oder aussuchen. Ihr zähes Ringen lenkt sie von ihren Schuldgefühlen ab und verschafft ihnen ein gutes Selbstgefühl. Aber sobald das Ziel erreicht ist, machen sich Leere und Langeweile breit. Nun muss ein neues Ziel gesteckt werden, damit der Kampf weitergehen und wieder etwas erreicht werden kann. Das eigentliche Ziel - wahres Glück - wird dabei leider nie erreicht. Menschen dieses Schlags sind oft arbeitssüchtig.

Menschen, die wegrennen und sich verstecken, wollen eigentlich gar nicht hier sein, weil das zu riskant ist. Es ist, als hätte man sie gezwungen, schwimmen zu gehen, wo sie doch auf keinen Fall nass werden wollen. Deshalb versuchen sie, sich an der Oberfläche durchs Lebens zu mogeln, ohne wirklich hineingezogen zu werden. Da sie Angst davor haben, sich ganz auf die Welt einzulassen, aber auf eine Ersatzrealität angewiesen sind, um sich selbst definieren zu können, werden sie zu Träumern und schaffen sich eine solche Realität in der Fantasie. Die Fantasiewelt kann dem physischen Paradigma so nahe sein, dass sie sich in die physische Erfahrung integrieren ließe, wenn entsprechende Maßnahmen getroffen würden. Doch dazu müsste man wirklich hier sein und sich engagieren, und deshalb werden die Träume meist nicht in die Tat umgesetzt. Am Ende verrennt man sich nur noch in mehr Träume. Sich auf den Alltag einlassen und diese Träume wahr machen käme einer kalten Dusche gleich, und bedeutet natürlich zu viel Stress.

Diese Menschen haben wahrscheinlich Schwierigkeiten, Entscheidungen zu treffen, da sie sich vor den gefährlichen Konsequenzen einer falschen Entscheidung fürchten. Unentschiedenheit und Handlungsunfähigkeit bzw. Unfähigkeit, eine Handlung zu Ende zu bringen, fallen gewöhnlich in dieses Muster. Solche Menschen sind zögerlich und unordentlich. Wo sie stehen und gehen, hinterlassen sie Unordnung. Ordnung schaffen hieße bereits, sich zu weit einzulassen und wäre viel zu öde, zu langweilig. Wer wegrennt und sich versteckt, sieht meist zu viel fern oder verbringt sehr viel Zeit mit Lesen. Solche Aktivitäten sind eine Flucht in alternative Ersatzrealitäten, in denen man kein Risiko eingeht und vor den ersten Gefühlen der Depression Zuflucht findet. Menschen vom Typ „wegrennen und sich verstecken" reden nur und handeln nicht. Im Reden, das ihnen zur Ersatzhandlung wird, erfahren sie vorübergehend Befriedigung.

Menschen, die dazu neigen, wegzurennen und sich zu verstecken, sind auch oft emotional unnahbar. Es ist ja tatsächlich schmerzhaft, Emotionen in dieses Leben zu investieren, aber wer wegrennt und sich versteckt, investiert seine Emotionen nicht in die Wirklichkeit, sondern in einen Traum. Sie lassen nicht wirklich los, denn gerade durch ihre Angst vor der physischen Welt ketten sie sich an diese. Indem sie sich der Wirklichkeit verweigern, richten sie sich in einer Ersatzrealität ein, die nur sie (und vielleicht einige Getreue) erleben. Ihr Bezug zur Gesellschaft ist umgekehrt proportional zu ihrer Angst und dem damit einhergehenden Bedürfnis nach Rückzug.

Neben dem Schutz, den ein Rückzug zu bieten scheint, kann er auch eine Möglichkeit darstellen, Ärger passiv-aggressiv auszudrücken, andere zu manipulieren und sich von ihnen die eigenen Ego-Bedürfnisse bedienen zu lassen.

Solche Menschen haben manchmal eine schizoide Charakterstruktur. In Stresssituationen kann sich die Schizophrenie auch in offener Form zeigen.

Ich vermute, dass diesem Muster Störungen zugrunde liegen, die auf mangelnde Aufmerksamkeit zurückgehen. Die Störung manifestiert sich in unauffälligen Tagträumereien, die den Kontakt mit der Wirklichkeit verloren haben, oder in Form von Störmanövern, die in der Fantasiewelt des Betreffenden angebracht sein mögen, nicht aber im Alltag.

Das Muster „Wegrennen und sich Verstecken“ ist normalerweise schon vor der Geburt angelegt. Wenn jemand schlechte Erfahrungen in einem vergangenen Leben und gute Erfahrungen zwischen den Leben gemacht hat, kann er Widerstände gegen eine Widergeburt haben. Vielleicht hat er auch kurz vor der Geburt massive Zurückweisung erfahren, was zu Angst und Widerständen gegen die neue Inkarnation führt. Der Widerstand zeigt sich meist im erheblich verspäteten Einsetzen der Wehen oder in einer langen, schweren Geburt. Oft werden Menschen mit diesem Muster durch Kaiserschnitt entbunden. Die Komplikationen bei der Geburt sind für das Muster nicht ursächlich, sondern gehen bereits auf dieses zurück, da das Bewusstsein der sich inkarnierenden Person Wehentätigkeit und Geburtsvorgang beeinflusst. Natürlich kommen hier auch die Ängste der Mutter mit ins Spiel.

Weil Menschen mit dem Muster „wegrennen und sich verstecken“ eine lebhafte Fantasie haben, finden sich unter ihnen auch die Seher, obwohl nicht alle Träumer und Seher in diese Kategorie gehören. Ein Träumer oder ein Seher zu sein, ist nicht unbedingt ein Nachteil. Wenn man gut geerdet und das Träumen ausgewogen ist, kann man andere mit den eigenen Visionen mitreißen, was mit einigem Erfolg verbunden sein kann. Wenn man dagegen Menschen anzieht, denen auch etwas fehlt, dann ist das eigene Anliegen zum Scheitern verurteilt.

Verschiedene Fassadenmuster können bei einem Menschen zusammenwirken, und das ist meistens auch der Fall. Je nach Situation tritt dann das eine oder andere Muster in Aktion. Meistens ist aber ein bestimmtes Muster vorherrschend. Die Muster enthalten auch die verschiedenen Varianten passiv-aggressiver und aktiv-aggressiver Projektion.

Der emotionale Zwang, der die Muster hervorbringt, hat seinen Ursprung in vergangenem, verdrängtem Schmerz. Sie wurden unbewusst geschaffen, um Schmerz zu vermeiden, aber ihre Inszenierung löst das Problem nicht. Auch wenn sie zeitweilig Erleichterung bringen, führen sie am Ende nur noch zu mehr Kummer und Frustration.

Kapitel 12: - Der Einfluss der Schuld in unserer Kultur

Während der gesamten Zeit der schriftlich überlieferten Geschichte hat die Menschheit die Schuld nicht besiegen können. Alle Versuche, sie zu tarnen und zu verdrängen, scheiterten. Zuletzt haben wir - ebenfalls vergeblich - versucht, unsere Sündernatur zu akzeptieren und darauf zu hoffen, dass die Vergeltung verhandelt werden kann, sofern wir uns ihr freiwillig ausliefern und dadurch Schuld auflösen. Dieser Ansatz führte zum Konzept von Sünde, Schuld und Strafe. Es wurde durch die Strafen bestätigt, die wir aufgrund unserer verdrängten Schuldgefühle in der Vergangenheit angezogen haben. Die Unfähigkeit der Menschen, die energetische Verbindung zwischen den eigenen Emotionen und den Erfahrungen in der äußeren Welt zu sehen, führte dazu, dass wir die Katastrophen des Lebens als Strafe Gottes für unsere Sünden interpretierten. Deshalb dachte der Mensch, Gott habe ihn aus dem Garten Eden verstoßen. In Wirklichkeit wurde er vom eigenen Ego aus dem Garten vertrieben. Das Eingeständnis der Schuld (eine Form des Jammerns) war ein Versuch, sich durch Leid von der Schuld zu befreien.

Einer der Effekte von Angst und Schuld waren die Degeneration und das Versagen des Körpers. Schuldgefühle - d.h. Ärger auf sich selbst - beinhalten immer die Absicht zu strafen. Der unbewusste Geist des Menschen identifizierte sich mit dem Körper und richtete Bestrafung auf sich selbst, indem er den Körper angriff. Dies führte zu Krankheit und körperlichem Schmerz. Darüber hinaus manifestierten sich Schuldgefühle durch Umweltkatastrophen, z.B. Überschwemmungen, Hungersnöte, Seuchen und Erdbeben, die ebenfalls eine Strafe für Psyche und Körper darstellten.

Hinter verdrängten Schuldgefühlen (Selbsthass) verbirgt sich ein verdrängter Todeswunsch. Diese verborgene Ego-Dynamik wurde von Freud erkannt.[31] Solange die Menschheit nicht geheilt ist, ist sie unbewusst suizidgefährdet. Auf einer bestimmten Ebene hassen wir uns so sehr, dass wir uns umbringen könnten. Auf einer anderen Ebene haben wir Angst, diesem verdrängten Selbsthass ins Auge zu blicken, weil wir Angst haben, uns selbst zu zerstören, sobald er entdeckt ist.

Die Erfahrung von Krankheit, Unfällen und Tod, die durch diese unbewusste Dynamik in Gang gesetzt wird, scheint ihre Existenz zu belegen, und bringt uns dazu, an sie zu glauben. Dieser Glaube entwickelt sich zu einer dynamischen Kraft. Er existiert nun unabhängig von den Schuldgefühlen, die diese Erfahrung ursprünglich möglich machten, und trägt seinerseits zur Manifestation dieser Erfahrung bei. Die kombinierten Kräfte wirken auf das (genetische) DNA-Programm des Körpers ein und führen zur Schließung der Zell- und Drüsenfunktionen zu einer vorgegebenen Zeit. Dies geschah mit den Menschen des Alten Testaments, die angeblich Hunderte von Jahren lebten. Die Menschheit degenerierte so weit, bis die durchschnittliche Lebenserwartung nur noch bei unserem derzeitigen Schnitt von etwa 72 Jahren lag.

Dieses Konzept von Sünde, Schuld und Strafe hat alle Kulturen in der gesamten schriftlich überlieferten Geschichte der Menschheit durchdrungen und ist in allen menschlichen Institutionen sichtbar. Dies gilt besonders für die Religionen, in denen von uns verlangt wird, dass wir etwas - u.a. unser persönliches Wohl - aufgeben, um die Götter zu besänftigen. Die Vorstellung, dass Gerechtigkeit nicht ohne Strafe auskommt, führte zum Brauch des Tieropfers und manchmal auch zum Menschenopfer. Mit dieser Ersatzhandlung sollte die eigene Bestrafung abgewendet werden. Gleichzeitig ließ sich Schuld auch als projizierter Ärger tarnen und abreagieren.

In der frühen hebräischen Tradition legte der Hohenpriester einer Ziege symbolisch die Hand auf, um die Sünden der Gemeinschaft auf das Tier zu übertragen. Dann wurde die Ziege - und mit ihr die Sünden - in die Wüste und damit in den Tod geschickt. (Das ist der Ursprung des Begriffs ‚Sündenbock .) Auch als Jesus lebte, war das Tieropfer noch Teil der hebräischen Tradition. Die Händler, die Jesus aus dem Tempel jagte, verkauften Opfertiere. (AqG 72:6)[23]

Beim Passahfest war es Brauch, einen Gefangenen freizulassen und ihn in den Tod in der Wüste zu schicken. Wie der Sündenbock sollte er die Sünden der Gemeinschaft auf sich nehmen. Das war der Zweck der Freilassung des Barabbas. Natürlich lag es keinesfalls in Barabbas' Absicht zu sterben. Er hatte die Pharisäer bestochen, wurde freigelassen und entkam (AqG 168:1-6).[23] Im Christentum wurde entgegen der

Lehre Jesu von vielen - u.a. auch von den Begründern der orthodoxen Schulen*[6] - am Konzept von Sünde, Schuld und Strafe festgehalten. Den Orthodoxen galt Christus als Opferlamm, das die Sünden der Menschheit auf sich nimmt und stellvertretend bestraft wird. Alle, die Jesus als ihr Surrogat annahmen, sollten Vergebung erlangen und gerettet werden.

Doch in der Parabel vom verlorenen Sohn (Lukas 15:11) erzählt Jesus, dass der heimgekehrte Sohn keine Sühne leisten musste und als vollwertiges Familienmitglied wieder aufgenommen wurde, ohne dass der ältere Bruder an seiner Stelle bestraft worden wäre. Die Rückkehr des lange vermissten Sohnes wurde gefeiert. Sein Wunsch, nach Hause zurück zu kommen, genügte, um seine Stelle als Sohn und Bruder wieder einnehmen zu können.

In der Bibel heißt es, dass Adam vor der Erschaffung Evas und dem Essen des Apfels in einen tiefen Schlaf fiel. Aber nirgends steht, dass er wieder aufgewacht ist. Man könnte also meinen, dass alles, was seitdem geschehen ist, nur ein Traum war. Adam träumte, er habe gesündigt, er sei schuldig und Gott habe ihn aus dem Garten Eden verstoßen und in ein Leben voller Schmerz und Kampf verbannt.

Im orthodoxen Christentum hat die Kreuzigung einen größeren Stellenwert als die Auferstehung. Die Auferstehung demonstriert, dass in der vergebenden Energie der Liebe kein Opfer möglich ist. Selbst ein zerstörter Körper kann durch die Liebe ins Leben zurückgebracht werden. In der Gegenwart der Liebe hat Angst keine nachhaltige Wirkung.

Nicht alle frühen Christen akzeptierten die orthodoxen Vorstellungen, doch die orthodoxe Sicht triumphierte, besonders nachdem der römische Kaiser Konstantin zum Christentum übergetreten war.

Eine Hierarchie männlicher Bischöfe und Priester etablierte sich. Frauen durften in der Kirche nicht sprechen, vielleicht weil sie leichter vergeben und mehr Intuition haben. Die Mitglieder sollten die Bibel

---

6 Der Begriff „orthodox“ bezieht sich hier sowohl auf die Römische als auch auf die Byzantinische Kirche und ihre Nachkommen. Sie standen im Gegensatz zum frühen Gnostischen Christentum und anderen weniger bedeutenden zeitgenössischen christlichen Gruppierungen.

nicht lesen und wurden nicht angeleitet, in der Meditation Gott unmittelbar zu erfahren. Vergebung konnte zeitweilig durch Geld erkauft werden und wurde vom Priester erteilt, der nach seinem Ermessen Strafen verhängte. Dadurch konnte die Kirche die Bevölkerung kontrollieren. Als Konstantin sich für das orthodoxe Christentum entschied, geschah dies zu dem Zweck, die Bevölkerung zu kontrollieren, da das Reich seine militärische Stärke als Kontrollinstanz eingebüßt hatte. Das soll nicht heißen, dass dies eine bewusste Verschwörung war; höchstwahrscheinlich waren hier unterbewusste Ego-Zwänge am Werk.

Die großen christlichen Konfessionen unserer Zeit wurzeln alle im orthodoxen Christentum, und obwohl sich inzwischen einiges geändert hat, ist die grundlegende Vorstellung von Sünde, Schuld und Strafe noch immer dieselbe. Damit will ich nicht sagen, dass niemand das Königreich der Seele im orthodoxen Christentum gefunden hätte - viele haben es tatsächlich dort gefunden. Es gibt viele Heilige in der orthodoxen Kirche. Ich selbst bin noch immer ein aktives Mitglied der United Methodist Church, die ihren Ursprung in der Orthodoxie hat. Unter den großen Konfessionen gibt es einzelne Gemeinden, die dazu ermutigen, das offizielle Dogma zu hinterfragen und selbst weiter zu forschen. Verschiedene Menschen und Gemeinden haben eine liebevolle Atmosphäre geschaffen, die es ihnen gestattet, im Umgang miteinander und mit anderen Glaubensrichtungen das orthodoxe Dogma hinter sich zu lassen, ohne sich bewusst gegen dieses Dogma entscheiden zu müssen. Sie sind bereit zu lieben, ohne zu werten. Der Einfluss der Orthodoxie auf die Massen ist aufgrund der irreführenden Glaubenssätze dagegen weniger günstig.

Im Johannes-Evangelium sagt Jesus zu seinen Jüngern: „Ich habe Euch noch viel zu sagen, mehr als Ihr jetzt ertragen (verstehen) könnt. Doch wenn er, der Geist der Wahrheit, kommt, wird er Euch in alle Wahrheit einführen.“ (Johannes 16:12). Und: „Obwohl ich in Gleichnissen gesprochen habe, wird eine Zeit gekommen, dass ich nicht mehr durch Gleichnisse zu Euch reden werde, sondern Euch frei heraus verkünde von meinem Vater.“ (Johannes 16:25)

Erst seit Entdeckung des unbewussten Aspekts des Geistes, der Analyse des Egos und der Entwicklung der Begrifflichkeit der modernen Physik können wir wirklich verstehen, was Jesus gemeint hat. Interessanterweise wurden die Gnostischen Evangelien [73, 95] 1975 erstmalig ins Englische übersetzt - im gleichen Jahr, als auch „Ein Kurs in Wundern“ veröffentlicht wurde. Die frühchristlichen gnostischen Schriften waren 1945 in einer Höhle in den Klippen von Nag Hammadi in Ägypten entdeckt worden. Anscheinend hatte man sie dort versteckt, als die gnostische Bewegung nach Konstantins Bekehrung zum Christentum zerschlagen wurde. Diese Schriften zeigen, dass die gnostischen Christen die Lehren Jesus‘ besser verstanden hatten als ihre orthodoxen Gegenspieler.

Im Licht dieser unlängst entdeckten Quellen ist es viel leichter, zur Bibel zurückzukehren, in der die von der orthodoxen Kirche gebilligten Schriften enthalten sind, und Wahrheit darin zu finden - denn diese lässt sich in der Tat darin finden, sofern man für die intuitive Weisheit der Liebe offen ist. Bei Matthäus (13:11-17) erklärt Jesus seinen Jüngern, weshalb er in Gleichnissen sprach: „Wer hat, dem wird mehr gegeben... Wer nicht hat, dem wird auch das Wenige noch genommen werden, das er hat... Denn die Herzen dieser Menschen haben sich verhärtet; sie hören kaum mit ihren Ohren, und sie haben ihre Augen geschlossen. Sonst könnten sie mit ihren Augen sehen, mit ihren Ohren hören, mit ihren Herzen verstehen.“ Wer Liebe im Herzen hat, wird verstehen und gewinnen. Wer Ärger in seinem Herzen hegt, wird missverstehen und verlieren. Das Ego hat immer die mystischen Lehren der großen Meister missdeutet und seinen eigenen Ärger, seine Besonderheit und seine Gier in sie hinein interpretiert. Der Schlüssel zur Bibel - und das gilt auch für alle anderen Lehren - liegt in der Bereitschaft zu lieben, alles an der Liebe zu messen und sich von dem Ego-Bedürfnis, etwas Besonderes zu sein, zu lösen. Nur dann wird das intuitive Verständnis nicht blockiert.

Kapitel 13 - Noch einmal: Vergebung

Zu Beginn des letzten Kapitels sprach ich über den Versuch, die Schuld zu bezwingen. So lange wir Schuld als etwas tatsächlich Existierendes betrachten, das wir bezwingen können, wird der Kampf andauern. Wir müssen bereit sein, uns die Gegenwart der Schuld bewusst zu machen, ohne gegen sie anzukämpfen. Das Ankämpfen macht alles noch schlimmer und führt zu mehr Projizierung, Substitution und Leid. Doch wenn wir zulassen, dass die Liebe die Stelle der Schuld einnimmt, wird die Schuld ohne Kampf transzendiert werden. Die Bereitschaft, uns auf Liebe und liebevolle Gedanken zu konzentrieren, vertreibt Schuld, Angst, Ärger und Kummer. (Es ist mir klar, dass es wie eine Art Wortspielerei aussieht, wenn ich „bezwingen“ durch „transzendieren“ ersetze, doch wir kommunizieren durch Worte, und deshalb kann der sorgfältige Umgang mit ihnen nützlich sein.)

Wenn wir ein Unrecht rückgängig machen wollen oder dies von jemandem anderen verlangen, um Schuld- oder Wutgefühlen zu entgehen, machen wir die Sünde damit erst zur Wirklichkeit und rechtfertigen die Schuld bzw. den Ärger. Wenn wir bereit sind, frei von Schuld oder Ärger zu sein, ohne etwas zu tun und ohne etwas zu verlangen, wird die Liebe Schuld und Ärger einfach vertreiben. Wenn wir den Drang verspüren, etwas zu tun, um vergangenes Unrecht gutzumachen, wäre es weise, die Motive zu untersuchen, bevor wir zur Tat schreiten. Sofern unsere Handlungen von Liebe geleitet werden, sind sie harmlos und hilfreich. Wenn Schuldgefühle dahinter stecken, sind sie höchstwahrscheinlich nicht weise und rufen nur noch mehr Unglück hervor. Wir sollten nicht versuchen, unsere Schuldgefühle durch Handeln zu bezwingen, sondern ihnen statt dessen erlauben zu transzendieren. Dann wird unser Handeln durch die Weisheit der Liebe geleitet sein. Weil es uns schwer fällt, uns selbst zu vergeben, wird uns die Liebe manchmal Handlungen eingeben, um die Vergangenheit ungeschehen zu machen - nicht weil es verlangt wird, sondern damit wir dadurch unsere Schuld leichter loslassen können. Die Liebe wird uns dabei so leiten, dass sich unsere Ängste nicht verstärken.

Mit der Vermischung östlicher und westlicher Traditionen hat sich der Begriff Karma eingebürgert. Damit keine Verwirrung entsteht, soll zunächst auf seine Bedeutung und seinen Bezug zur Vergebung eingegangen werden. Der Begriff Karma bezeichnet die Vorstellung, dass gegenwärtige Erfahrungen ihre Ursache in Taten haben, die wir in der (fernen oder auch nahen) Vergangenheit begangen haben. Man erhält das, was man gibt. Da ist eine akkurate Darstellung der Dynamik des Bewusstseins und unserer Erfahrungen in der Welt. Der Kreislauf negativen Karmas wird durch Vergebung unterbrochen. Wenn wir mit unserer verdrängten bzw. bewussten Schuld aus vergangenem falschen Denken und Handeln klarkommen und uns selbst vergeben, wird Karma gelöscht. Wenn es keine Erinnerung bzw. keine bewusste Anerkennung der negativen Natur vergangenen falschen Denkens oder Handelns gibt, werden die damit verbundenen Schuldgefühle eine negative Erfahrung anziehen. Indem wir die zum Vorschein kommenden negativen Emotionen annehmen, ihre Heilung zulassen und vergeben, sobald sich die bedrohliche Situation anbahnt, löst sich die Bedrohung auf und das Karma verschwindet. Wenn wir uns einmal der Liebe verpflichtet haben, werden ihre Macht und Weisheit uns dazu bringen, negative Emotionen auf sanfte und weniger beängstigende Weise zu entdecken und loszulassen. So kam ich beispielsweise in Träumen mit vielen verdrängten Gefühlen in Kontakt, die auf diese Weise losgelassen und geheilt werden können und dann im physischen Leben keine negative Erfahrung anziehen. Wenn man die Formel regelmäßig anwendet, werden verdrängte Emotionen geheilt und viel Karma losgelassen, bevor sich dieses in der physischen Erfahrung manifestieren kann. Doch wie gesagt kann jede negative Situation, die uns scheinbar bedroht, durch Gebet und Vergebung augenblicklich verwandelt werden.

Das heißt nicht, dass jede Bedrohung notwendigerweise durch unsere eigene negative Energie angezogen wird. Das Ego kann auch auf „Unschuldige“ projizieren. Wenn wir nicht wachsam sind, können wir in solchen Fällen einer neuen karmischen Erfahrung aufsitzen. Wir glauben dann an die neue Bedrohung und wissen nicht mehr, dass wir unverwundbar sind, sobald wir uns für die Liebe entscheiden. Wir vergessen, zu vergeben und die Unschuld des potentiellen Täters zu sehen.

Vergebung bedeutet immer auch, sich von Vergangenheit und Zukunft frei zu machen. Zur Vergangenheit gehören sowohl die letzte Millisekunde als auch die Ereignisse, die schon Jahre zurück liegen. Vergangenheit besitzt immer nur die Realität, die wir ihr in unserem Geist beimessen. Wenn wir an der Vergangenheit festhalten, als wäre sie eine gegenwärtige Realität, erwarten wir eine Zukunft, die das Vergangene widerspiegelt, und müssen uns davor schützen. Dann verdammen wir die Zukunft, die meist auch wie erwartet eintritt. Der einzige existierende Augenblick ist jetzt. Vergangenheit ist nicht jetzt. Zukunft ist nicht jetzt. Wahre Liebe und wahres Glück sind immer gegenwärtiges Erleben. Wenn sich erst die Vergangenheit ändern oder die Zukunft eine bestimmte Wendung nehmen muss, bevor wir uns für die Liebe öffnen, werden wir nie Liebe finden und statt dessen weiterhin die Enttäuschungen von falscher Liebe, Projektion und Leid einstecken.

Vielleicht steht gerade „jetzt" jemand vor uns und bedroht uns - oder vielleicht kommt es uns so vor. Doch in dem Moment, in dem die Photonen und der Schall unsere Augen und Ohren erreichen und Nervenreize verursachen, und in dem Moment, in dem die Nervenreize in unser Gehirn gelangen und Energiemuster erzeugen, die wir als Sehen und Hören interpretieren, um uns das Ereignis bewusst zu machen, gehört dieses bereits der Vergangenheit an - ist seit einem Bruchteil einer Sekunde vorbei. Die Erfahrung des Körpers ist immer eine Vergangenheit-Zukunft-Erfahrung. Die zukünftige Erfahrung gestaltet sich durch unsere Interpretation vergangener Erfahrungen, und wenn die Zukunft eintritt, ist sie bereits wieder Vergangenheit.

Vergebung kann also bedeuten, dass wir das loslassen müssen, was in der Gegenwart zu geschehen scheint. Wenn wir dazu bereit sind, wird der nächste Augenblick eine Manifestation des Friedens sein, den wir jetzt annehmen können, und die Bedrohung wird sich nicht erfüllen. Weil wir beschlossen haben, sie nicht wahrzunehmen bzw. nicht emotional auf sie reagieren, wird sie nicht zu einem Teil unserer Wirklichkeit. Wenn wir alle unsere Sorgen in Bezug auf Vergangenheit und Zukunft loslassen und uns auf Liebe und Glück konzentrieren, erlauben wir der Liebe, die bereits in uns ist, sich durch unser Energiefeld auszudrücken. Dann werden die folgenden Augenblicke den Frieden widerspiegeln, den wir jetzt bereit sind zu erfahren.

Wenn wir unsere Nachbarn als unschuldig ansehen, bieten wir ihnen diese Sichtweise an, und die meisten werden sie annehmen. Das Geschenk der Vergebung wird zu einer wirksamen Kraft, die im Leben anderer Veränderungen herbeiführt. Dies geschieht in der Dynamik des Unbewussten und führt zu bewussten Veränderungen im Verhalten.

Wer die auf diese Weise angebotene Liebe nicht annehmen will, hat keine Macht mehr, uns zu beeinflussen, solange wir fokussiert bleiben.

Es gibt viele Symptome, an denen wir sehen können, dass noch keine Vergebung stattgefunden hat: z.B. ein plötzlicher Drang, uns zu widersetzen oder zu werten, wenn jemand etwas sagt oder tut, was uns empört. Wenn jemand Unerhörtes von uns verlangt, neigen wir dazu, uns zu widersetzen. Der Betreffende verlangt dies von uns, weil er meint, sein Glück und seine Sicherheit hängen davon ab, dass ihm stattgegeben wird. Wir widersetzen uns, da wir glauben, unser Glück und unsere Sicherheit hängen davon ab, dass ihm nicht stattgegeben wird, was im Grunde genauso unerhört ist. Nur Unerhörtes kann Unerhörtes definieren. Durch unseren Widerstand erscheint der Irrtum beiden Parteien real, doch in Wirklichkeit ist er bedeutungslos. Im Allgemeinen wird man glücklicher sein, wenn man das Unerhörte vergibt und ihm stattgibt, es sei denn, man schadet jemandem damit (ACIM T-12.111.1-4).[17] Sobald wir die Ängste und den Widerstand unseres Egos ablegen, finden wir den inneren Frieden, der uns weise Entscheidungen ermöglicht. Dies entspricht der Lehre von Jesus: „Und so jemand mit Dir rechten will, und Deinen Rock nehmen, dem lass auch den Mantel. Und so Dich jemand nötigt eine Meile, so gehe mit ihm zwei."(Matthäus 5:40-41)

Das Unerhörte muss nicht darin bestehen, dass etwas Bestimmtes von uns verlangt wird. Es kann eine Gewohnheit oder ein Brauch sein, die bestimmte Terminologie einer Organisation, Institution oder Subkultur, die in unserer Erfahrung mit einer negativen Einstellung oder einem Vorurteil verbunden ist. Es ist wichtig, dass wir auf unsere Empörung achten und uns auf Vergebung konzentrieren, denn was wir nicht vergeben haben, werden wir durch unsere negative emotionale Verhaftung anziehen, bis die Vergebung vollendet ist. Es gibt keine dummen Forderungen oder Bräuche. Es gibt nur den Ruf nach Liebe. Wie uns „Ein Kurs in Wundern" lehrt, gibt es nur zwei Formen des Ausdrucks auf diesem Planeten: den Ausdruck der Liebe und den Ruf nach Liebe (ACIM T-12.I-3).[17] Die glückliche Antwort auf beide ist Liebe.

Kapitel 14 - Der Körper als Symbol

Da die Ereignisse in unserem Leben Manifestationen unserer meist unbewussten emotionalen Energie sind, können wir sie wie Traumsymbole deuten. Wenn wir aufmerksam sind, geben sie uns viele Hinweise darauf, wie wir unseren Heilungsprozess fördern und zulassen können, dass der Traum einen anderen Verlauf nimmt.

Auch der Körper ist eine Manifestation dieser emotionalen Energie und lässt sich als Symbol für das Bewusstsein betrachten. Alle Körper manifestieren sich auf charakteristische Weise durch die Lebenskraft, die durch primäre und sekundäre Energiezentren fließt. [55] Die Energie dieser Lebenskraft ist auch die Energie unseres Bewusstseins. Im unveränderten Zustand wird diese Energie auf emotionaler Ebene als Liebe, Friede, Freude und Dankbarkeit erfahren. Energie der Liebesfrequenz manifestiert sich durch einen Körper, der - von den energetischen Interaktionen bis hin zur Erfahrung auf molekularer und zellulärer Ebene - perfekt funktioniert. Veränderungen dieser Energie werden in Form von Angst und ähnlichen Emotionen - Schuld, Ärger und Depression - erfahren und können negative Veränderungen in der molekularen und zellulären Erfahrung des Körpers bewirken.

Spezifische mentale (perzeptuelle) und emotionale Funktionen oder Probleme wirken sich auf charakteristische Weise auf die Erfahrung des Körpers aus. Daher ist der Körper ein archetypisches Symbol.

Die Energie, die den Körper bildet, drückt sich durch sieben primäre Energiezentren und zwanzig sekundäre Zentren aus. In den mystischen Schriften Asiens und des Orients (in den Veden und in der jüdischen Kabbala) finden wir Hinweise auf diese Energie.[48] In Sanskrit, der Sprache der Veden, werden die Energiezentren Chakren (Räder) genannt, was auf ihre Kreisform anspielt. Die westliche Technologie hat nun die Existenz von Energiepunkten im Körper durch den Nachweis von Schwankungen im elektrischen Potential bestätigt.[6]

Die sieben Chakren werden gewöhnlich nummeriert. Das erste Hauptchakra befindet sich im Bereich des Steißbeins. Durch die Energie des ersten Chakras manifestieren sich neben dem Steißbein auch das untere Kreuzbein, After und Rektum; außerdem Nerven, Muskeln und das weiche Gewebe in diesem Bereich sowie Nieren und Teile der Adrenalindrüsen. Sekundäre Zentren des ersten Chakras finden sich im Bereich von Händen und Füßen und reagieren auf diese Körperteile. Die mit dem ersten Chakra verbundenen mentalen und emotionalen Themen haben mit der materiellen Sicherheit auf der physischen Ebene zu tun. Angst, Ärger, Schuld und Depression im Zusammenhang mit finanzieller Sicherheit und anderen materiellen Angelegenheiten können zu Störungen in einem dieser anatomischen Bereiche führen. Die Störungen können sich durch Symptome ausdrücken, die nicht unbedingt mit einer Krankheit verbunden sind, aber auch in Form einer Krankheit mit offensichtlichen molekularen Veränderungen oder durch unfallbedingte Verletzungen in diesen Bereichen.

Das zweite Chakra ist im Bereich von Unterbauch und Becken. Seine Energie beeinflusst die äußeren Genitalien und die inneren Geschlechtsorgane, die unteren Lenden- und oberen Kreuzbeinwirbel (das Zentrum liegt zwischen dem fünften Lenden- und dem ersten Kreuzbeinwirbel), die untere Bauchwand sowie Nerven, weiches Gewebe und Haut in diesem Bereich. Sekundäre Zentren befinden sich in Handgelenken und Fußknöcheln sowie in den Fersen und an der Vorderseite des unteren Teils der Beine. Die mentalen und emotionalen Themen im Zusammenhang mit dem zweiten Chakra haben mit dem Erleben von Freude, Sexualität und Kreativität zu tun; dazu gehören auch die Beziehung zum Ehepartner, Liebhaber oder potentiellen Liebhaber und manchmal auch die Beziehung zu den Kindern. Negative Energien im Zusammenhang mit diesen Themen können sich als Schmerz oder Krankheit im Bereich des zweiten Chakras ausdrücken.

Das dritte Chakra befindet sich im Sonnengeflecht. Dieses große Energiezentrum manifestiert das Nervengeflecht im Oberbauch; Pankreas, Leber und Gallenblase, Milz, die untere Speiseröhre, den Magen, Dünn- und Dickdarm, Teile der Adrenalindrüsen, die oberen Lenden- und unteren Brustwirbel sowie Muskeln, weiches Gewebe und Haut im mittleren Rücken und Oberbauch. Sekundäre dritte Chakren befinden sich im Bereich der Unterarme und Waden. Die mentalen und emotionalen Themen, die sich auf dieses Zentrum beziehen, haben etwas mit Kontrolle in allen Erfahrungsbereichen und dadurch letztlich mit der persönlichen Identität zu tun. Damit verbundene negative Emotionen können sich als Anomalien im bezeichneten Bereich manifestieren.

Das vierte Chakra befindet sich im Bereich von Herz und Thymusdrüse. Auch die Lungenalveolen, die oberen Brustwirbel, Brustbein, Rippen und Brust sowie Nerven, weiches Gewebe und Haut in diesem Bereich werden durch seine Energie erzeugt. Sekundäre vierte Chakren liegen im Bereich von Ellenbogen und Knien. Mit dem vierten Chakra verbundene mentale und emotionale Themen sind Herzensangelegenheiten - Liebe zu anderen Menschen, Dingen oder Situationen, z.B. zur Arbeit. Wer ein ‚gebrochenes Herz' hat, kann das tatsächlich körperlich im Herzbereich spüren.

Das fünfte Chakra ist im Hals. Durch seine Energie manifestierten sich Schilddrüse und Nebenschilddrüsen, Kehlkopf, Luftröhre und Bronchien, Halswirbel, Mund, Kiefer und untere Gesichtshälfte sowie Nerven, weiches Gewebe und Haut im Bereich von Hals und Mund. Sekundäre fünfte Chakren befinden sich in Schultern und Hüften und im Beckengürtel. Die entsprechenden mentalen und emotionalen Themen haben mit Kommunikation und Ausdrucksfähigkeit zu tun. Wer ungelöste Schuldgefühle im Zusammenhang mit der Art und Weise, wie er sich zum Ausdruck bringt, mit sich herumträgt oder Angst davor hat, sich mitzuteilen, kann in diesen Bereichen Probleme entwickeln. Asthma kann beispielsweise auf unterdrückte Emotionen zurückgehen.

Das sechste und siebente Chakra sind eng aufeinander bezogen und sollen hier gemeinsam besprochen werden. Das sechste Chakra befindet sich in der Hypophyse und das siebente in der Epiphyse. Alles im Bereich oberhalb von Mund und Kiefer manifestiert sich durch ihre Energien. Die entsprechenden mentalen und emotionalen Themen haben mit Weisheit (wie wir die Welt und uns darin sehen und interpretieren) und Spiritualität (wie wir mit unserer spirituellen Natur umgehen) zu tun. Es gibt keine sekundären sechsten und siebenten Chakren.

Da die Quelle dieser Informationen mystisch ist und sich diese Phänomene nicht auf molekularer Ebene erklären lassen, hat die Wissenschaft bisher noch nicht die Mittel für groß angelegte Studien aufgebracht, die für eine statistische Verifizierung dieser Beziehung notwendig wären. Bis dies geschieht, müssen wir uns auf einzelne - anekdotische - Erfahrungen stützen. Wer die Stichhaltigkeit solcher Erfahrungen pauschal leugnet, die Information zurückhält und nicht an Daten interessiert ist, die eine „akzeptablere" wissenschaftliche Basis für eine Verifizierung abgeben können, behindert den Fortschritt der Medizin und verhindert, dass medizinische Therapien wirksamer werden.

Die im Folgenden wiedergegebenen Fälle sind alle wahr. Einige unwesentliche, nicht-medizinische Aspekte, z.B. die Namen, wurden auch hier wieder zum Schutz der Privatsphäre verändert.

Susan litt seit sechs Monaten an Müdigkeit, Lethargie, Schlaflosigkeit, immer wieder auftretenden Halsschmerzen, geschwollenen Lymphknoten am Hals, morgendlicher Übelkeit und Erbrechen sowie chronischen Schmerzen zwischen den Schulterblättern, als sie zu mir in die Praxis kam. Die junge Frau hatte mehrere Ärzte aufgesucht, doch war keine spezifische Diagnose gestellt worden. Ihre Symptome fielen in die Kategorie des chronischen Erschöpfungssyndroms. Diese Diagnose wird gestellt, nachdem alle klassifizierbaren Krankheiten ausgeschlossen wurden.

Als ich Susan nach ihren mentalen/emotionalen Erfahrungen befragte, kam nichts dabei heraus. Ihre Beziehungen verliefen störungsfrei. Sie hatte weder traumatische Erinnerungen noch finanzielle Sorgen. Ihre Arbeit empfand sie zwar als stressig, doch das konnte sie leicht wegstecken. Diese Äußerung weckte mein Interesse an ihrem Berufsleben. Der einzige Stressfaktor, dessen sie sich bewusst war, bestand jedoch in ihrem vollen Arbeitstag, und der schien mir nicht das Problem zu sein. Schließlich sagte ich einfach zu ihr: „Sie haben ein gebrochenes Herz." Mehr war nicht nötig, um sie zum Weinen zu bringen. Ich hatte eine Nadel in einen mit Wasser gefüllten Ballon gestochen. Eine Zeitlang schluchzte sie hemmungslos, und als sie sich schließlich etwas entspannte, konnte sie mir das eigentliche Problem mitteilen. Sie arbeitete als Krankenschwester auf einer Intensivstation mit neugeborenen Babys, von denen die meisten Frühgeburten waren. Sie waren an Schläuche und Geräte angeschlossen und schienen zu leiden. Viele starben trotz aller medizinischer Maßnahmen. Die emotionale Wucht dieser Erfahrung wurde noch dadurch verstärkt, dass Susan als junge Frau gehofft hatte, eines Tages Mutter zu werden, und die Babys als ihre eigenen betrachtete. Sie empfand Hilflosigkeit und übergroßen Kummer, den sie verdrängen musste. Als ich ihr „gebrochenes Herz" erwähnte, kam der Kummer zum Vorschein. Ich war auf ihr Herz aufmerksam geworden, weil Susan Schmerzen im oberen Rücken hatte, also im Bereich des vierten Chakras. Übelkeit,

Erbrechen und Erschöpfung standen bei ihr in Verbindung mit der Wahrnehmung, keine Kontrolle zu haben, einem Thema des dritten Chakras. Ihre verdrängten, nicht zum Ausdruck gebrachten Emotionen betrafen das fünfte Chakra und waren für die Halsschmerzen und die geschwollenen Lymphknoten am Hals verantwortlich. Die Schlaflosigkeit war ein Versuch, dem zu entfliehen, was sie nicht anschauen wollte.

Zunächst gingen wir das Problem mit einer kognitiven Therapie an. Ich machte sie mit einigen Ideen in diesem Buch bekannt und zeigte ihr alternative Sichtweisen für die Betrachtung des Problems. Ich sagte ihr, dass die Babys nicht so waren, wie sie sie sah. Sie bestanden nicht aus Körpern, sondern aus Geist, der sich nicht ganz dazu entschlossen hatte, sich auf einen Körper zu fokussieren. Sie waren noch unentschieden, ob sie bleiben und den Körper wieder gesunden lassen sollten, den sie ererbt hatten, als sie sich inkarnierten. Wenn ihnen das bei ihren begrenzten Fähigkeiten als zu schwierig erschien, bemühten sie sich möglicherweise nicht weiter und beschlossen zu gehen.

Ich erzählte ihr von einer Freundin, die sich daran erinnerte, dass sie bei ihrer Geburt nur eineinhalb Kilogramm wog und an Respiratory-Stress-Syndrom litt. Sie war damals noch nicht in der Lage, durch ihre Sinne mit der Welt zu kommunizieren und erinnert sich daran, wie sie im Zustand des erweiterten Bewusstseins in ihrem Geist die Worte hörte: „Wenn du bleiben willst, musst du atmen.“ Sie konzentrierte sich daraufhin völlig auf ihre Atmung und überlebte.

Der Geist war vor dem Körper da. Wenn sich ein Geist inkarnieren will und den Körper als ungeeignet empfindet, zieht er sich zurück und wartet auf einen anderen Körper. Schließlich wird er sich einen auswählen, der ihn in die Nähe der Menschen bringt, mit denen er in dieser Inkarnation in Beziehung stehen muss oder will. Wenn es für ihn wichtig ist, in einer bestimmten Familie zu sein, kann er - falls dieser Körper stirbt - noch einmal von derselben Mutter bzw. einer Schwester oder von einer Frau geboren werden, die der Familie nahe steht. Dadurch wird er Gelegenheit haben, mit den für ihn wichtigen Personen eine Beziehung aufzubauen.

Ich erklärte Susan, wie sie durch das Gebet Zugang zur Energie der Liebe bekommen und den Babys helfen konnte. Durch Absicht und Berührung konnte sie die heilende Energie ihrer Liebe fokussieren und dazu beitragen, die Energiefelder der neugeborenen Körper zu heilen. Liebe heilt auch die Ängste, die durch die neue Inkarnation ausgelöst werden, und die Angst, den Körper nicht am Leben erhalten zu können. Trotz allem ist es jedoch möglich, dass der Geist nicht bleiben will. Danach arbeiteten wir mit Gebet und Meditation, um die Emotionen zu heilen, mit denen sie nun in Kontakt kam. Ich gab ihr die Formel mit auf den Weg. Das war die einzige Therapie, die ich ihr verordnete.

Zwei Wochen später kam sie zu dem vereinbarten Termin und berichtete, dass sie seit ihrem Besuch bei mir keine Symptome mehr hatte. Etwa eineinhalb Jahre später sah ich sie in einem ganz anderen Zusammenhang, und sie war noch immer frei von Symptomen.

Barbara war Mitte dreißig. Seit zwei Jahren litt sie an Schmerzen im unteren Rücken und in der linken Hüfte. Etwa sechs Monate vorher waren ihr wegen ihrer chronischen Bursitis (Schleimbeutelentzündung) die großen Tronchanter-Schleimbeutel der linken Hüfte entfernt worden. Die Erleichterung nach der Operation hielt nur etwa eine Woche an. Man sah ihr an, dass sie Schmerzen hatte und völlig verzweifelt und depressiv war. Sie hatte eine ganze Reihe von Nachuntersuchungen hinter sich und brachte mir die Röntgenaufnahmen mit. Auf diesen ließ sich eine Akzentuierung des lumbosakralen Winkels erkennen; sie belastete in zunehmendem Maße die lumbosakralen Bänder, die den Rumpf stützen.

Nachdem ich Barbara kurz über meine Vorgehensweise informiert hatte, erklärte ich ihr die mental-emotionalen Entsprechungen ihrer Symptome, die auf energetischer Ebene die Krankheit verursachten. Die Schmerzen in ihrer linken Hüfte (L5-S1) zeigten mir, dass Barbara emotionale Probleme mit ihrer Genussfähigkeit und/oder Beziehungsprobleme hatte. Die Tatsache, dass das Hüftproblem links war, deutete darauf hin, dass es um ihre Kommunikation als Frau mit einem Mann zu tun hatte. (Die linke Seite des Körpers scheint ein archetypischer Ausdruck des weiblichen und die rechte des männlichen Aspekts zu sein.)

Nach einigem Hinterfragen entdeckten wir bald die Wurzel des Problems. Barbara war mit dem Gefühl aufgewachsen, für das Wohlergehen aller anderen verantwortlich zu sein, und opferte dabei ihr eigenes Vergnügen. Wenn andere unglücklich waren, fühlte sie sich schuldig. Die mit dem Schuldgefühl verbundenen Ängste brachten sie dazu, für andere alles zu tun, besonders für ihren Mann. Ihre Schuldgefühle hinderten sie daran, den anderen ihre eigenen Bedürfnisse mitzuteilen. Bildlich gesprochen trug sie das Gewicht der Welt auf ihren Schultern und brach unter der Last zusammen.

Ich gab ihr neue Wahrnehmungsmöglichkeiten und eine neue Sichtweise für die eigene Situation mit auf den Weg und erklärte ihr, dass wir alle im Energiefeld des Bewusstseins miteinander verbunden sind und dass das, was für sie am besten ist, somit auch für alle anderen das Beste ist. Ich schlug ihr vor, mit ihrem Mann zu sprechen und ihr Vertrauen, ihre Liebe und ihre Bereitschaft zu bekräftigen, diese auch in ihm zu sehen. Ich lehrte sie die Formel und wir arbeiteten mit Hilfe der Meditation an ihrer Loslösung von alten Glaubenssystemen und Emotionen.

Zwei Wochen später sollte sie wieder in die Praxis kommen. Meine Assistentin sagte mir, dass Barbara angekommen sei. Ich warf einen Blick ins Wartezimmer und sah eine junge Frau, die ich aber nicht als meine Patientin erkannte. Meine Assistentin versicherte mir, es sei Barbara. Ich sah noch einmal hin und erkannte verwundert, dass diese lebenssprühende, attraktive Frau die gleiche Person war, die vor zwei Wochen zu mir gekommen war. Die Sorgenlast und der Schmerz waren aus ihrem Gesicht gewichen. Sie strahlte mich aus wachen Augen an. Sie erzählte mir dann, dass der Schmerz schon am Tag des ersten Besuchs aufgehört hatte. Sie hatte mit ihrem Mann gesprochen und veränderte nun ihr Leben. Nach mehr kognitiver Arbeit wurde sie entlassen.

Barbara war sechs Monate lang völlig schmerzfrei, dann stellte sich der Schmerz wieder ein. Dies ging auf den Stress zurück, den neue Beziehungsprobleme mit ihrem Mann mit sich brachten. Sie war sich nun der Verbindung zwischen dem Schmerz und bewusster bzw. verdrängter Emotionen bewusst und hatte erfolglos versucht, selbständig an dem Problem zu arbeiten. Sie wollte nicht wieder zu mir in die Praxis kommen, weil sie ihr Versagen nicht eingestehen wollte. Das berührt ein anderes Thema, auf das ich bereits hingewiesen habe: die Schuldgefühle, die entstehen, wenn man die Verantwortung für die nicht so guten Erfahrungen übernimmt. Natürlich sind hier Schuldgefühle nicht angemessen, doch müssen wir sie anerkennen und uns ihnen zuwenden. Bei Barbara war zusätzliche kognitive Arbeit erforderlich, damit sie mit den Veränderungen in ihrer Ehe umgehen konnte.

Wir kamen auch auf ein Ereignis in ihrer Kindheit zurück, das auf den ersten Blick harmlos erschien, sich dann allerdings als signifikantes Trauma herausstellte, das der Heilung bedurfte. Als Barbara noch ganz klein war, war ihr Vater während des Koreakriegs in Übersee stationiert gewesen. Unbewusst hatte sie den Schmerz beibehalten, der mit der Vorstellung verbunden war, dass er wegen ihr gegangen war. Sie hatte also irrtümlich die Verantwortung für seine Abwesenheit übernommen, was zu verdrängten Schuldgefühlen führte. Mehr meditative Arbeit war erforderlich, damit sie die Reste negativer Emotionen loslassen konnte, und es gelang ihr.

Kleine Kinder halten sich oft für den Mittelpunkt der Realität, die sich um sie dreht, und fühlen sich für das verantwortlich, was anderen darin geschieht. Dies kann auch ins Erwachsenenleben übernommen werden. Wir können andere beeinflussen, doch da das Leben eine kollektive Erfahrung auf der Basis des freien Willens ist, verursachen wir individuell nicht die Handlungen der anderen. Die Ursache ihrer Handlungen ist ihr eigenes Bewusstsein.

Das andere Extrem sind die Ängste des Kindes im Zusammenhang mit dem Gefühl der Ohnmacht oder mit dem Verlust der Kontrolle über seine Umwelt. Dies veranschaulicht der Fall einer jungen Diabetikerin. Bevor ihre juvenile Diabetes in der Wachstumsperiode zum ersten Mal auftrat, schien Nancys Welt in die Brüche zu gehen. Nancy war damals in der Vorpubertät. Ihre Großmutter, an der sie sehr hing, starb, ihr älterer Bruder verließ das Haus, und die ältere Schwester fing an, Probleme zu machen. Nancy hatte das Gefühl, dass sie keine Kontrolle über die Ereignisse um sich herum hatte, und ließ sich deshalb nicht davon überzeugen, dass sie selbst in Sicherheit war und glücklich sein konnte. Dieses Problem mit dem dritten Chakra führte zum Versagen der endokrinen Zellen im Pankreas, und sie entwickelte Diabetes melitis. Aus Angst, die Kontrolle zu verlieren, verlor sie symbolisch die unbewusste Fähigkeit, ihren Stoffwechsel zu regulieren. Sie übernahm nun die bewusste Kontrolle, indem sie lernte, ihren Blutzucker zu überprüfen und sich Insulin zu verabreichen.

Als sie später verheiratet war und ihr Mann von der Armee nach Übersee versetzt wurde, fiel sie aus keinem ersichtlichen Grund in ein diabetisches Koma. Ihrem Mann wurde permanenter Urlaub gewährt, so dass er sich um seine kranke Frau kümmern konnte. Als sie sich erholte, dachte sie: „Ich kann die ganze Armee der Vereinigten Staaten kontrollieren.“ Dieses Beispiel illustriert den sekundären Gewinn einer Krankheit. Sie besteht in Manipulation anderer durch das Einflößen von Schuldgefühlen. In solchen Fällen kann keine Heilung eintreten, bevor der Glaube an die Notwendigkeit des sekundären Gewinns aufgegeben wird. Diese Dynamik findet selten auf bewusster Ebene statt, und es ist manchmal schwierig, einen Patienten dazu zu bringen, die Notwendigkeit anzuschauen und loszulassen.

Ein weiteres Beispiel ist Jane, die chronisch krank war und ständig von ihrem Mann betreut und chauffiert werden musste. Ihre Krankheit war die Falle, in der er fest saß. Ihre verdrängte Prämisse war: „Er kann mich nicht verlassen, weil ich krank bin. Seine Schuldgefühle wären zu groß.“ Sie glaubte nicht an die Liebe ihres Mannes, andererseits aber auch nicht an ihre Fähigkeit, ohne ihn glücklich zu sein. Deshalb manifestierte sie unbewusst die Krankheit, um sich seiner Gegenwart zu versichern.

Ein verbreitetes, klassisches Beispiel für ein Problem mit der Kontrolle des dritten Chakras ist die Seekrankheit. Bewegung vermittelt sich nicht nur visuell, sondern auch durch den Vestibularapparat, der Übelkeit und Erbrechen hervorruft. Obwohl man sich vielleicht gar keiner Angst bewusst ist, wenn man auf dem Schiff hin und her geschaukelt wird, werden unbewusste Ängste ausgelöst, die mit Kontrolle zu tun haben. Die sich daraus ergebenden Symptome gehen auf Veränderungen der Energien im dritten Chakra zurück. Die Schwelle, an der diese Symptome einsetzen, ist von Mensch zu Mensch unterschiedlich und hängt von der unbewussten Programmierung des Einzelnen ab. Hinter dem Steuerrad des Schiffes, wo man eine gewisse Kontrollfunktion ausübt, kommt Seekrankheit weniger häufig auf. Manchmal lassen sich die Symptome dadurch verhindern, dass man das dritte Chakra unmittelbar stimuliert oder ihm Aufmerksamkeit schenkt. So erklären sich auch Hausrezepte, wie z.B. etwas auf den Bauch zu legen. Eins dieser Rezepte sieht vor, dass eine Aspirintablette in den Nabel gelegt wird. Ich habe schon erlebt, dass es wirkt.

Mary, eine verheiratete Frau Ende dreißig kam zu mir mit chronischem Scheidenkatarrh, an dem sie seit zwei Jahren litt und der auf keine Therapie ansprach. Wer diese Krankheit noch nicht gehabt hat, wird sie vielleicht nicht für ein ernsthaftes Problem halten, aber für Mary bedeutete sie zwei Jahre Juckreiz und Unannehmlichkeiten in einem Körperbereich, dem wir große emotionale Bedeutung beimessen. Es stellte sich bald heraus, dass sie auch an chronischer Reizung durch ihren Ehemann litt. Mit etwas Wahrnehmungsarbeit, Gebet und Meditation konnte sie ihren Ärger loslassen. Ihr Scheidenkatarrh verschwand und trat nie wieder auf. Marys veränderte Einstellung wirkte sich auch auf ihren Mann aus, der sein Verhalten veränderte. Nun gab es weniger Grund für sie, gereizt zu sein.

Die Schwere unserer körperlichen Probleme oder Lebenssituationen spiegeln die Intensität der damit verbundenen emotionalen Energie wider. Ich hatte Gelegenheit, mit einer jungen Frau zu arbeiten, die auf Gebärmutterhalskrebs behandelt worden war. Elizabeth war mit einem Mann verheiratet gewesen, der sie misshandelt hatte, und die Scheidung vor Ausbruch der Krankheit war mit viel Bitterkeit verbunden gewesen. Nach einer Operation und Strahlenbehandlung schien sich der Krebs gebessert zu haben, doch Elizabeth klagte noch immer über hartnäckige Rückenschmerzen. Der Krebs und die hartnäckigen Schmerzen waren eine Manifestation ihres extremen Ärgers. Sie war immer noch wütend auf ihren Ex-Mann, der sie bedrohte, und obendrein verzweifelt wegen eines anderen Mannes, der ihr eine langfristige Bindung und Heirat in Aussicht gestellt hatte, aber immer noch zwischen ihr und seiner Frau hin- und herpendelte.

Anfangs hatten sich Elizabeths Symptome während der Therapie gebessert, aber als ihr Freund zu seiner Frau zurückkehrte, wurde ihr Schmerz so schlimm, dass sie ins Krankenhaus eingeliefert werden musste. Rezidivierende Karzinome wurden diagnostiziert. Als sie an den emotionalen Entsprechungen ihres Problems arbeitete, kam der Gedanke: „Mit meiner Krankheit werde ich es ihm zeigen." Ihr Ärger hatte sie zu dem Wunsch inspiriert, ihrem Freund Schuldgefühle einzuflößen, und deshalb wurde sie krank. Im Bewusstsein war es nur ein „dummer Gedanke". Sie hätte sich nie bewusst für die Schmerzen entschieden, nur um ihm eins auszuwischen. Doch was ihr als flüchtiger, harmloser Gedanke erschien, war in Wirklichkeit nur die Spitze eines Eisbergs - und dieser Eisberg bestand aus einer ganzen Menge verdrängter emotionaler Energie. Jetzt war sie mit einer schwierigen Situation konfrontiert. Sie musste sich nicht nur dem Ärger auf die Männer in ihrem Leben stellen, sondern auch der Angst vor einer potentiell tödlichen Krankheit.

In Wirklichkeit ist es nicht schwieriger Krebs zu heilen als einen Scheidenkatarrh oder eine Bursitis. Doch weil unser kollektiver Glaube an Krebserkrankungen so stark ist und weil die mit bestimmten Formen von Krebs verbundenen negativen Emotionen und Vorstellungen so intensiv sind, erweist sich die Heilung oft als schwierig. Die meisten Menschen benötigen sehr viel Disziplin, aber es ist zu schaffen und ist schon geschafft worden. Die Einstellung zu verändern und das Unterbewusstsein neu zu programmieren, scheint eine schwere Aufgabe zu sein. Daher das Paradox: Es ist nicht schwer, aber weil wir es uns schwer machen, ist es schwer. (Im Erleben einer falschen Realität, die auf dem Kopf zu stehen scheint, erscheinen alle Wahrheiten paradox.)

Natürlich haben auch Männer Probleme mit dem zweiten Chakra. Diese äußern sich in Reizungen des weichen Gewebes, Infektionen, Hyperplasie, gutartigen und bösartigen Neoplasmen. Prostatakrebs ist weit verbreitet. Ein weniger verbreitetes Problem ist Hodenkrebs. Ein junger Mann kam mit bösartigen Hodentumoren zu mir. Als wir nach der Ursache für den Stress im zweiten Chakra forschten, sah anfänglich alles positiv aus. Etwa drei Monate vor der Entdeckung des Tumors hatte sich Paul verlobt. Auch Veränderungen, die uns positiv erscheinen, können jedoch mit Stress verbunden sein, da alle Veränderungen Unbekanntes bergen und in unserem kollektiven Unbewussten die Furcht vor dem Unbekannten verankert ist. Doch bei diesem jungen Mann lag das Problem tiefer. Er hatte schon vor Jahren einmal eine Beziehung mit seiner Verlobten gehabt, und sie hatte ihn damals wegen eines anderen Mannes verlassen. Jetzt, wo sie wieder zusammen waren und heiraten wollten, kamen seine Eifersucht und sein Ärger zum Vorschein. Da er mit seinen aufgestauten Emotionen nicht umgehen konnte, wirkten sie auf die Energie des zweiten Chakras ein und führten zu einem DNA-Fehler und damit zu dem Tumor. Durch Bereitschaft, Gebet und Meditation konnte sich Paul emotional heilen. Die physische Heilung erfolgte durch Entfernung des Hodens. Paul heiratete und lebte weiter wie bisher.

Ein anderer junger Mann hatte ein Problem mit dem ersten Chakra: Jake suchte sich neue Arbeit, während er noch eine Arbeitsstelle hatte. Er befürchtete, dass sein Arbeitgeber davon erfahren und ihn entlassen könnte und fühlte sich dadurch in seiner Sicherheit bedroht. Seine Angst manifestierte sich im linken Fuß. Es war kein ernstes Problem, bereitete ihm aber große Schmerzen. In seinem Fall symbolisierte der Körper die Dynamik der Situation: Während Paul mit dem rechten Fuß einen Schritt nach vorn machte und sich dabei auf den linken stützte, bekam er es mit der Angst zu tun, dass der Stütze etwas zustoßen könnte. Jemand hätte den Teppich unter seinem linken Fuß wegziehen können. Dieses Problem ließ sich leicht lösen durch das Aufzeigen der Dynamik und durch entsprechende Gebete, Meditation, Affirmationen und Fokus.

Bei Ohren- und Augenproblemen beunruhigt uns möglicherweise etwas, was wir gehört oder gesehen haben. Chronische Ohrenprobleme bei Kindern gehen nach meiner Erfahrung fast immer auf Familienkonflikte zurück. Kleine Kinder sind für die emotionalen Energien der ihnen nahestehenden Menschen sehr empfänglich. Den raschesten Erfolg bei der Behandlung von Kindern garantiert daher eine Auseinandersetzung mit der Familiendynamik.

Bei der Arbeit mit präverbalen Kindern ist Intuition angesagt. Da unser Geist nicht vom Außen getrennt ist, lässt sich dies durch Bereitschaft, Offenheit und Vertrauen in diesen Prozess erreichen. Als ich einmal einem anderen Arzt assistierte, der ein kleines Mädchen behandelte, verband ich mein Bewusstsein mit dem des Kindes, fühlte seinen Schmerz und verstand seine Probleme. Das Mädchen war dem Sterben nahe. Es erholte sich dann zwar von der Krankheit, gedieh und entwickelte sich aufgrund ihrer ungelösten Ängste jedoch nicht normal. Seine Angst hatte mit dem Konflikt zwischen Mutter und Vater und einer bevorstehenden Scheidung zu tun. Während das Mädchen krank war und im Koma lag, überlegte es, ob es bleiben oder gehen sollte. Mit der Krankheit wollte es die Familie wieder zusammen bringen. In seinem erweiterten Bewusstsein erkannte es die Bereitschaft der Eltern zur Veränderung und beschloss zu bleiben. Doch der Entschluss war nur halbherzig. Nachdem wir mit dem Kind und den Eltern spirituell gearbeitet hatten, begannen sich seine Ängste aufzulösen, und sein Gesundheitszustand verbesserte sich merklich.

Eltern, ihr seid nicht schuldig, wenn ihr ein krankes Kind habt. Erinnert euch daran, dass ihr unschuldig seid und euer Bestes tut, und das Gleiche gilt für das Kind. Die energetische Dynamik, die bei der Krankheit eines Kindes am Werk ist, kann auch ganz anders aussehen, als oben beschrieben. Kinder haben ihre eigenen mental-emotionalen Probleme, mit denen sie fertig werden müssen, und auch ihr unterbewusster Geist bedarf der Heilung. Gewöhnlich werden sie mit einer bereits existierenden negativen Dynamik geboren, durch die sie sich von bestimmten Situationen angezogen fühlen und die ihre Reaktion auf diese Situationen beeinflusst.

Ein Kind kann eigens zu dem Zweck geboren sein, die bedingungslose Liebe seiner Mutter zu erfahren und damit einen alten Schmerz zu heilen. Wenn dies erreicht ist, kann das Kind in seinem erweiterten Bewusstsein beschließen zu sterben, vielleicht durch den so genannten plötzlichen Tod im Kindesalter. Ist es liebevoll, trauernde Eltern zu hinterlassen? Vielleicht hatten die Eltern eine Menge verdrängte Trauer aus einem vergangenen Ereignis, die noch geheilt werden musste. Der Tod des Kindes brachte dann die ganze verdrängte Trauer an die Oberfläche und gab ihnen Gelegenheit, sie zu konfrontieren und zu heilen. Vor der Inkarnation war sich das Kind auf einer bestimmten Ebene dieser Dynamik bewusst gewesen, und das war ausschlaggebend für seine Entscheidung, sich in ausgerechnet dieser Familie zu inkarnieren. So geschah alles zum Besten aller.

Das Beste kann sofort und leicht eintreten, wenn der individuelle Geist die Entscheidung für eine Inkarnation der höheren Weisheit der Liebe überlässt. Ängste und die sich aus ihnen ergebenden Verhaftungen verhindern manchmal, dass die Inkarnation von höherer Weisheit geleitet wird. Auch hier ist dem freien Willen ein bestimmter Spielraum gegeben. Zu jedem Zeitpunkt kann jedoch die Entscheidung für die Liebe fallen, so dass die Auswirkungen einer vergangenen unglücklichen Entscheidung transzendiert werden. Jede Erfahrung ist eine Gelegenheit dazu, und in diesem Sinne gibt es keine unglücklichen Entscheidungen.

Die nächsten beiden Fälle sind Beispiele für Probleme mit dem sechsten und siebenten Chakra. In einem Fall geht es um einen intelligenten, gebildeten Mann, der intellektuell arrogant war und auf ungebildete Menschen herabsah. Die „poetische Gerechtigkeit“ bestand in seiner Altersdemenz, die zum Versagen des Intellekts und zu der Unfähigkeit führte, Gebrauch von seiner Bildung zu machen. Diese „Gerechtigkeit“ wurde allerdings nicht von Gott inszeniert, sondern von den eigenen nicht erkannten, verdrängten Schuldgefühlen, die er mit sich umher schleppte, weil er andere Menschen verurteilt hatte.

In einem anderen Fall fürchtete sich ein Mann davor, seinen Intellekt zu benutzen. Als Buchhalter erlebte er seine Angst als Druck, ein bestimmtes Arbeitspensum in einer begrenzten Zeit erfüllen zu müssen, und in der Möglichkeit, Fehler zu machen. Da er nicht wusste, dass man die Situation auch anders sehen und handhaben konnte, hatte er den bewussten Gedanken: „Ich bin müde vom Denken." Mit zunehmendem Alter entwickelte auch er eine Altersdemenz und verlor die Fähigkeit zu denken. Seine Frau bemerkte, dass er glücklicher und weniger reizbar schien, nahm ihm jedoch alle Entscheidungen ab und zog ihn sogar an und aus.

Dies sind nur zwei Beispiele für Entsprechungen der Senilität auf mentaler und emotionaler Ebene. Es gibt viele andere, und jeder Fall ist einzigartig. Eine bestimmte Krankheit hat bei allen einen vorhersehbaren Ausdruck auf molekularer und anatomischer Ebene, doch die mentalen und emotionalen Entsprechungen können mannigfaltig sein. Lösung und Prophylaxe finden alle in der Anwendung der Formel.

Mit einer persönlichen Erfahrung möchte ich ein Problem mit dem fünften Chakra veranschaulichen. Hier geht es um den Zusammenhang von Heilung und äußeren Erfahrungen, die unsere Wahrnehmung verändern können. In meiner Freizeit zappte ich früher gern durch die Fernsehprogramme. Eines Tages schaltete ich zufällig einen religiösen Kanal ein, auf dem ein junger Evangelist in einer Kirche eine Ansprache hielt. Die Vorstellung war lautstark und ungestüm und mit viel Umhergespringe und Getänzel verbunden. Ich fand das alles lächerlich, sah es mir aber an und machte mich über das Spektakel lustig. Die Kirche hatte eine reguläre Sendezeit, und in den folgenden Wochen sah ich mir die Sendung immer wieder an, um mich darüber auslassen zu können. Danach hatte ich einen Traum, der - das wurde mir später klar -zwei Aspekte von mir repräsentierte: einen Vorarbeiter (mein Urteilsvermögen), der betrunken und außer Kontrolle geraten war, und einen nüchternen Arbeiter, der sich abrackerte (meine Erfahrung) und seinen Kiefer in Gips trug. Am nächsten Tag hatte ich die schlimmsten Zahnschmerzen, die ich je erlebt habe. Ich bekam sofort einen Termin beim Zahnarzt und erfuhr dort, dass eine Wurzelbehandlung notwendig war. Der Zahnarzt war bereit, sie noch am gleichen Tag vorzunehmen, aber ich hatte geplant, am Wochenende zu verreisen und hatte einen Flug für den Nachmittag gebucht. Der Zahnarzt konnte mir nicht garantieren, dass ich meinen Flug einhalten konnte, falls er operierte. Deshalb beschloss ich, Schmerztabletten zu nehmen und bis Montag durchzuhalten.

Ich schaffte es. Am Montagmorgen ging ich zur Arbeit und wollte den Zahnarzt anrufen, um einen Termin zu machen, aber etwas kam dazwischen. Ein jüdischer Mitarbeiter, der weder etwas von meinen Zahnproblemen noch von meiner Vorliebe, mich am Fernsehen zu belustigen, wusste, zeigte mir eine Zeitungsanzeige des Evangelisten. Mein Kollege sollte in der selben Kirche einen Vortrag halten. Die Anzeige konzentrierte sich auf die Fähigkeit des Evangelisten, Zahnprobleme auf wunderbare Weise zu kurieren. Eine solche Synchronizität konnte ich einfach nicht ignorieren. Mir war klar, dass ich „zu Kreuze kriechen" und den Gottesdienst besuchen musste.

Meine Frau Anne begleitete mich. Wir saßen ganz hinten, damit wir schnell gehen konnten, falls es unbehaglich wurde. In seiner Predigt spielte der Evangelist auf diejenigen an, die aus Angst hinten saßen. Während er sprach, wurde mir klar, dass er die Wahrheit sagte und seine Worte von Herzen kamen und dass die meisten Anwesenden in ihrer Liebe und Begeisterung aufrichtig waren. Ihr Tanzen und Schütteln war Ausdruck dieser Begeisterung. In der Vergangenheit hatte ich bei Rock-and-Roll-Veranstaltungen ähnlichen Wirbel und Lärm miterlebt, ohne mir dabei etwas zu denken. Ich hatte Mick Jagger und seine Rolling Stones im Konzert gesehen und hatte mein Vergnügen dabei gehabt. Das Verhalten des Pfarrers erinnerte mich tatsächlich etwas an Mick Jagger. Ich empfand es nun als gute Unterhaltung, die meine Aufmerksamkeit und die Aufmerksamkeit der Gemeinde fesselte. Ich erkannte, dass ich es hier einfach mit einem kulturellen Unterschied zu tun hatte und trennte mich von meinem Vorurteil, dass man bei einer religiösen Veranstaltung ruhig auf seinem Platz zu sitzen hat, während der Pfarrer eine gesetzte und etwas intellektuell angehauchte Predigt liefert. Interessanterweise sprach der Evangelist davon, wie König David lächerlich gemacht wurde, weil er vor dem Herrn tanzte (2 Samuel 6:12-23). Ich sah ein, dass der Pfarrer nicht dumm war, und verspürte nicht mehr den Drang, mich über ihn lustig zu machen. Am Ende des Gottesdienstes forderte der Evangelist alle mit Zahnproblemen auf, sich von einem Nachbarn die Hand auf den Kiefer legen zu lassen, während er betete, und Heilung zuzulassen. Anne legte mir die Hand auf, und mein Schmerz verzog sich. Die Wurzelbehandlung brauchte ich nicht.

Die verdrängten Schuldgefühle, die ich hatte, weil ich meinen Bruder, den Evangelisten, zum Idioten abstempelte, bewirkten die „passende“ Vergeltung: Zahnschmerzen. In meinem Unterbewussten war der Gedanke so real wie das Sprechen der Worte. Als ich erkannt hatte, dass ich im Irrtum war, ließ ich von meiner Bewertung ab, vergab dem Evangelisten sein Anderssein und vergab mir selbst. Daraufhin war ich offen, die unveränderte Heilungsenergie der Liebe zu empfangen, die immer sofort zur Verfügung steht, wenn wir bereit sind. Es ist wichtig anzumerken, dass ich mir keiner Schuldgefühle bewusst war. Sie tarnten sich durch den körperlichen Schmerz in meinem Mund. Weil ich bereit war, führten die Ereignisse um mich herum zu einer Erfahrung, die mir das richtige Verständnis ermöglichten, und deshalb konnte ich die versteckte Schuld loslassen.

Ich habe schon darauf hingewiesen, dass der Körper nicht nur ein archetypisches Symbol ist, sondern auch die einzigartigen Umstände des individuellen Bewusstseins symbolisieren kann. Ich hatte Gelegenheit, mit Dianne zu arbeiten, die ein Bronchuskarzinom mit Metastasen hatte. Als sie ein Kind war, war ihre Mutter kalt und distanziert gewesen und hatte ihr nicht erlaubt, Gefühle auszudrücken - besonders ihre Liebe. Es ist daher nicht verwunderlich, dass Dianne als Kind an Asthma litt. Als Erwachsene versuchte sie noch immer erfolglos, ihre Emotionen zu ersticken. Eins der Hauptsymptome ihres Lungentumors war das Gefühl zu ersticken.

Dianne war sich ihrer Schuldgefühle bewusst, die schlimmer waren als ihre körperlichen Schmerzen. Ihr Vater, dem sie sehr nahe gestanden war, verlangte ihr an seinem Sterbebett das Versprechen ab, die Mutter niemals in ein Altenheim zu schicken. Als die Mutter senil wurde und sich bei einem Sturz die Hüfte brach, schien Dianne nichts anderes übrig zu bleiben, als die Mutter in einem Heim unterzubringen. Sie fühlte sich nicht nur wegen des gebrochenen Versprechens ihrem Vater gegenüber schuldig, sondern auch wegen des Ärgers, den sie für die Mutter empfand. Die Ausbreitung des Gehirntumors verwirrte sie dazu geistig und bewirkte Symptome bei ihr, die der Senilität ihrer Mutter nicht unähnlich waren. Doch am schlimmsten waren die Schmerzen in der rechten Hüfte - Diannes Mutter hatte sich die rechte Hüfte gebrochen.

Dieser Fall ist ein Beispiel für eine Verpflichtung, die nicht aus Weisheit eingegangen wurde. Solche Verpflichtungen brauchen weder unbedingt eingehalten noch gebrochen zu werden. Wir können unsere Entscheidungen oder die Umstände verändern, unter denen die Entscheidung getroffen wurde. Jede Entscheidung, also auch die Entscheidung, eine alte Verpflichtung zu lösen, sollte ungeachtet der äußeren Umstände in der Weisheit wurzeln, die aus dem inneren Frieden kommt.

In einem anderen Fall suchte mich eine Frau Anfang dreißig wegen ihrer Lebensmittelallergien auf. Ihre Reaktionen auf bestimmte Lebensmittel waren so heftig und unberechenbar geworden, dass sie nur noch auf dem Parkplatz vor einem Notfallkrankenhaus essen konnte. Sie erzählte mir, dass sie einmal recht hübsch gewesen war und dass sich ihr Köper verändert hatte. Sie hatte stark abgenommen und war nun zu dünn, als dass sie sich noch als hübsch empfunden hätte. Als Afroamerikanerin hatte sie ihren relativ hellen Hautton immer als wesentlich für ihre Schönheit angesehen, doch aus unerklärlichen Gründen war sie plötzlich sehr dunkel geworden.

Sie war mit einem Mann verheiratet, der sie emotional missbrauchte und nachts nicht nach Hause kam. Sie vermutete, dass er sich auf eine andere Frau eingelassen hatte. In der Vergangenheit hatte sie viel Schmerz und Stress durchgemacht und war oft von Männern sexuell belästigt worden, die sie attraktiv fanden. Als noch schlimmer empfand sie die Angriffe von Frauen, die auf ihre Schönheit neidisch waren. Sie hatte sich gefragt, ob es nicht besser sei, hässlich zu sein. Der Verdacht, ihr Mann habe eine Affäre, gab ihr zusätzlich das Gefühl, hässlich zu sein. Diese Wahrnehmung und die entsprechende emotionale Energie machten ihren Körper hässlich, und das geschah zum Teil durch die Lebensmittelallergien.

Wir machten uns an die kognitiv und unterstützende perzeptuelle Arbeit. Sie sollte unter anderem von ihrer Überzeugung deprogrammiert werden, dass sie schlecht behandelt wurde, solange sie hübsch war. Dadurch sollte sie ein Gefühl für ihre wahre Identität bekommen und nicht mehr so leicht durch die Worte und Handlungen anderer verletzt werden. Ich klärte sie über die Formel auf und empfahl ihr nach und nach neue Nahrungsmittel. Innerhalb von drei Wochen war sie auf dem Weg der Besserung. Sie hatte keine Allergien mehr, nahm wieder zu, und zu meinem Erstaunen wurde ihre Haut heller. Dazu kam, dass ihr Mann zu Hause blieb und aufmerksamer wurde, als sie sich mental auf ihn und die Absicht konzentrierte, zu vergeben und zu lieben. Dieses Programm erforderte von ihr die Bereitschaft, die Vergangenheit loszulassen und ihren Mann als vollkommen zu sehen - als hätte sich die Vergangenheit niemals zugetragen.

Ein Mensch kann aufgrund seiner einzigartigen Erfahrungen eine Neigung entwickeln, negative emotionale Energie vorwiegend durch ein bestimmtes Chakrasystem auszudrücken. Die negative Energie eines Systems kann sich aber auch verlagern und ein anderes System beeinflussen. Außerdem überlappen sich die einzelnen Systeme im Hinblick auf die betroffenen Körperbereiche. Das dritte Chakra kann auch den Schenkel beeinflussen, das vierte das Becken und das fünfte den Rumpf.

Einige Krankheiten sind systemisch und lassen sich nicht so leicht mit einem spezifischen Chakrasystem in Verbindung bringen wie bestimmte lokalisierbare Symptome. Doch die allgemeine Natur des Krankheitsverlaufs kann Hinweise auf ihre mentale Entsprechung geben. So kann die Angst vor Kontrollverlust den Kontrollverlust bei Multipler Sklerose bewirken. Diese Beobachtung wurde von mir selbst und von anderen gemacht.[51]

Brustkrebs tritt meist bei Frauen mit einem Zuviel an Fürsorge auf (Klammern und Bemuttern). Es sind die Supermütter von Menschen und Organisationen. Der Druck und das Opfer, das einem eine solche Rolle abverlangt, bzw. das Gefühl des Versagens beim Spielen dieser Rolle sind mit Angst, Schuld und Ärger verbunden. Die physische Entsprechung ist hier die vom Körper ausgesaugte Brust. Weniger schwere Brusterkrankungen können auftreten, wenn die emotionale Energie weniger intensiv, die Probleme jedoch ähnlich gelagert sind.

Immunsuppression und andere Störungen des Immunsystems machen für Infektionen anfällig und fördern die Neigung zu Allergien und Autoimmunerkrankungen. Wie die Krankheit verläuft und wie sie sich auf die Situation der Betreffenden auswirkt, ist symbolisch für die jeweilige mentale Entsprechung.

Eine meiner Patientinnen litt an Heuschnupfen. Ansonsten verlief ihr Leben gut. Als wir ihre Vergangenheit analysierten, entdeckten wir, dass sie in ihrer frühen Kindheit glücklich gewesen war, bis ein Umzug das Familienleben aus dem Gleichgewicht brachte. Man passte sich schließlich an, und alles schien wieder gut, bis der Vater der Patientin erkrankte. Diese Störungen programmierten in ihr Unterbewusstsein die

Vorstellung ein, dass etwas Schreckliches passieren würde, sobald alles in Ordnung schien. Als Kind hatte sie sehr gern die Farm ihrer Großmutter besucht, wo es immer starken Pollenflug gab. Um sich vor weiteren Katastrophen zu schützen, entwickelte sie unbewusst Pollenallergien, denn dadurch verhinderte sie, dass alles zu gut lief. Mit kognitiver Therapie, Gebet und Meditation konnte sie sich von der Wahrnehmung und der negativen emotionalen Energie lösen, die mit der Vergangenheit verbunden war. Ihre Allergien verschwanden, und sie brauchte keine Spritzen und keine Antihistamine mehr.

Die gegenwärtige Erfahrung kann Hinweise auf die Wahrnehmung bzw. das emotionale Trauma an der Wurzel des Problems liefern. John ging es bis zum Alter von 44 Jahren gut; von da an wurde er vom Pech verfolgt. Er verlor eine Arbeitsstelle nach der anderen, seine Gesundheit verschlechterte sich, und seine Augen ließen immer mehr nach, so dass er ständig neue, stärkere Brillengläser brauchte. Als wir seine Vergangenheit untersuchten, erzählte er, dass er als Jugendlicher ein rebellischer Unruhestifter gewesen war und sich damit die Aufmerksamkeit seiner Altersgenossen sichern konnte. Seine Mutter, der er viel Leid zugefügt hatte, war 44 Jahre alt, als er auf dem Höhepunkt seiner Rebellion war. Als er dieses Alter erreichte, kamen die verdrängten Schuldgefühle an die Oberfläche und beeinflussten sein Leben. Nachdem er sich seine Schuldgefühle und ihren Bezug zu seiner gegenwärtigen Situation bewusst gemacht hatte, konnte er perzeptuell und durch Gebet und Meditation damit umgehen.

Längst vergessene, unbewältigte emotionale Traumata hinterlassen Strudel negativer emotionaler Energie, die sich von allein fortsetzen und denen durch wiederholte negative Ereignisse Nahrung zugeführt wird. Diese Ereignisse nehmen unterschiedliche Formen an, doch sie haben den gleichen perzeptuellen und emotionalen Inhalt wie das ursprüngliche Trauma. Ein Beispiel dieses Phänomens ist die Erfahrung von Evelyn, einer Frau Mitte dreißig, die sechs Jahre lang unter schweren Schmerzen im Nacken und Hinterkopf gelitten hatte, als sie zu mir kam. Etwa ein Jahr, bevor sie mich aufsuchte, hatte eine Gefäßaufnahme eine Ausbeulung in einer im Innern des Schädels gelegenen Arterie in der Nähe der neunten, zehnten und elften kranialen Nerven gezeigt. Da die Möglichkeit bestand, dass der Schmerz durch den Druck der Arterie auf diese Nerven verursacht war, wurde eine Kraniotomie (Öffnung des Schädels) durchgeführt, um den möglicherweise vorhandenen Druck operativ zu lindern. Außerdem war der elfte Nerv zur Linderung der Schmerzen durchtrennt worden. Drei Monate lang hielt die Erleichterung an, dann kehrte der Schmerz zurück.

Während wir durch analytische Arbeit nach der mental-emotionalen Entsprechung der Schmerzen suchten, sah Evelyn im Traum ein ganz verlorenes und hilfsbedürftiges siebenjähriges Mädchen in Krankenhauskleidung. Während sie mir diesen Traum in einem Zustand tiefer Entspannung erzählte, erinnerte sie sich an einen Vorfall, der sich zugetragen hatte, als sie sieben war. Sie hatte ein Kaninchen in einem Stall aus Maschendraht beobachtet, als ein Hund den Drahtkäfig ansprang und das Kaninchen angriff, ihm in Kopf und Nacken biss, es aufschlitzte und tötete. Die Attacke entsetzte sie, doch es gelang ihr, ihre Gefühle und dann die Erinnerung zu verdrängen. Als sie erwachsen war und unter Stress stand, begannen sich die Emotionen als Symptome niederzuschlagen, die diesem grässlichen Erlebnis entsprachen. Evelyns Schmerz fühlte sich an, als würden ihr Kopf und Nacken abgerissen. In den zwei Jahren, bevor ihre physischen Symptome einsetzten, hatte sie die Trennung und Scheidung von einem Mann durchlebt, der sie verbal missbraucht hatte. Das Leben schien sie genauso anzugreifen, wie der Hund das Kaninchen angegriffen hatte, und sie fühlte sich emotional auseinander gerissen. Nach ein paar Wochen perzeptueller Therapie, meditativer und anderer Formen des Loslassens negativer Energien und Entspannungstherapien verbesserten sich ihre Symptome so weit, dass sie keine Medikamente mehr brauchte.

Wie sich die Angst im Körper niederschlägt, hängt bis zu einem gewissen Grad von der Gedankenenergie der Familie ab, in die der Betreffende hineingeboren wurde. Diese Gedankenenergie wirkt auf das Energiefeld des Körpers ein und kann zu Anomalien in DNA, Chromosomen und Gewebe-Antigen führen. Wir können daher anhand der Familiengeschichte und molekularer sowie genetischer Studien bestimmte Ergebnisse voraussagen. Letztlich werden wir jedoch nicht durch diese Anzeiger eingeschränkt, sondern durch das, was wir in unserem Bewusstsein akzeptieren.

Neben der negativen Familienenergie kann sich auch die kollektive kulturelle negative Energie durch eine Krankheit manifestieren. Diese Energie bewegt sich durch das kollektive Energiefeld des Bewusstseins fort und wird so zu einem kollektiven bzw. ansteckenden Erlebnis.

Einige dieser Energien manifestieren sich in identifizierbaren übertragbaren Formen. Die kollektive physische Erfahrung ist immer eine Manifestation des kollektiven Bewusstseins, zu dem das individuelle Bewusstsein beiträgt. Jede individuelle Einheit des Bewusstseins hat die Freiheit, den Effekt des kollektiven Bewusstseins zu transzendieren. Die Anfälligkeit des Einzelnen für solche negative Energien hängt von dessen Wachsamkeit bzw. Zweifeln ab. Mit der nötigen Wachsamkeit können wir jederzeit unseren freien Willen aufbieten, um negative Effekte zu heilen.

Vor ein paar Jahren wurde Richmond von einer Grippeepidemie heimgesucht. Sie hatte die Runde im Büro gemacht und erwischte mich an einem Freitagnachmittag, kurz nachdem ich nach Hause gegangen war. Ich bekam hohes Fieber und Schüttelfrost und fühlte mich furchtbar elend. Ich hatte nur noch den Wunsch, klein beizugeben, mich ins Bett zu legen, mich mit Medikamenten voll zu stopfen und mich gesund zu schlafen. Doch am nächsten Morgen sollte ich an einer Konferenz teilnehmen. Mit aller Kraft, die mir zur Verfügung stand, konzentrierte ich mich auf meine Gesundheit. Ich betete, meditierte und affirmierte meine Gesundheit und meine Verbindung mit der heilenden Liebe Gottes. Ich betete bis zwei Uhr morgens und schlief dann ein. Als ich am nächsten Morgen aufwachte, ging es mir bestens. Ich hatte keine Symptome mehr. Die Epidemie war durch einen besonders tückischen Grippevirus ausgelöst worden, der die Leute meist eine Woche lang außer Gefecht setzte. Ich kann es nicht einem bestimmten Chakra-System zuordnen, dass ich dem Virus erlag. Doch mein Immunsystem arbeitete nicht perfekt, und die Gedankenenergie, dass ich mir den Virus zuziehen könnte, hatte ein Übriges getan. In diesem Fall führten Wille, intensiver Fokus und die Bereitschaft zu lieben und geliebt zu werden zur Genesung.

Ich könnte noch viele andere Fälle anführen, doch das Wesentliche dürfte bereits sichtbar geworden sein. Ich lege dieses Material nicht als wissenschaftlichen Beweis für die Prämissen vor, die es meines Erachtens stützt. Doch die Erfahrung hat mich von seiner Stichhaltigkeit und Brauchbarkeit überzeugt. Hier ist die Lösung für die nationale Gesundheitskrise zu suchen. Die Fälle sind anekdotisch und erfordern Vertrauen in den Beobachter, doch sie enthüllen genug, um Bereiche und Ansätze der künftigen Forschung aufzuzeigen. Skepsis ist wohltuend, solange es sich um echte Skepsis handelt - d.h. um eine nicht ausschließliche Skepsis in alle Richtungen, die sich für jede mögliche Schlussfolgerung offen hält. Die Studien müssen jedoch so angelegt sein, dass sie das Vertrauen des Arztes in den jeweiligen therapeutischen Prozess sowie die Fähigkeit des Arztes berücksichtigen, dem Patienten dieses Vertrauen zu vermitteln. Durch die Trennung der subjektiven Erfahrung des Arztes vom Heilungsprozess geht ein wesentlicher Faktor verloren, nämlich der Heiler. Der Arzt, der einen Patienten behandelt und kein Vertrauen in das hat, was er tut, ist kein Heiler und hat dem Patienten herzlich wenig zu bieten. Der wahre Arzt hat Hoffnung, Vertrauen in den Prozess und vor allem Liebe für den Patienten und für sich selbst.

Kapitel 15 - Heilen und Gesundheit im Einklang mit der molekularen „Wirklichkeit“

Wir sind nicht die Opfer der molekularen Welt. Dieses Buch soll unter anderem auch dazu beitragen, dass sich dieses Wissen herumspricht. Letztlich sind wir den Gesetzen der molekularen Welt gar nicht unterworfen, denn sie sind nicht die Ursache des Bewusstseins, sondern Manifestationen des Bewusstseins. Die Menschheit ist nicht für die Welt geschaffen; die Welt wurde für die Menschheit geschaffen. Wer im Ego zentriert ist, wird diese Aussage für Arroganz halten. Für die Erleuchteten enthält sie dagegen schlicht und einfach die Wahrheit und ein Bekenntnis zu unserer Verantwortlichkeit. Wir wurden geschaffen, um an der Erschaffung der Welt mitzuwirken. In der Bibel heißt es, dass dem Menschen die Herrschaft über die Welt gegeben wurde (Genesis 1:26). Das menschliche Bewusstsein beherrscht demnach die Welt: Das Bewusstsein ist die Ursache und die Welt die Wirkung. Wenn sich die Menschheit auf ihre wahre Natur besinnen würde, läge in dieser Rolle nicht der Fluch, der die gesamte Geschichte zu durchziehen scheint, sondern ein liebevoller Segen.

Die berechenbaren sich im Gange befindlichen und dynamischen Wechselwirkungen in der natürlichen - physikalischen, molekularen und biomolekularen - Welt sind Manifestationen der Absicht des Bewusstseins. Diese Wechselwirkungen sind so mächtig, weil unser Bewusstsein so mächtig ist. Wir können sie studieren und uns nutzbar machen. Auf unserer gegenwärtigen Bewusstseinsebene gelten einige dieser physikalischen Ereignisse als wesentlich für unsere Gesundheit und für unser Wohlergehen. Wir werden durch die Naturgesetze nicht eingeschränkt, aber solange der Geist noch nicht vollkommen herrscht, ist es leichter, wenn wir uns an ihnen ausrichten und das Gute in ihnen akzeptieren, anstatt zu versuchen, sie zu ignorieren und uns über sie hinwegzusetzen.

Auf der gegenwärtigen Entwicklungsstufe der Menschheit stellt der Körper bestimmte Anforderungen. Er braucht Nahrung mit Vitaminen, Mineralstoffen und essentiellen Aminosäuren, Wasser, Luft und eine Außentemperatur, die in einem bestimmten Bereich liegen muss. Angemessene körperliche Betätigung und Ruhe sind auch wichtig.

Wenn der Körper krank ist, können Medikamente bzw. ein chirurgischer Eingriff nützlich sein.

Da der unmittelbare Effekt eines Eingriffs auf der Hand liegt und berechenbar ist, ist die operative Entfernung erkrankten Gewebes, sofern klinisch angemessen, meist leichter als eine alternative Therapie. Die langfristigen Ergebnisse, die Schmerzen, die unmittelbar und auf lange Sicht damit verbunden sind, und die möglichen Komplikationen hängen jedoch von der mental-emotionalen Verfassung des Patienten ab. Ein ungelöstes mental-emotionales Äquivalent kann zu Komplikationen während der Operation bzw. zum erneuten Ausbruch der Krankheit oder zur Manifestation einer anderen Krankheit führen.

Ein Beispiel für eine Operation mit ungünstigem Ausgang ist der Fall einer Frau, deren Ego-Fassade nach dem Muster „klammern und bemuttern" funktionierte. Sie war die Supermutter eines Familienklans, in dem die Mitglieder einander nicht besonders viel Verständnis entgegenbrachten. So überrascht es nicht, dass sie an Brustkrebs erkrankte. Vor ihrer Mastektomie wurden die Situation und das dahinter liegende perzeptuelle Problem nicht gelöst. Der Eingriff war eine kosmetische Katastrophe; eine Entzündung und bleibende, verunstaltende Narben kamen hinzu. Ihre Krankenversicherung war vor der Operation zu einer Health-Management-Organisation umstrukturiert worden und arbeitete mit dem Chirurgen, den sie kannte und dem sie vertraute, nicht zusammen. Statt dessen hatte man ihr jemanden zugewiesen, den sie gar nicht kannte. Nun ärgerte sie sich über den neuen Arzt, der in ihren Augen alles vermasselt hatte. Der verdrängte Ärger auf ihre Familie und auf sich selbst wurde auf ihn übertragen und in ihn projiziert. Nachdem sie an ihren mental-emotionalen Problemen gearbeitet hatte, besserte sich ihr Zustand.

Bei einer anderen Frau war ein Vulvakarzinom diagnostiziert worden. In der Therapie wurde ihr klar, dass sie als junges Mädchen von ihrem Vater sexuell berührt worden war und den Ärger und die Scham, die sie darüber empfand, noch nicht gelöst hatte. Ihr Karzinom war genau an der Stelle, an der ihr Vater sie angefasst hatte. Sie arbeitete daran, die negativen Gefühle auf angemessene Weise zu lösen und loszulassen und fühlte sich zunächst viel besser. Dann unterzog sie sich der Operation, die keinen Aufschub duldete. Nach der Operation litt sie an ungewöhnlich starken Schmerzen. Die Wunde verheilte nur langsam, und sie fühlte sich lange Zeit krank. Da sie vermutete, dass mehr

Gewebe entfernt worden war, als nötig gewesen wäre, empfand sie den Arzt als übergriffig und war wütend auf ihn. Sie hatte weder ihren Ärger auf den Vater noch ihre Schuldgefühle völlig aufgelöst. Diese Gefühle trugen zu den Komplikationen der Operation bei und wurden nun auf den Arzt übertragen. Mehr mentale und emotionale Arbeit war erforderlich.

Es ist wichtig, nicht den Arzt oder das medizinische Personal für medizinische Komplikationen verantwortlich zu machen, sondern die Gefühle unmittelbar anzugehen und die Verantwortung für sie zu übernehmen, damit sie heilen können. Das medizinische Personal spielt nur die Rolle, die unsere unbewusste emotionale Energie ihnen zugeteilt hat.

Der Einsatz von grobstofflicher Energie (wie ich sie nenne) - d.h. von subatomarer Partikelenergie (Röntgenstrahlen und andere Formen radioaktiver Energie) und Wärmeenergie hoher Intensität - führt in der Behandlung bestimmter Erkrankungen ebenfalls zu berechenbaren Ergebnissen. Der Ausgang dieser Therapien hängt davon ab, in welchem Umfang die Patienten ihre negative mentale und emotionale Energie angehen und loslassen. Durch Bereitschaft, Wachsamkeit und den richtigen Fokus lassen sich potentielle negative Nebenwirkungen auf ein Minimum reduzieren oder ganz ausschalten.

Eine Brustkrebspatientin, deren Tumor operativ entfernt worden war, spürte intuitiv, dass sie nach ihrer spirituellen Arbeit geheilt war. Doch um ihren Arzt und ihre Familie zufrieden zu stellen, willigte sie in eine Strahlentherapie ein. Mit Hilfe der Formel bekam sie ihre Angst vor den bekannten Nebenwirkungen dieser Prozedur in den Griff. Sie begleitete die Behandlung mit Gebet und Meditation und visualisierte Jesus, wie er bei ihr saß und ihre Hände hielt. Die Ergebnisse setzten alle in Erstaunen. Die Strahlentherapie zeitigte keinerlei Nebenwirkungen, und trotz der großzügigen Resektion des Tumors hatte sich ihre Brust nicht verkleinert.

Die pharmazeutische Medizin basiert auf der Prämisse, dass ein Medikament nur dann wirkt, wenn es zwischen den Molekülen zu Wechselwirkungen kommt. Dieses Fach entwickelte sich parallel zur wissenschaftlichen Chemie, die erfolgreich die aktiven Moleküle pflanzlicher Heilmittel isolierte und dann synthetisch herstellte. Die allopathische Medizin beruht im Großen und Ganzen auf dieser

Vorgehensweise. Molekulare Interaktionen sind berechenbar, weil die Moleküle der Dynamik der Absicht gehorchen, die ihren Manifestationen zu Grunde liegt. Diese Dynamik konstituiert die Naturgesetze des Realitätskonstrukts dieser Welt und folgt ihnen. Ob sie für oder gegen uns arbeitet, hängt von der jeweils vorherrschenden emotionalen Energie ab. Auch hier lassen sich mit der Bereitschaft zu lieben sowie mit Wachsamkeit und Fokus potentielle schädliche Wirkungen auf ein Minimum reduzieren oder ganz ausschalten.

Veränderungen auf physischer Ebene lassen sich nicht nur durch operative, grobenergetische oder molekular vermittelte Therapien erreichen. Auch energetische Interaktionen, die nicht auf der Interaktion zwischen Molekülen basieren, können sich auf die molekulare Erfahrung des Körpers auswirken. Der Körper kann die Energie für die Veränderung unmittelbar durch sein Energiefeld erhalten, ohne dass ein entsprechender aktiver molekularer Wirkstoff notwendig wäre. Dieses Phänomen ist normalerweise bei Therapien der so genannten alternativen Medizin anzutreffen.

Weil sich diese subtileren energetischen Wechselwirkungen im Rahmen der gegenwärtigen, auf die molekulare Realität beschränkte Mainstream-Medizin nicht so leicht erklären lassen, fallen sie in die Kategorie des Übernatürlichen und machen sich damit verdächtig. In der Vergangenheit wurden weder ernsthafte Anstrengungen zur Erforschung alternativer Heilmittel und Verfahren unternommen noch nennenswerte Mittel dafür aufgewendet. Doch auf Druck der „grassroot"-Bewegung hat nun der amerikanische Kongress zur Einrichtung einer Abteilung für alternative Medizin einen relativ kleinen Fonds für die National Institutes bereitgestellt.

Aber auch wenn Mittel zur Verfügung stehen, kann es sein, dass die Forschungen nicht adäquat durchgeführt werden und nur noch mehr Verwirrung stiften, weil die traditionelle Sichtweise den Einfluss des Bewusstseins auf das molekulare Ergebnis nicht berücksichtigt. Da die energetischen Interaktionen und damit die molekulare Erfahrung der jeweils vorherrschenden Absicht folgen, wird ein besonders misstrauischer Wissenschaftler vielleicht gar nichts beweisen können, woran er nicht glaubt. Die Ergebnisse der Forschung spiegeln meist die Überzeugungen der Forscher wider.

Zum ersten Mal beobachtete ich dieses Phänomen als Medizinstudent, verstand allerdings damals seine Dynamik noch nicht. Bei meiner Arbeit an verschiedenen Forschungsprojekten sah ich Zeitschriftenberichte über Grundlagenforschungen durch und stellte dabei fest, dass die Daten aus einem Labor unmissverständlich zu bestimmten Schlussfolgerungen führten, während ein anderes Labor, in dem die Studien wiederholt wurden, mit seinen Daten zu entgegengesetzten Ergebnissen kam. Wer irrte sich? In einigen Fällen waren die Daten so eindeutig, dass man an der intellektuellen Redlichkeit einer der beiden Parteien zweifeln musste. In Wirklichkeit hatten jedoch beide Recht. Die Ergebnisse der Forschung folgen im allgemeinen der Absicht der Forscher, sofern deren Standpunkt und Motivation klar ausgeprägt sind. Jedes Labor erhielt die Ergebnisse, an die man dort glaubte. Da unsere Wissenschaftler skeptisch und konkurrenzorientiert sind, ist es nicht ungewöhnlich, dass eine Gruppe die andere widerlegen möchte.

Bei homöopathischen Heilmitteln und Blütenessenzen gibt es keine molekulare Basis, die deren Effekt erklären könnte. Sie wirken auf einer vorphysischen Energiestufe und verändern dadurch die molekulare Erfahrung des Patienten. Bei homöopathischen Arzneien wird die ursprüngliche Substanz so stark verdünnt, dass die endgültige Lösung praktisch keine Moleküle dieser Substanz mehr enthält. Die Moleküle der Lösung sind nicht die aktiven Wirkstoffe, doch kann man sie als Träger der feinstofflichen Energie betrachten, die bei den Patienten zur Wirkung kommt. Bei dieser feinstofflichen Energie handelt es sich um die Absicht des kollektiven Bewusstseins aller, die an der Entstehung und Vervollkommnung eines bestimmten therapeutischen Systems beteiligt sind. Zu der bereits im System vorhandenen kollektiven Energie kommen als weitere wesentliche Faktoren die Absicht und das Vertrauen des behandelnden Arztes und des Patienten und die Redlichkeit ihrer Interaktion.

Pflanzliche Heilmittel, ernährungsorientierte Therapien und Nahrungsergänzungen wirken je nach Mittel und Situation auf molekularer Ebene oder ausschließlich auf der Ebene feinstofflicher Energie. Einige Pharmazeutika wirken unabhängig von ihrer molekularen Aktivität nur durch die Energie ihrer Absicht. Die Wirksamkeit der Interaktion entspricht der Intensität und dem Vertrauen des kollektiven Bewusstseins, von dem die Betroffenen ein Teil sind.

Verschiedene Geräte sowie magnetische und elektromagnetische Energiequellen sind für Heilzwecke entwickelt worden. Ihre Wirksamkeit folgt ebenfalls der Energie der Absicht und dem Vertrauen der an dem therapeutischen Prozess Beteiligten. Es ist interessant, dass die elektromagnetische Energie von Haushalts- und Bürogeräten und von Stromleitungen manchen als gefährlich gelten, obwohl elektromagnetische Energie auch für therapeutische Zwecke eingesetzt wird. Hier wären natürlich weitere Untersuchungen nützlich, die der ursächlichen Beteiligung des Bewusstseins Rechnung tragen.

In Therapien, bei denen Berührung eine Rolle spielt - die verschiedenen Formen der Massage, Healing-Touch-Therapien und Akupressur - drückt sich die Energie der Absicht durch die Mechanik der Berührung aus. Die wichtigste Interaktion findet hier zwischen dem Energiefeld des Therapeuten und dem Energiefeld des Patienten statt. Die Bewegung der Energie und ihre Wirkung sind Ausdruck der kombinierten Absicht beider. Weil der Körperkontakt eine so große Rolle spielt, gelingt es bei Berührungstherapien leicht, die Aufmerksamkeit des Patienten zu binden und dadurch blockierte emotionale Energie zum Fließen zu bringen und freizusetzen.

Einige Formen der Healing-Touch-Therapie kommen ohne Körperkontakt aus. Bei ihnen findet die Arbeit im Energiefeld des Patienten statt. Die verschiedenen Systeme haben unterschiedliche Bezeichnungen; in Russland nennt man sie bioenergetische Therapien. Obgleich es zu keiner Berührung kommt, kann sich der Patient der therapeutischen Interaktion sehr wohl bewusst sein.

Die Wirksamkeit manipulativer Therapien lässt sich bis zu einem bestimmten Grad mit dem mechanischen Effekt erklären, den sie auf den Körper ausüben. Ihre Wirkungen sind jedoch letztlich die Manifestationen der Absicht der Beteiligten und beschränken sich nicht auf Probleme, die man gewöhnlich der Skelettmuskulatur (also der mechanischen Ebene) zuordnet.

Die Akupunktur ist ein Verfahren, bei dem die Energiepunkte und -meridiane des Körpers durch Einführen von Nadeln und Manipulation stimuliert werden. Die Mechanik der Prozedur sorgt für die Aufmerksamkeit und die Beteiligung des Patienten. Auch hier ist die Wirksamkeit der Therapie ein Maß für die Absicht und das Vertrauen der Beteiligten.

Die Energie der Absicht lässt sich auch in verschiedenen Heilungsritualen effektiv nutzen. Mit der Bereitschaft des Patienten und dem Vertrauen von Patient und Therapeut können solche Rituale die Heilung fördern.

Auch wenn man sich die Zeit nimmt und mit dem Patienten ganz einfach zusammen sitzt, mit ihm spricht und ihm zuhört, können energetische Interaktionen entstehen, die der Heilung dienen, sofern dies im zentrierten Zustand der Liebe und der Absicht zu helfen und zu heilen geschieht. Wenn der Patient empfänglich ist, können bei diesen Interaktionen Emotionen freigesetzt und physische Veränderungen herbeigeführt werden. Manche Menschen brauchen allerdings ein Mittel oder eine Prozedur, in die sie ihr Vertrauen setzen können und die ihnen helfen, ihren Fokus aufrecht zu erhalten.

Das interaktive Heilungsphänomen zwischen Therapeut und Patient ist nicht ortsgebunden; der Empfänger braucht sich nicht unbedingt in der körperlichen Nähe des Therapeuten aufhalten. Damit Heilung eintreten kann, muss sich der Patient nicht einmal der Aktivität bewusst sein, solange er auf irgend einer Ebene zur Heilung bereit ist. Doch zur Stärkung des Vertrauens und zur Aufrechterhaltung des Fokus können auch hier die Gegenwart des Therapeuten und die unmittelbare Teilnahme an dem Prozess wichtig sein.

Einige Punkte auf der Erde haben im Moment noch eine höhere energetische Qualität als andere und können den Heilungsprozess deshalb fördern. Es kann sich um abgelegene Orte in der Natur handeln, die vom negativen Bewusstsein der Menschheit noch nicht so stark in Mitleidenschaft gezogen wurden. Andere Kraftorte verdanken ihre wohltuende Wirkung der Liebe und spirituellen Ausübung von Menschen. Kirchen, Klöster und spirituelle Zentren können als Quellen positiver Energie dienen und sind deshalb gute Orte für den Heilungsprozess, besonders wenn sie schon auf eine lange positive Geschichte zurückblicken können.

Vertrauen in ein Heilmittel oder ein Heilverfahren kann auf verschiedene Weise entstehen. Manche Mittel sind uns im Rahmen einer alten Tradition oder Legende überliefert oder wieder entdeckt worden, manche sind mit der Erfahrung eines bestimmten Menschen verbunden und erwecken deshalb Vertrauen. Wer die mentalen und emotionalen Entsprechungen einer Krankheit bzw. bestimmter

Symptome spontan loslässt, ist für den Heilungsprozess bereit, auch wenn ihm/ihr die Beziehung zwischen Geist und körperlicher Erfahrung gar nicht bewusst ist. Wer eine Arznei einnimmt und Heilung erfährt, hält diese Arznei vielleicht für besonders heilkräftig, doch in Wirklichkeit diente es nur der Vertrauensbildung. Der/die Betreffende war bereit, gesund zu werden, brauchte aber ein - scheinbar - äußerliches Hilfsmittel, um das eigene Glaubenssystem zufrieden zu stellen und die Heilung in Gang zu setzen. Diese Erfahrung stärkt den Glauben an das Mittel.

Nehmen wir an, dass der/die Betreffende nun von dieser Erfahrung inspiriert ist und in der Begeisterung auch anderen die Wirkung des Mittels zugute kommen lassen möchte. Wenn genug Ärger und Schuldgefühle losgelassen wurden, wird er/sie die Absicht nicht sabotieren, sondern andere anziehen, die auch zur Heilung bereit sind, aber ein Vertrauen bildendes Werkzeug brauchen. Bei positiven Ergebnissen verstärkt sich das Vertrauen des Entdeckers/der Entdeckerin, und das Vertrauen der neuen Empfänger trägt wiederum zur kollektiven Energie der Absicht bei. Die Begeisterung führt dazu, das Mittel auch bei anderen Krankheiten und Symptomen auszuprobieren. Dank des wachsenden Vertrauens wirkt es auch dort und scheint nun zu einer Art Allheilmittel geworden zu sein.

Doch was geschieht, wenn das Mittel so bekannt ist, dass es auch Menschen anzieht, die nach einer Kur für irgend ein körperliches Problem suchen, aber die mental-emotionalen Entsprechungen des Problems noch nicht erkannt und freigesetzt haben? Sie probieren das Mittel aus, und bei ihnen funktioniert es nicht. Die Nachricht verbreitet sich, Zweifel breiten sich aus. Jetzt verliert das Mittel an Wirksamkeit, und es versagt immer häufiger.

Dies könnte für jede Art von Therapie zutreffen, doch nehmen wir einmal an, es handelt sich um ein pflanzliches Mittel, für dessen Wirksamkeit keine Erklärung auf Molekülebene zur Hand ist. Hier braucht nur ein wissenschaftlicher Kritiker daher zu kommen, der „weiß", dass es für den Erfolg des Mittels in so unterschiedlich gelagerten Fällen gar keine molekulare Basis gibt. Zunächst wird er den Entdeckern und Vermarktern des Mittels Habgier unterstellen. Vielleicht treibt er Gelder auf und finanziert eine wissenschaftliche Studie zur Entlarvung des Schwindels und zum Schutz der Öffentlichkeit. Durch seine Absicht zieht er unbewusst Probanden an, die noch nicht bereit sind, gesund zu werden. Und diese Kombination - sein mangelndes Vertrauen und die blockierten Probanden - führt zum Scheitern. Die Ergebnisse werden veröffentlicht; das Mittel verliert allgemein an Wirksamkeit. Das Vertrauen bildende Werkzeug, das ursprünglich harmlos und nützlich war und die starke Energie der Absicht zur Heilung besaß, existiert nicht mehr. Wie die Entdecker solcher Mittel dabei abschneiden, hängt von ihrer Wachsamkeit und von ihrem Fokus ab.

Nehmen wir nun an, dass ein Heilmittel tatsächlich von jemandem auf den Markt gebracht wird, der betrügen will und selbst nicht an sein Produkt glaubt. Vielleicht bezahlt er für das Marketing Leute, die falsche Aussagen machen. Obwohl Hersteller und Verteiler kein Vertrauen in das Mittel haben, kann es zu günstigen Ergebnissen führen, wenn die Absicht und der Glaube an das Mittel beim Empfänger stark genug sind.

Natürlich wird eine Arznei viel heilkräftiger und wirksamer sein, wenn alle Beteiligten Vertrauen haben und sich gemeinsam auf eine Absicht konzentrieren. In den frühen Tagen der Medizin verabreichte der Arzt dem Patienten die Arznei selbst und richtete seine Absicht dabei auf die gewünschte Wirkung. Heute bekommen die Patienten das Rezept oft gar nicht mehr aus den Händen des verschreibenden Arztes, sondern von jemandem, der vielleicht gar nicht so sehr an der gemeinsamen Absicht beteiligt ist und sich nicht auf sie konzentriert. Dadurch wird es möglich, dass sich die Wirksamkeit des Mittels nicht weiter erhöht. Der Arzt kann seine Absicht mit dem Mittel zwar auch dann verbinden, wenn er physisch nicht anwesend ist, aber die Gefahr der Ablenkung ist in diesem Falle größer. Die physische Anwesenheit bei der Aushändigung des Rezepts hilft ihm, sich auf die Absicht zu konzentrieren.

Ärzte sind heute berufsmäßige Skeptiker und warnen ihre Patienten vor den schlimmstmöglichen Szenarien, weil sie keine falschen Hoffnungen wecken und Enttäuschungen vorbeugen möchten. Diese Tendenz verwässert die Energie der Absicht, schwächt das Vertrauen und mindert damit die Wirksamkeit der Therapie. Ich stimme Bernie Siegel, M.D, zu, der einmal in einem Vortrag sagte: „Es gibt keine falschen Hoffnungen.“[104, 105, 106]

Ich werde hier nicht auf die einzelnen alternativen Medizinen eingehen. Nähere Informationen finden sich in den Büchern „Vibrational Medicines" von Richard Gerber, M.D. [32] und „Energetic Healing" von James Eden, M.D.[24] Wenn sich ein System bei vielen Menschen bewährt hat, kann man davon ausgehen, dass es viel Energie und Absicht enthält, die sich anzapfen lassen und denen man die eigene Absicht hinzufügen kann. Wenn die Bereitschaft vorhanden ist, kann auf diesem Wege Heilung erfolgen.

Natürlich ist es möglich, das Vertrauen in die eigene Gesundheit auch unmittelbar aufzubringen. Dies geschieht, indem wir die Bereitschaft ausdrücken, bedingungslos zu lieben und die Heilung als direkte energetische Erfahrung von innen zuzulassen. Doch eine Heilung auf diesem Weg erzwingen zu wollen, obwohl unser Vertrauens vielleicht gar nicht so stark ist und wir leicht ein Mittel benutzen könnten, wäre spiritueller Hochmut. Wir würden damit nur versuchen, gegen unsere Schuld anzukämpfen und sie zu bezwingen, anstatt sie zu transzendieren.

Da wir noch nicht daran glauben können, dass die Gegenwart Gottes in uns unmittelbar wirksam ist, ist es vielleicht leichter, unser Vertrauen in etwas zu setzen, was scheinbar außerhalb unserer selbst ist. Die Liebe verschafft uns Seelenfrieden und Wohlergehen innerhalb der Grenzen unseres Glaubenssystems. Manchmal manipuliert sie sogar eine Situation, um unseren Glauben zu stärken und uns empfänglicher zu machen. Eine Freundin erzählte mir von einem solchen Vorfall. Linda verbrachte drei Monate in Indien und besuchte Sai Baba. Obwohl sie mehrmals mit ihm sprach, fand sie nie die Gelegenheit, ihm von ihrem krebskranken Bruder zu erzählen. Beim Kofferpacken brach sie in Tränen aus, weil ihr klar wurde, dass sie ihre Chance verpasst hatte. Da klopfte es. Einer von Sai Babas freiwilligen Helfern brachte ihr eine Papiertüte. „Für deinen Bruder", sagte er. „Sai Baba sagt, er soll es einnehmen." In der Tüte waren zwölf kleine Päckchen aus altem Zeitungspapier, die mit Vibhuti gefüllt waren. Vibhuti ist Asche, die Sai Baba oft materialisiert und als symbolischen Ausdruck seiner Liebe an Menschen verschenkt, die zu ihm kommen. Linda war überglücklich. Sai Baba hatte von ihrem Bruder gewusst und für ihn gesorgt.

Sie kam spät am Abend in die Staaten zurück. Nach dem Wiedersehen mit ihrer Familie und einer stürmischen Begrüßung ging sie ins Bett.

Sie wachte früh am Morgen auf und war beunruhigt. Am Vorabend hatte sie die Tüte mit dem Vibhuti auf die Theke in der Küche gestellt und sie in der Aufregung dort vergessen. Sie rannte in die Küche hinunter, um zu sehen, ob sie noch da war. Es war unwahrscheinlich, dass jemand ihre Bedeutung erkannt hatte; vielleicht hatte man sie für Müll angesehen Tatsächlich war die Tüte verschwunden. Linda sah im Müll nach, aber der war bereits geleert worden. Inzwischen war ihr Bruder aufgestanden. Linda erklärte die Situation. Ja, er hatte die Tüte gesehen und sie selbst in den Abfall geworfen. Verzweifelt legte sie sich wieder ins Bett und weinte. Auf einmal fiel ihr ein, dass sie beten könnte, und während sie betete, öffnete ihr Neffe die Tür und sagte: „Schau, Tante Linda, was ich auf dem Regal in meinem Zimmer gefunden habe." Es war die unversehrte Vibhutitüte. Offenbar hatte sie sich samt Inhalt im Zimmer des Neffen materialisiert, denn niemand im Haus hatte sie aus dem Müll gerettet. Überglücklich brachte Linda ihrem Bruder die Tüte. Als Ingenieur hatte er sich auf die molekulare Sicht der Realität beschränkt. Er hätte es unter normalen Umständen als lächerlich empfunden, Asche als Mittel gegen den Krebs zu schlucken, und hätte das Vertrauen in sie als Heilmittel nicht aufbringen können. Aber nun lagen die Dinge anders. Obwohl er die Tüte eigenhändig weggeworfen hatte, war sie jetzt da. Er nahm die Asche wie vorgeschrieben und hatte keine Probleme mehr mit dem Krebs. Außerdem interessierte sich Lindas Neffe jetzt mehr für Spiritualität.

Solche Erfahrungen demonstrieren, wie mächtig die Energie der liebevollen Absicht am Wirken ist. Ich habe einen Freund, dessen Frau ihn nötigte, Sai Baba zu besuchen, als er geschäftlich in Indien unterwegs war. Al hatte wenig Interesse an Spiritualität und verspürte keinerlei Lust, Sai Baba zu sehen, doch aus Gutmütigkeit willigte er ein, seine Frau auf ihren „albernen Abstechern" zu begleiten. Einer dieser Abstecher hatte einen kleinen Tempel zum Ziel, der von Sai Baba gesegnet worden war. Der Tempelpriester nahm aus einem mit Flüssigkeit gefüllten Gefäß ein kleines Medaillon in Form einer Münze, trocknete es ab und legte es Al in die Hand. Zu dessen Verwunderung sprudelten flüssige Perlen aus dem Metall, die sich über seinen Handteller ergossen. Al konnte nicht leugnen, was er mit eigenen Augen sah. Hier wurde er in ein neues Paradigma eingeführt. Der Priester erklärte, dass Sai Baba bei der Segnung des Tempels auch das Medaillon materialisiert und dem Priester aufgetragen hatte, es in ein

Gefäß zu legen. Seitdem produziert es einen schmackhaften Nektar, der das Gefäß füllt.

Dies demonstriert anschaulich, wie mächtig die Energie der Absicht ist, wenn der Geist, der den Gedanken initiiert, vollkommen eins mit dem Gedanken und frei von den Energien der Angst und des Zweifels ist - wenn der Geist aus der reinen Liebe und dem vollkommenem Vertrauen kommt. Als Al dann Sai Baba traf, war die Begegnung für ihn sehr lohnend und lehrreich. Seine Erfahrungen veränderten seine Wahrnehmung und zeigten ihm einen neuen Zugang zum Leben, der mit mehr Frieden und Freude verbunden war.

Wenn wir unsere Absicht auf die Liebe richten und lernen, spontaner und ohne Werturteil im Augenblick zu leben, wird uns die intuitive Weisheit der Liebe zu den besten Therapien hinführen. Eine Patientin kam mit Herzrhythmusstörungen zu mir. Sie hatte intuitiv herausgefunden, dass sie die Störungen unter Kontrolle bringen konnte, wenn sie Salz aß. Dies geschah, bevor eine Laboruntersuchung durchgeführt wurde und die Werte auf eine Nephropathie mit Salzverlust hinwiesen - eine Nierenerkrankung, bei der es zu Salzverlust im Urin und zu bedenklich niedrigen Salzwerten im Körper kommt.

Eine andere Patientin wurde angeleitet, mit Visualisierung zu arbeiten. Sie hatte einen Tumor an der Schilddrüse. Beim Betasten fühlte er sich sehr fest an, was typisch für ein Karzinom an der Schilddrüse ist. Es kam jedoch zu keiner Gewebediagnose, da der Tumor innerhalb von 16 Tagen verschwunden war. Ich war nicht ihr behandelnder Arzt oder Therapeut, sondern sollte in meiner Eigenschaft als Pathologe ihre Schilddrüse untersuchen, aber sie hatte von meinen Vorträgen gehört und kannte die Formel. Nachdem sie um Heilung gebetet hatte, visualisierte sie zwanghaft die operative Entfernung des Tumors. Da sie OP-Schwester war und bei vielen Operationen teilgenommen hatte, war dies nicht weiter verwunderlich. In ihrer Vorstellung sah sie in den sechzehn Tagen immer wieder, wie sie sich auf die Operation vorbereitete, wie sie operiert wurde, sich erholte und wie ihr die Fäden entfernt wurden. Auch wenn der Tumor gutartig war, hätte er sich unter normalen Umständen mitsamt einer Zyste in so kurzer Zeit kaum auflösen können.

Obwohl auf den Körper abzielende Therapien und Heilmittel nützlich sein können, weil dies im Einklang mit unserem kulturellen Glaubenssystem ist, findet Heilung immer auf der Ebene des Geistes statt und setzt voraus, dass wir unsere Wahrnehmung verändern und negative emotionale Energie loslassen. Wenn wir das ignorieren und uns nur auf den Körper oder die äußere Situation konzentrieren, kommt es zu Verzögerungen und zu noch größerer Verwirrung. Ansätze mentalen Heilens - z.B. kognitive Therapie, intuitive Therapie, Traumdeutung und das Einleiten von Bewusstseinsveränderungen (angeleitete Meditation und Visualisierung, Hypnose und verschiedene Atemtechniken) - helfen, negative Emotionen aufzuspüren und loszulassen und sich für neue Wahrnehmungen zu öffnen.

Unter dem Strich ist das Leben mit allen seinen Ereignissen ein anhaltender Workshop der Heilung. Wir brauchen uns nur in jedem Augenblick und in jeder Situation auf die Liebe zu konzentrieren. Liebe heilt alles. Wer Schwierigkeiten hat, den Fokus aufrecht zu erhalten, kann die oben erwähnten Hilfsmittel anwenden. Mit liebevoller Hilfestellung ist die Heilungsenergie immer größer, als wenn wir allein arbeiten. Dies gilt unabhängig von der angewendeten Technik die Heilungsenergie. Wenn wir uns mit dem Geist der anderen verbinden, erhöht sich die Energie unserer Absicht exponentiell.

Für die Ernährung gilt das Gleiche wie für Heilmittel. Wenn wir lernen, spontaner zu leben und uns auf Liebe zu fokussieren, wird uns unsere intuitive Weisheit eingeben, welche Nahrungsmittel am besten für uns sind. Wenn wir das Universum mit Liebe angehen, werden unsere Essgewohnheiten diese Liebe widerspiegeln. Zum einen werden wir nicht mehr das Fleisch von Tieren essen wollen. Wer einmal in einem Schlachthaus war, weiß, dass die Vorgänge dort mit Liebe nichts zu tun haben. Wir haben uns das Ziel gesteckt, die Welt in ein Symbol und eine Metapher für die Liebe zu verwandeln. Schlachtvieh wird wie ein Gegenstand behandelt, der keine Gefühle hat - also grausam. Vor der Schlachtung lässt sich beobachten, dass die Tiere viel Angst und Ärger durchleben. Der Manager einer Lebensmittelkette sagte mir einmal, dass es ihm seit einem Besuch im Schlachthaus etwas ausmacht, dass er Fleisch verkaufen muss.

Die Angst und der Ärger der Tiere wirken sich auf das Fleisch aus, das wir als Nahrung zu uns nehmen. Auf molekularer Ebene schlägt sich dies in einem Anstieg der sympathomimetischen Moleküle -

Stressmoleküle, z.B. Adrenalin und Nonadrenalin - in den Gewebeflüssigkeiten des Fleischs nieder. Auf feinstofflicher Ebene nimmt das Energiefeld des Fleischs die Schwingungen von Angst und Ärger an, die wir in unser eigenes Energiefeld aufnehmen, wenn wir das Fleisch essen.

Der Effekt zeigt sich in den Problemen, die häufiger bei Fleischessern auftreten, z.B. Darmkrebs und Herz-Kreislauf-Erkrankungen. Auf geistiger Ebene macht sich eine stärkere Neigung zu Sorgen und Reizbarkeit bemerkbar. Wenn jemand lange Zeit kein Fleisch gegessen hat und wieder damit beginnen würde, könnte man die Veränderung beobachten. Aber wir nehmen nicht nur negative Energie mit dem Fleisch auf, sondern „wissen" auch tief in unserem Unbewussten, dass es nicht liebevoll ist, Fleisch zu essen. Die Tatsache, dass Tiere dafür getötet werden, führt zu - wenn auch ungerechtfertigten - Schuldgefühlen, mit denen wir uns irgendwann auseinander setzen müssen.

Unsere Körper sind gar nicht auf das Fleischessen eingerichtet. Der menschliche Magen-Darm-Trakt ist dem des Gorillas sehr ähnlich - und der Gorilla ist ein dreieinhalb Zentner schwerer Vegetarier. Viel Fleisch auf dem Speiseplan führt zu Druck auf das Darmlumen und damit zu Darmwandschwäche, die sich zu einer Divertikulitis entwickeln kann. Da der Darm bei viel Fleischzufuhr länger arbeiten muss, hat er auch längere Zeit Kontakt mit potentiell toxischen Substanzen aus Nahrungsmitteln, z.B. mit Karzinogenen.

Wir sollten die Menschen, die Fleisch essen, aber nicht verurteilen. Menschen und Kulturen handeln auf dem Hintergrund ihrer vergangenen Erfahrungen immer nach bestem Wissen und Gewissen, und da wir in der Vergangenheit Notzeiten erlebt haben, wurden wir zu Fleischessern. Wir sollten uns auch daran erinnern, dass für Mensch und Tier das Schlachten nur eine Erfahrung und nicht die Wirklichkeit ist.

Ich selbst wurde von meiner Arthritis geheilt, ohne meine Ernährung umzustellen. Auch bei uns wurde zu Hause Fleisch gegessen, als ich ein Kind war. Während meiner physischen Heilung und noch unmittelbar danach nahm ich Fleisch sowie die in Amerika üblichen Mengen stark denaturisierter Lebensmittel zu mir. Die Liebe transzendierte alle negativen Effekte der Nahrung. Später stellte ich meine Ernährung um, aber nicht so sehr aus gesundheitlichen Gründen, sondern als Ausdruck des Feingefühls und des Mitgefühls der Liebe. Zuerst strich ich das Fleisch von Säugetieren von meinem Speiseplan, später Geflügel. Irgendwann werde ich auch keinen Fisch und keine Meeresfrüchte mehr essen. Nach meiner bewussten Entscheidung gegen den Fleischkonsum wurde mir geraten, vorwiegend Gemüse zu essen, wenn möglich roh bzw. möglichst wenig gekocht, dazu Milchprodukte und Meerestiere in mäßigen Mengen.

Folgende intuitive und mystische Information leitete mich dabei: Kühe, Schweine und andere Säugetiere haben wie die Menschen eine Energie des Bewusstseins. Dieses Bewusstsein inkarniert sich im Körper und erfährt die Welt durch den Körper genauso wie wir. Es hat auch eine emotionale und gesellschaftliche Erfahrung, die für die jeweilige Spezies einzigartig ist. In den meisten Fällen gibt sich das Säugetier nicht freiwillig hin, sondern empfindet genauso wie wir, wenn wir zusammengetrieben und geschlachtet würden. Obgleich diese Erfahrung nicht die Wirklichkeit des Tieres ist - denn in Wirklichkeit ist das Tier genauso wenig Körper wie du und ich -, ist sie nicht die beste Art und Weise, Liebe zu lehren. Für das Tier ist es ein Albtraum.

Das Bewusstsein, das niedere Tierarten wie Fische und vielleicht auch manche Vögel manifestiert, ist nicht in dem Tier inkarniert und weiß, dass es nicht mit dem Tier identisch ist. Für Pflanzen gilt das Gleiche. Die niederen Tierarten leben instinktiv und sind auf Überleben programmiert. Der Fisch an der Angel versucht zu entkommen, doch seinem Gefangenwerden entspricht keine emotionale Erfahrung. Was mit Dankbarkeit genommen wird, kann mit Dankbarkeit gegeben werden. Ein Beispiel ist der Lachs, der zum Laichen flussaufwärts schwimmt. Das Weibchen legt Eier, stirbt und nährt mit seinem toten Körper die neu geschlüpften Fische.

Am besten und gesündesten sind im Allgemeinen möglichst naturbelassene Nahrungsmittel bzw. Nahrungsmittel aus den Händen von Menschen, die ihre Absicht auf die Liebe gerichtet haben. Wenn der Versuch, Nahrungsmittel und die Ertragsfähigkeit von Nahrungsmitteln zu verbessern, auf dem Ego basiert anstatt auf der Liebe, wird das Ergebnis durch die Angst und die Schuldgefühle beeinträchtigt, die das Ego motivieren, und kann sich im schlimmsten Fall sogar schädlich auswirken. Nahrungsmittel, die durch die Hände getriebener, gereizter Menschen gehen, nehmen diese emotionalen

Schwingungen an, und wer solche Nahrungsmittel zu sich nimmt, muss sich damit auseinander setzen. Bei dem gegenwärtigen Zustand des menschlichen Bewusstseins sind stark behandelte Lebensmittel daher meist nicht ratsam.

Der Einsatz von Insektiziden und künstlichen Düngemitteln greift in den natürlichen Prozess der Lebensmittelproduktion und Assimilierung pflanzlicher Nährstoffe ein und hinterlässt toxische Rückstände. Darüber hinaus hat er einen nachteiligen Effekt auf die Fähigkeit des Bodens, sich zu erholen, und macht ihn dadurch abhängig vom Einsatz chemischer Düngemittel.

Es ist möglich, mit der Natur zu kommunizieren und dann sehr produktiv und unbeschwert mit unserer Umwelt umzugehen. [28, 131] Wenn wir beschließen, mit der Natur zu arbeiten und zu interagieren und uns dabei bewusst an der Liebe orientieren, werden wir intuitiv zum bestmöglichen Handeln angeleitet.

Nicht alle behandelten Lebensmittel und synthetischen Arzneien sind schädlich. Wenn die Behandlung des Nahrungsmittels oder die synthetische Herstellung des Medikaments in liebevoller Absicht geschieht, kann das Ergebnis genauso gute oder noch bessere Wirkungen haben als das natürliche bzw. unbehandelte Produkt.

Auch der Verzehr von Säugetieren muss nicht immer lieblos sein. In Notzeiten ließen sich Tiere manchmal freiwillig töten, um einen Menschen am Leben zu erhalten. In diesem Fall handelten die Tiere aus Liebe. Die indigenen Kulturen entschuldigten und bedankten sich mit Gebeten bei den Seelen der Tiere und nahmen nur, was sie brauchten. Wenn wir unser Essen im Gebet segnen und es mit Liebe und Dankbarkeit zu uns nehmen, tragen wir dazu bei, dass sich die negative Energie verwandelt. Trotzdem ist das Essen von tierischem Fleisch nicht die ultimative Metapher für die Wahrheit. Es ist jetzt wichtig, dass wir in unserer Kultur die Idee zulassen, dass Mangel und Tieropfer zur Nahrungsbeschaffung nicht notwendig sind.

Manche wenden ein, dass auch Tiere einander auffressen, und da Gott sie nun einmal so geschaffen hat, sei es nur recht und billig, wenn wir das Gleiche tun. Die Evolution der Tiere ist dem Willen Gottes nicht gefolgt. Die Evolution von Tieren, bei denen die Starken die Schwachen jagen und fressen, spiegelt nicht Liebe wider, sondern manifestiert den Glauben an den Mangel sowie an die kollektive Angst und den kollektiven Ärger der Menschheit - und letztlich auch der Tierwelt. Das kollektive tierische Bewusstsein bzw. das Tierreich wurde so geschaffen, dass es auf die Gedanken und Gefühle des Menschen reagiert. (Auch hier wieder die Herrschaft des Menschen, von der die Bibel spricht.) Ein großer Teil der Tierwelt folgte dem Sturz des menschlichen Bewusstseins. Wäre das menschliche Bewusstsein nicht in Angst und Schuld verfallen, wären die Beziehungen zwischen Mensch und Tier eine liebevolle, schöpferische Erfahrung geblieben. Wenn die Menschheit wieder zu Sinnen kommt, werden wir in diesen Zustand zurückkehren.

Einiges, was ich über das Leid von Tieren gesagt habe, mag überzogen und anklagend klingen, aber das ist nicht meine Absicht. Wir dürfen Fleischesser nicht verurteilen. In meiner Familie wird noch Fleisch gegessen, und ab und zu kommt es auch zu Hause auf den Tisch. Es ist nicht hilfreich, wenn jemand gezwungenermaßen auf Fleisch verzichtet, bevor er selbst dazu bereit ist. Für das Tier ist es wie gesagt eine unglückliche Erfahrung, aber es ist nicht seine Wirklichkeit. Schuldgefühle sind hier fehl am Platz.

Inwieweit ist es angebracht, dass wir uns in das Tier einfühlen? Die Erfahrung der Welt in den niedrigen Dimensionen ist eine Illusion, ein Traum. Wenn wir auf sie reagieren, als sei sie Wirklichkeit, setzen wir die Illusion fort, und unsere Emotionen werden auch weiterhin unsere äußere Erfahrung bestimmen. Damit wird die Zukunft zu einer Reflexion der Vergangenheit - eine Reflexion unserer Emotionen.

Tiere und Menschen erfahren viel Leid in der heutigen Welt. Wenn wir darauf bestehen, auf das Leid anderer zu reagieren, als sei es ihre Wirklichkeit, und ihre Trauer in uns aufnehmen, werden wir ihre Erfahrung der Trauer noch verstärken und zur kollektiven Trauer auf diesem Planeten beitragen. Natürlich heißt das nicht, dass wir den Schmerz der anderen ignorieren sollen. Wir erkennen, dass andere leiden, und möchten ihnen helfen, sich von diesem Leid zu befreien. Doch um wirklich helfen zu können, dürfen wir den Schmerz eines anderen nicht zu dem unseren machen, selbst wenn uns die Liebe und Freude Gottes dazu bewegen, Weisheit und Beistand anzubieten. Wenn wir diesen Weg gehen, wird die Erfahrung des Leidens schließlich für alle ein Ende haben, und das gesamte Bewusstsein wird in den Frieden Gottes zurückkehren. Der freie Wille gibt uns die Wahl, wann wir dies tun - nicht, ob wir es tun. Wir können die Entscheidungen anderer mit angemessenen Mitteln beeinflussen, aber wir können nicht für andere entscheiden. Versuche, es trotzdem zu tun, führen meist zu Verzögerungen und zu noch mehr Schmerz. Wenn wir die Formel für Heilung anwenden, können wir uns unseren Frieden in einer Welt des Leids ohne Wertung, Verdammung, Schuldgefühle und Gram erhalten. Es ist nützlich, die leidende Person als ganz und heil zu visualisieren. Solche Gedanken und ihre emotionale Energie bewirken und fördern die Manifestation und die Erfahrung der Ganzheit.

Kapitel 16 - Der Weg zur Wirklichkeit

In der Natur gibt es viel „Miss-Schöpfung", die auf die Menschheit zurückgeht. Die Energie des kollektiven Bewusstseins manifestiert sich durch die unbewusste Zurschaustellung seines Inhalts in der physischen Erfahrung. Die negativen Dinge der Welt sind die Monster in unserem kollektiven Traum. Doch richtig erkannt, hören sie auf, negativ zu sein. Sie werden zu Gelegenheiten, unsere Emotionen zum Vorschein zu bringen und zu heilen. Infolge unseres kollektiven falschen Denkens ist die Energie in negativen Bildern und Ereignissen gefangen. Diese negativen Aspekte der Natur fordern unsere Liebe auf, sie zu heilen und loszulassen. Und da sie in unserem Bewusstsein existieren, erweisen wir die Liebe und Geduld, die wir mit ihnen haben, letztlich uns selbst. Moskitos, Zecken, Flöhe, wilde Tiere, giftige Pflanzen, pathogene Bakterien, Viren, Parasiten, verheerende Stürme, Erdbeben, Waldbrände, Überschwemmungen und andere unangenehme Dinge bedürfen deshalb unserer Liebe und Geduld auch dann, wenn wir nicht zulassen, dass sie uns quälen. Einen Floh zu töten, lässt sich als Liebesdienst ansehen, denn dadurch kann die in Form des Flohs gefangene negative Energie transformiert werden. Als niederes Tier ist der Floh ein Instinktwesen, das Äquivalent eines zu Folterzwecken biologisch computerisierten Roboters.

Wenn sich das kollektive Bewusstsein der Pflanzen wandelt, werden wir Zeuge sein, wie sich die Natur verändert. Einige dieser Veränderungen scheinen vielleicht unheilvoll zu sein, wenn wir der höheren Energie der Liebe Widerstand leisten, die auf diesem Planeten jetzt die Ängste heilt. Solche unheilvollen Veränderungen manifestieren in Wirklichkeit die Freisetzung negativer Energie, und diese Freisetzung wird letztlich zu positiven Ergebnissen führen.

Wenn wir unsere Absicht auf die Liebe richten, werden wir solche Ereignisse ohne Schaden überstehen. Wenn wir die Formel anwenden und in jedem Moment auf die Liebe fokussiert sind, werden wir unempfänglich für negative Energien, auch wenn sie als molekulare oder physische Interaktionen erscheinen. Die Macht der Liebe, die nicht durch die Vergangenheit oder durch die Naturgesetze eingeschränkt ist, wird sie transzendieren und schließlich die Kontinuität der linearen Zeit aufheben. Ereignisse, die bisher als übernatürlich oder wunderbar galten, werden überall zu beobachten sein. Tumore werden verschwinden, körperliche Veränderungen werden in einem Augenblick stattfinden, der Körper wird immun gegen Gifte und schädliche physikalische Wirkstoffe werden (auch gegen die Wirkung von Feuer). Der Körper wird weniger abhängig von Schlaf, Nahrung und bestimmten Nährstoffen sein, die bis jetzt noch als lebensnotwendig gelten. Auch unsere Umwelt und die Ereignisse um uns herum werden sich verändern und uns Erfahrung der Geborgenheit und des Friedens vermitteln. Stellen Sie sich eine Welt ohne Angst, Schuld, Ärger und ihre Wirkungen vor - eine Welt ohne Armut, Kampf, Konflikte, Krankheit und Tod.

Ist es möglich, den Körper neu zu programmieren, so dass er nicht abbaut und stirbt, sondern sich seine Jugend und Vitalität so lange erhält, wie wir ihn brauchen?

Die Antwort ist positiv. Vielen mag das unglaublich erscheinen, doch entspricht eine solche Wirklichkeit durchaus den Vorstellungen der modernen Physik und den neuesten Erkenntnissen der Biologie. Die traditionelle Wissenschaft beschrieb die Evolution der Arten als Prozess der „natürlichen“ Auslese und Anpassung an eine sich wandelnde Umwelt. An diesem Prozess mussten genetische Mutationen beteiligt sein, von denen man annimmt, dass sie zufällige Ereignisse waren, die zu dieser natürlichen Auslese und zu Veränderungen in der Biologie und im Aufbau von Organismen führten. Doch waren solche Veränderungen nicht das Ergebnis einer zufälligen Auslese, sondern der Effekt des Bewusstseins. In Zukunft werden sich mit dem Bewusstsein auch Aufbau und Funktion der DNA verändern, was zu neuen genetischen Codes führen und die Zellfunktion verändern wird. Der Körper wird sich verändern, und im Tierreich werden sich auch die Arten verändern. In der Bibel heißt es: „Die Wölfe werden bei den Lämmern wohnen. Kühe und Bären werden an der Weide gehen, dass ihre Jungen bei einander liegen und Löwen werden Stroh essen wie die Ochsen.“ (Isaiah 11:6-7) Einige Arten scheinen dann zu verschwinden, neue werden auf den Plan treten.

Für die Menschen, die sich spirituell öffnen, wird sich in den nächsten Jahrzehnten die Lebenserwartung enorm erhöhen. Die Verlängerung des Lebens werden wir jedoch nicht der Technologie zu verdanken haben, sondern einem Wandel im menschlichen Bewusstsein und im Energiefeld, das den Körper konstituiert. Dieser Wandel wird keine

Äonen in Anspruch nehmen. Für alle, die der Formel für Heilung folgen, kann er sofort eintreten.

Wäre die Welt bald überbevölkert, wenn wir so lange in unserem Körper leben könnten, wie wir es uns wünschen? Tatsächlich könnte die Erde viel mehr Menschen in Frieden, Gesundheit und Wohlstand ernähren als die gegenwärtigen sechs Milliarden, wenn wir alle aus unserem höheren Bewusstsein heraus lebten. Mangel und Kampf beginnen beim Einzelnen und verbreiten sich als kollektive Erfahrung. Sie werden nicht durch physische Umstände verursacht; physische Umstände sind die Wirkung des Bewusstseins.

Wenn wir höhere Ebenen der Erleuchtung erfahren haben, werden wir letztlich jedoch nicht länger im Raum und in der Zeit irdischer Dimension leben wollen, als es der Liebe dienlich ist. Wir werden uns ganz natürlich entscheiden, in die Wirklichkeit höherer Dimensionen zurückzukehren.

Wie werden wir unsere gegenwärtige Existenz verlassen, wenn wir diesen Grad der Erleuchtung erreicht haben? Wie immer wir wollen - auf die Art und Weise, die unseren besonderen Umständen entsprechend am liebevollsten ist. Einige werden ihren kranken Körper sterben lassen. Andere werden sich in einem gesunden Körper schlafen legen und ihn im Schlaf verlassen. Es ist auch möglich, den Körper in einem Zustand der Meditation zurückzulassen. Die ultimative Metapher für unsere Unsterblichkeit ist der ‚Aufstieg', d.h. indem die Energie, die unseren Körper manifestiert, ihre Frequenz erhöht. Der Körper verschwindet aus der Dimension seiner ursprünglichen Frequenz und erscheint in einer höheren Dimension oder bleibt in einem formlosen energetischen Zustand. Auf dieser Stufe der Evolution kann das Bewusstsein den Körper in Raum und Zeit, aber auch interdimensional von Ort zu Ort teleportieren. Er kann an einem Ort verschwinden und an einem anderen wieder erscheinen und Liebe kommunizieren. Dies ist der Prozess des Aufstiegs („Himmelfahrt"), den Jesus und andere erfuhren. Jesus vollzog ihn öffentlich, um ein Beispiel für uns alle zu setzen. Er soll gesagt haben: „Wer an mich glaubt, der wird die Werke auch tun, die ich tue, und wird größere denn diese tun."(Johannes 14:12).

Wie erreichen wir diese Stufe der Erfahrung? Indem wir das Bedürfnis loslassen, diese Erfahrung zu machen. Wir verstricken uns nur unnötig in dieser Welt und entwickeln spirituellen Hochmut, wenn wir uns auf solche Phänomene versteifen - anstatt uns auf die Liebe zu fokussieren, die diese Phänomene manifestiert. Die Liebe wirkt durch ihre eigene Weisheit. Sie bringt - der jeweiligen Situation entsprechend - die Veränderungen hervor, die ihre Gegenwart bezeugen. Folgen Sie einfach der Formel.

Anhang - Mehr über mystische und andere wichtige Schriften

Als ich im Frühling 1982 zum ersten mal mit dem Turiner Grabtuch in Berührung kam (siehe Kapitel 4), war die Bibel meine einzige mystische Informationsquelle für meine Schlussfolgerungen. Doch zwei Jahre später waren noch immer nicht alle meine Fragen beantwortet. Eines Tages betete ich auf meiner Fahrt zur Arbeit laut und mit großer Inbrunst und bat um Antwort, als etwas Erstaunliches geschah. Mitten im Satz wurde mein Gebet durch eine Stimme in meinem Kopf unterbrochen. Ich hörte die Worte: „Ich habe dir die Antwort schon gegeben - in dem Leben, das ich gelebt habe, und in den Lehren, die ich hinterlassen habe.“ Das war alles. Ich wusste, es war die Stimme von Jesus, und war überglücklich, dass ich bewusst und so direkt eine Nachricht erhalten hatte. Trotzdem war ich auch etwas frustriert, denn ich hatte Jesu Lehren bereits studiert, ohne alle Antworten zu finden.

Kurz nach diesem Erlebnis sah ich mich wieder einmal in meiner Lieblingsbuchhandlung um, die eine gute Auswahl mystischer Schriften führt. Dabei entdeckte ich eine dreibändige Kassette dunkelblauer Bücher mit dem Titel „Ein Kurs in Wundern“.[17]Ich hatte nie davon gehört, aber irgend etwas in mir sagte mir, dass ich sie kaufen sollte. Ich nahm die Lektüre des ersten Bandes mit dem schlichten Titel „Text“ auf. Seine Terminologie war die christliche, mit der ich vertraut war und in die ich mich leicht einlesen konnte. Hier wurde eingehend beschrieben, was Wirklichkeit ist und was sie nicht ist. Das Vorwort machte geltend, dass das Material von Jesus diktiert worden sei. Nach einer Woche legte ich das Buch weg. Vieles kam mir recht merkwürdig vor, und ich war mir nicht sicher, inwieweit ich es ernst nehmen konnte. Ich beschloss, dass es nichts für mich war.

Kurz danach trat eine weitere Synchronizität ein. Ich erhielt einen Brief von jemanden, den ich bei einem Meeting kurz kennengelernt hatte. Er wollte mich auf „Ein Kurs in Wundern“ aufmerksam machen und empfahl mir, es zu lesen. Er fügte auch ein Zitat von Paulus bei: „Die Weissagung verachtet nicht, prüfet aber alles, und das Gute behaltet.“(1 Thess. 5:20-21) Natürlich: Es ging um die Frage, ob etwas aus der Liebe kommt. Und wie kann ich das wissen? An seinen Früchten.

Ich nahm mir den „Kurs in Wundern“ noch einmal vor und begann, Artikel und Bücher über seine Geschichte und über die Menschen zu lesen, die mit ihm gearbeitet hatten.*[7] Ich nahm auch an Workshops teil und traf Menschen, die damit arbeiteten. Der Kurs machte Aussagen, die von der orthodoxen bzw. molekularen Sicht der Wirklichkeit etwas abwichen, aber er war das liebevollste Buch, das ich je gelesen hatte. Hier stand unter anderem, dass wir alle unschuldig sind, dass es nichts zu fürchten gibt, dass es für alle unsere Probleme eine Lösung gibt, die so weise ist, dass niemand dabei verliert, und dass Wunder natürlich sind und keine Schwierigkeitsstufen enthalten. Von den Früchten des Kurses zeugten Erfahrungen von Menschen, die verzweifelt gewesen waren und bemerkenswerte Heilungserfolge vorzuweisen hatten, seitdem sie den Kurs gelesen und seine Lehren in ihrem Leben umgesetzt hatten. Offenbar hatte der Kurs den Test bestanden, zu dem Paulus geraten hatte.

Ich las die 622 Seiten in drei Monaten und in den folgenden drei Monaten noch einmal. Mir wurde klar, dass ich die lange gesuchte Antwort auf meine ultimative Frage - „Wer sind wir?“ - auf unmissverständliche Weise in literarischer Form und gleichzeitig ohne alle Umschweife bekommen hatte. Es war wie eine Befreiung. Für den 478-seitigen zweiten Band mit dem Titel „Arbeitsbuch“, der eine Lektion für jeden Tag enthält, brauchte ich zwei Jahre. Bald las ich auch den 88-seitigen dritten Band, das „Teacher‘s Manual“. Es gibt zwei schmale Beihefte: The Song of Prayer: Prayer, Forgiveness Healing[111] und Psychotherapy: Process and Practice.[90]

Mit dem Schreiben von „Ein Kurs in Wundern“ wurde 1966 begonnen, nachdem zwei klinische Psychologen am Columbia University College for Physicians and Surgeons in New York sich ein Herz gefasst hatten und nach einem besseren Weg suchten. Ihre Abteilung war in Aufruhr. Die Leute hatten die Psychologie des Bewusstseins studiert, aber sie hatten keine Antworten gefunden, die sie in die Lage versetzt hätten, miteinander auszukommen. In seiner Verzweiflung beklagte sich Bill Thetford, der Abteilungsleiter, bei seiner Kollegin Helen Schucman über den Stand der Dinge und kam zu dem Schluss, dass es einen besseren Weg geben musste. Zu seiner Überraschung stimmte Helen,

---

[7] Literaturhinweise: 45, 46, 47, 108, 109, 113, 124

die oft seine Gegenspielerin war, ihm zu und erklärte sich bereit, mit ihm nach diesem Weg zu suchen. Helen war Jüdin von Geburt und Atheistin aus Überzeugung und hatte einen sehr traditionellen und keineswegs mystischen Zugang zur Wirklichkeit. Als sie kurz nach ihrer Absichtserklärung paranormale Erlebnisse hatte, hielt sie sich zunächst einmal für psychotisch. Sie vertraute sich Bill an, dem klar war, dass sie nicht verrückt war. Mit seiner Unterstützung holten sie sich Rat bei Experten für paranormale Phänomene, und das überzeugte die beiden von der Triftigkeit der Erfahrungen Helens. Einmal hörte Helen eine innere Stimme, die sich in Augenblicken in ihr Bewusstsein einmischte, in denen sie durch nichts abgelenkt war. Die Stimme sagte immer wieder: „Das ist ein Kurs in Wundern, bitte mach Aufzeichnungen." Mit Bills Unterstützung und Mithilfe schrieb sie im Laufe der folgenden sieben Monate „Ein Kurs in Wundern" nieder. Einmal gab sich die Stimme als Stimme ‚Jesu' zu erkennen. Nach meinen Erfahrungen mit dem Material zweifle ich nicht daran. Bill begann sofort, in den Beziehungen mit den Leuten seiner Abteilung die Prinzipien heimlich anzuwenden. Binnen eines Jahres war die Abteilung wie verwandelt. Ich machte ähnliche Erfahrungen, als ich die Informationen an meinem damaligen Arbeitsplatz anwendete.

Für manche ist die christliche Terminologie des „Kurses" problematisch. Sie hat den Zweck, irrige Vorstellungen zu korrigieren, die in das Christentum eingedrungen sind. Für alle, die sich durch die Terminologie unangenehm berührt fühlen, ist der „Kurs" deshalb eine Gelegenheit, dem Christentum für alles Unglück zu vergeben, das in seinem Namen vom Ego propagiert wurde. Wenn etwas nicht vergeben wurde, werden wir so lange mit der Nase darauf gestoßen, bis die Vergebung komplett ist. Andere haben Probleme mit der Verwendung männlicher Nomen und Pronomen, wenn es um Gott geht, um den Sohn Gottes, den Heiligen Geist, und wenn die männlichen Nomen- und Pronomenformen für Menschen beiderlei Geschlechts stehen. Der Gebrauch dieser Sprache setzt eine Tradition unserer Kultur im Allgemeinen und der frühen Christen im Besonderen fort. Wer sich daran stößt, hat auch hier Gelegenhcit zu vergeben. Eine Veränderung der Sprache hätte der Sache erst Bedeutung verliehen und sozusagen anerkannt, dass sich der Wert der Frau durch Worte bestimmt. Dem Irrtum Widerstand entgegenzusetzen hieße, ihn real zu machen und das Weibliche als so schwach hinzustellen, als hinge sein Wert vom Gebrauch eines Pronomens ab.

Nach der zweiten Lektüre des Texts „stolperte“ ich über ein zweites Buch mit dem ungewöhnlichen Titel „Das Wassermann-Evangelium“. [23] Mit dem Verständnis, das ich mir durch das Studium des Kurses erworben hatte, fiel es mir leichter, die Gültigkeit des Materials zu akzeptieren, das einen guten Begleittext für den Kurs darstellt. „Das Wassermann-Evangelium“ stammt aus einem universalen inneren Wissen und schildert das Leben von Jesus, unter anderem auch die Jahre, von denen nichts in der Bibel steht. Auch diese Schrift ist befreiend und erhebend. Sie kam in der zweiten Hälfte des 19. Jahrhunderts als prophetische Schrift durch den Geist Levi Dowlings, eines Arztes und presbyterianischen Geistlichen. In einer Vision, die er bei drei Gelegenheiten empfing, wurde ihm gesagt, er solle „eine weiße Stadt bauen“. Diese „weiße Stadt“ war „Das Wassermann-Evangelium“, das er in der stillen Zeit am frühen Morgen von zwei bis sechs Uhr niederschrieb. Seine Botschaft ist die gleiche wie die in „Ein Kurs in Wundern“. Im Kurs spricht Jesus allerdings in der ersten Person, während im „Wassermann-Evangelium“ von Jesus in der dritten Person gesprochen wird

Ich hatte das Gefühl, dass ich die vollständigsten und wortwörtlichsten Lehren von Jesus und die vollständigste Geschichte seines Lebens in Händen hielt. In diesen Lehren fand ich die Antwort auf die Frage, die mich ein Jahr vorher mit solcher Inbrunst beten ließ. Als ich das Material las, dachte ich über die Äußerungen von Jesus nach, die sich in der Bibel finden und auf die ich mich in Kapitel 12 bezog (Johannes 16:22-13 und Johannes 16:25). Mir wurde klar, dass wir nun die wörtlichere Botschaft auf unserem Planeten hatten, die wir jetzt dank der Informationen aus der modernen Psychologie und Physik leichter verstehen können.

Damals entdeckte ich auch „The Gnostic Gospel“ [73, 95], das in Kapitel 12 kurz besprochen wurde. Dieses Material war seit der orthodoxen Verfolgung der gnostischen Christen im vierten Jahrhundert in den Klippen von Nag Hammadi in Ägypten verborgen gewesen und wurde erst 1945 wieder entdeckt und 1975 ins Englische übersetzt - im gleichen Jahr, in dem auch „Der Kurs“ veröffentlicht wurde. Während ich das Material studierte, wurde mir klar, dass es zu Jesus‘ Lebzeiten und in den ersten Jahren des Christentums Christen gab, die seine Lehren besser verstehen konnten.

Natürlich gab es außer der Bibel noch andere Bücher, die mir auf meiner Reise nützlich waren, bevor ich „Ein Kurs in Wundern“, „Das Wassermann-Evangelium“ und „The Gnostic Gospel“ fand und danach. Einige davon habe ich bereits erwähnt. Auf einige war ich schon in meinen Collegejahren aufmerksam geworden, bevor ich meine spirituelle Suche frustriert aufgegeben hatte und lange bevor ich sie in Folge meiner Krankheit wieder aufgenommen hatte. In meinem zweiten Collegejahr las ich einen Artikel in „Time magazine“ über eine bekannte Kolumnistin in Washington, die ihre Begabung für automatisches Schreiben entdeckt hatte und viele Informationen aus anderen Dimensionen über die vorgeschichtliche Zeit der Erde, über die Natur der Erde und höhere Dimensionen erhielt. Ich erinnere mich daran, dass mich das faszinierte und dass ich große Lust hatte, diese Information zu lesen. Aber ich unternahm nichts, da ich von den unmittelbareren Anforderungen des Collegelebens in Anspruch genommen wurde. Etwa zur gleichen Zeit las ich in meinem „Phi Gamma Delta Magazin“ über ein Mitglied einer Bruderschaft, das 1943 gestorben war und wieder gelebt hatte, um davon zu erzählen. Wieder reizte mich das Thema und ich hätte gern mehr gewusst. Und wieder unternahm ich gar nichts, aber ich habe diese kurzen Begegnungen nie vergessen. Während ich jetzt über sie nachdenke, scheint es mir, dass meine starken Gefühle damals auf eine intuitive Verbindung mit potentiellen künftigen Ereignissen zurückgingen.

Vierundzwanzig Jahre später - nach meiner physischen Heilung und bereits mitten in meiner von der Not inspirierten spirituellen Suche - ging ich in einen großen bekannten Buchladen, um ein bestimmtes Buch zu kaufen. Ich weiß nicht mehr, welches es war, weil ich es nicht bekam. Aber mein Blick fiel auf eine Reihe von Büchern von Ruth Montgomery.[59-64] Ich erinnerte mich nicht daran, schon einmal von ihr gehört zu haben, wollte sie aber aus irgend einem Grund unbedingt haben. Als ich begann, sie zu lesen und etwas über die Autorin in Erfahrung zu bringen, stellte ich fest, dass sie die Kolumnistin aus Washington war, über die ich im College gelesen hatte.

Im gleichen Jahr fragte mich eine neue Freundin, ob ich schon einmal von Dr. George Ritchi und seinem Buch „Return from Tomorrow“ gehört hatte.[94] Ich konnte mich nicht daran erinnern, deshalb erklärte sie mir, dass er 1943 gestorben, dann ins Leben zurückgekehrt und zuerst Arzt und dann Psychiater geworden sei und 1972 ein Buch über seine Erfahrung veröffentlicht habe. Ich kaufte das Buch und erkannte beim Lesen, dass ich im „Phi Gam Magazin“ über Ritchie gelesen hatte. Als ich entdeckte, dass er noch lebte und seine Praxis in Richmond hatte, gab es keinen weiteren Aufschub mehr. Ich rief ihn sofort an und begann, mit ihm meine spirituelle Suche fortzusetzen. Er machte mich auf die Schriften von Emmet Fox[30] und Starr Daily [18] aufmerksam, die beide sehr nützlich für mich waren. Dailys Buch „Release“ vermittelte mir ein klareres Verständnis der in der Bibel aufgezeichneten Schriften Jesu. Diese und andere in diesem Text erwähnte sowie einige nicht erwähnte Bücher [27, 79] halfen mir, mich für die intuitive Erfahrung einer inneren Weisheit zu öffnen und dadurch den „Kurs“ und andere, neuere Materialien besser annehmen und verstehen zu können.

Das Edgar Cayce Center - Association for Research and Enlightenment - ist nur ein paar Stunden von Richmond entfernt, deshalb nutzte ich das Angebot und die Materialien und fand sie sehr nützlich. Auch die Biographie von Edgar Cayce, „There is a River“ [114] hat mich inspiriert.

Nach „Ein Kurs in Wundern“ glaubte ich meine Lektüre beendet zu haben und war allem Anderen gegenüber recht resistent. Doch dann geschah wieder etwas Neues. Ich arbeitete mit einer Bekannten und wollte ihr helfen, sich auf ihr Höheres Selbst einzustimmen und zu verstehen, warum sie krank war. Sie half mir ihrerseits, mich auf mein Höheres Selbst einzustimmen. Wir wechselten uns ab, einander gegenseitig in angeleiteten Meditationen zu führen. In jeder Sitzung erzählte sie mir über die „I AM Discourses“ [33], die von St. Germain diktiert worden waren. Ich hörte ihr geduldig zu, hatte aber kein Interesse daran: Eines Tages gab sie mir das Buch und bestand darauf, ihr die ersten paar Seiten vorzulesen. Schließlich tat ich es ihr zu Gefallen. Beim Lesen wurde mir klar, dass ich das Buch lesen musste. Und sie fand heraus, was an der Wurzel ihrer Krankheit war.

Danach habe ich dem Geist der Wahrheit immer wieder gestattet, mich zu neuem Material zu führen.*[8] Natürlich stellt die Bibliographie dieses Buches keine vollständige Liste aller zugänglichen hilfreichen Materialien dar. Von besonderer Bedeutung unter den hier gelisteten Büchern ist The Book of Co-Creation: The Revelation, Our Crisis Is a

---

[8] Literaturhinweise: 4, 11, 26, 44, 58, 78, 79-89, 120, 121, 132

Birth [44] von Barbara Max Hubbard. (Bei Prophezeiungen handelt es sich immer um eine Voraussage der mit größter Wahrscheinlichkeit eintretenden Zukunft, wobei als Grundlage die jeweils vorherrschende Energie des kollektiven Bewusstseins dient. In dem Maße, in dem sich die Menschheit im freien Willen übt, brauchen sich negative Prophezeiungen nicht zu bewahrheiten und können durch die Gnade Gottes ersetzt werden. Wenn mehr Menschen die Formel anwenden, lässt sich viel Negativität individuell und kollektiv abwenden.)

Was die technischen Einzelheiten spiritueller Praktiken angeht, so kann das Buch „Being a Christ“ von Ann und Peter Meyer von Nutzen sein. [58]

Neben den ausgesprochen mystischen Schriften gibt es auch die gut geschriebenen Schriften meiner Kollegen in medizinischen und therapeutischen Berufen, wie Bernie Siegel[104-106], Larry Dossey[20-22], Deepak Chopra[12-15], Norman Shealy und Carolyn Myss[103], Andrew Weil[126], Carl Simonton[107] und Joan Borysenko[7]. Auch „Die Prophezeiungen von Celestine“[91] enthalten viel akkurate und brauchbare Information, obwohl sie in literarischer Form geschrieben sind. Das Buch beschreibt die mit der Psychodynamik des Bewusstseins verbundenen energetischen Phänomene.

Es ist nicht unbedingt notwendig, die gelisteten Schriften zu lesen, aber vermutlich werden Sie einige nützlich finden. Manche sind mehr als Hauptspeise gedacht, andere fallen in die Kategorien Vorspeise und Dessert. „Ein Kurs in Wundern“ ist ein Hauptgang, den ich wärmstens empfehle. Es gibt viele weitere gute Quellen, die nicht auf der Liste stehen. Sie werden zu denen hingeführt werden, die für Sie stimmig sind, und dazu gehören auch Ihr eigenes inneres Wissen und Ihre eigenen visionären Erfahrungen. Öffnen Sie sich für die Spontaneität der friedlichen Eingebung.

Bücher sind kein Ersatz für innere Weisheit, sondern ein Hilfsmittel, uns zu fokussieren und uns diese Weisheit unmittelbarer bewusst zu machen. Sie sind eine Erinnerungshilfe. Vor ein paar Jahren unterhielt ich mich mit jemandem, für den die Bibel die einzige Quelle des Wortes Gottes ist. Damals kam mir der Gedanke, dass Gottes Wort in keinem Buch niedergeschrieben ist, sondern überall existiert. Kurz danach blätterte ich mein Lieblingsbuch durch, und mein Blick fiel auf „Das Evangelium der Essener“[35]. (Die Essener waren eine Sekte des

Judaismus, die zu Jesu Lebzeiten existierte. Sie waren auf seine Inkarnation vorbereitet und gehörten zu seinen frühen Anhängern. Ihre Originalmanuskripte befinden sich in privaten Archiven des Vatikans und wurden 1937 zum ersten Mal ins Englische übersetzt.) Ich fühlte diese friedliche Eingebung und nahm das Buch zur Hand. Ich schlug es willkürlich auf und las folgende Worte:

Suche das Gesetz nicht in deiner Schrift, denn das Gesetz ist Leben,
Die Schriften sind aber nur Worte.
Ich sage dir wahrhaftig,
Moses erhielt seine Gesetze von Gott nicht schriftlich,
Sondern durch das lebendige Wort.
Das Gesetz ist lebendiges Wort des lebendigen Gottes
an lebendige Propheten für lebendige Menschen.
Allem Leben ist das Gesetz eingeschrieben.
Du findest es im Gras, in den Bäumen,
Im Fluss, in den Bergen, in den Vögeln des Himmels,
In den Geschöpfen des Waldes und in den Fischen im Meer;
Doch vor allem findest du es in dir selbst.
Alle Lebewesen sind Gott näher
Als die Schriften, die ohne Leben sind.
Gott schuf das Leben und alle lebenden Wesen,
Dass sie das immer lebendige Wort sein können,
Dass sie die Gesetze des Himmlischen Vaters
Und der Irdischen Mutter
Den Menschensöhnen lehren können.
Gott schrieb die Gesetze nicht auf die Seiten eines Buchs,
Sondern in dein Herz und in deinen Geist.
Sie sind in deinem Atem, deinem Blut, deinen Knochen;
In deinem Fleisch, deinen Augen, deinen Ohren
Und in jedem Teil deines Körpers.
Sie sind in der Luft gegenwärtig, im Wasser,
In der Erde, in den Pflanzen, in den Sonnenstrahlen,
In den Tiefen und in den Höhen.
Sie alle sprechen zu dir
So dass du die Sprache und den Willen
des lebendigen Gottes verstehen kannst.
Die Schriften sind das Werk von Menschen,
Aber das Leben und alles, was dazu gehört, sind das Werk Gottes.

Literatur

1. Aron, Elaine, and Arthur Aron. *The Maharishi Effect.- A Revolution Through Meditation. Scientific Discovery of the Astounding Power of the Group Mind.* Walpole, N.H.: Stillpoint Publishing, 1986.
2. Atwater, P.M.H. *Beyond The Light: What Isn't Being Said About Near-Death Experience.* New York: Carol Publishing Group, 1994.
3. Atwater, P.M.H. *Coming Back to Life: The After-Effects of tbe Near-Death Experience.* New York: Dodd, Mead & Company, 1988.
4. Bacovcin, Helen, trans.. *The Way of a Pilgrim and The Pilgrim Continues His Way.* New York: Doubleday, 1978.
5. Bascam, Lionel C., and Barbara Harris. *Full Circle: The Near-Death Experience and Beyond.* New York: Pocket Books, 1990.
6. Becker, Robert 0., and Gary Seldon. *The Body Electric.* New York: William Morrow and Co., 1988.
7. Borysenko, Joan. *Minding the Body und Mending the Mind.* New York: Bantam Books, 1987.
8. Brinkley, Dannion, and Paul Perry. *Saved By the Light.* New York: Villard Books, 1994.
9. Byrd, Randolph C. *Positive Therapeutic Effects of Intercessory Prayer in a Coronary Care Unit Population. Southern Medical Journal* 81:7 (July 1988):826-29.
10. Carothers, Merlin. *Prison to Praise.* Plainfield, N.J.: Logos International, 1979.
11. Carpenter, Tom, and Linda Carpenter. *Dialogue On Awakening.-Communion with a Loving Brother.* Princeville, Hawaii: The Carpenter Press, 1992.
12. Chopra, Deepak. *Perfect Health.- The Complete Mind Body Guide.* New York: Harmony Books, 1990.
13. Chopra, Deepak. *Quantum Healing.- Exploring the Frontiers of Mind/Body Medicine.* New York: Bantam Books, 1989.
14. Chopra, Deepak. *The Seven Spiritual Laws of Success.* San Rafael, CA: Amber-Allen Publishing, 1994.
15. Chopra, Deepak. *Unconditional Life, Mastering the Forces that Shape Personal Reality.* New York: Bantam Books, 1991.
16. Clark, Ronald W. *Freud.- The Man and the Cause.* New York: Random House, 1980.
17. *A Course in Miracles.* Combined Volume. Tiburon, Calif: Foundation for Inner Peace, 1992 (original ed. 1975).
18. Dally, Starr. *Release.* New York and London: Harper & Brothers, 1942.
19. Davies, Paul. *God and the New Physics.* New York: Simon and Schuster, 1983.
20. Dossey, Larry. *Healing Words.* New York: Harper Collins Publishers, 1993.
21. Dossey, Larry. *Meaning and Medicine.* New York: Bantam Books, 1991.

22. Dossey, Larry. *Recovering the Soul.- A Scientific and Spiritual Searcb. New* York:Bantam Books, 1989.

23. Dowling, Levi. *The Aquarian Gospel of Jesus the Christ.* Marina del Rey, Calif.- DeVorss & Co., 1982.

24. Eden, James. *Energetic Healing.- The Merging of Ancient and Modern Medical Practices.* New York: Plenum Press, 1993.

25. Einstein, Albert. *Relativity: The Special and the General Theory.* Translated by Robert W. Lawson. New York: Crown Publishers, 1961.

26. Essene, Virginia. *New Teachings for an Awakening Humanity.* Santa Clara, Calif: S.E.E. Publishing Company, 1986.

27. Ferguson, Marilyn. *The Aquarian Conspiracy: Personal and Social Transformation in the 1980s.* Los Angeles: J.P. Tarcher, 1980.

28. Findhorn Community. *The Findhorn Garden: Pioneering A New Vision of Man and Nature in Cooperation.* New York: Harper & Row Publishing, 1975.

29. Fordham, Frieda. *An Introduction to Jung's Psychology.* New York: Penguin Books, 1966.

30. Fox, Emmet. *The Sermon on the Mount.* New York: Harper & Row, 1938.

31. Freud, Sigmund. *Beyond the Pleasure Principle.* Translated by James Strachey. New York: Bantam Books, 1954.

32. Gerber, Richard. *Vibrational Medicine: New Choices for Healing Ourselves.* Santa Fe: Bear & Co., 1988.

33. Saint Germain. *The I AM' Discourses.* Schaumburg, 111.: St. Germain Press, 1984.

34. Glasser, R., et al. "Effects of Stress on Methyltransferase Synthesis: An Important DNA Repair Enzyme." *Health Psychology* 4, no. 5, 403-12, 1985.

35. *The Gospel of the Essenes.* Translated by Edmund B. Szekely. SaffronWalden, Great Britain: C.W. Daniels Co., Ltd., 1976.

36. Haraldsson, Erlendur. *Modern Miracles, An Investigation of Psychic Phenomena Associated with Sathya Sai Baba.* New York: Ballantine Books, 1987.

37. Harris, Barbara, and Lionel C. Bascom. *Full Circle: The Near Death Experience and Beyond.* New York: Simon and Schuster, 1990.

38. Hawking, Stephen W. *A Brief History of Time.- From the Big Bang to Black Holes.* New York: Bantam Books, 1988.

39. Heller, Dr. John H. *Report on the Shroud of Turin.* Boston, Massachusetts: Houghton Mifflin Co., 1983.

40. Herbert, Nick. *Quantum Reality: Beyond the New Physics.* Garden City, NY:Anchor Press, 1985.

41. Hislop, John. *My Baba and I,* Prasantha Nilayam, India: Sri Sathy Sal Books and Publication Trust, 1989.

42. Holmes, Ernest. *The Science of Mind.* New York: Dodd, Mead and Company, 1938.

43. *The Holy Bible. New International Version.* Grand Rapids, Mich.:Zondervan Bible Publishers, 1978.

44. Hubbard, Barbara Marx. *The Book of Co-Creation.- The Revelation, Our Crisis Is a Birth.* Sonoma, Calif.: The Foundation for Conscious Evolution, 1993.

45. Jampolsky, Gerald G. *Love Is Letting Go of Fear.* New York: Bantam Books, 1981.

46. Jampolsky, Gerald G. *Teach Only Love.* New York: Bantam Books, 1983.

47. Jampolsky, Gerald G., with Patricia Hopkins and William N. Metford. *Good Bye to Guilt: Releasing Fear Through Forgiveness.* New York: Bantam Books, 1985.

48. Judith, Anodea. *Wheels of Life: A Natural History of the Supernatural St.* Paul, Minn.: Llewyllyn Publications, 1989.

49. Jung, Carl G., ed. *Man and His Symbols.* New York: Dell Publishing Co., 1982.

50. Jung, Carl G. *Synchronicity:An Acausal Connecting Principle.* Translated by R.F.C. Hull. Princeton, N.J.: Princeton University Press, 1973.

51. Justice, Blair. *Who Gets Sick.* Los Angeles: J. P Tarcher, 1988.

52. Kaku, Michlo, and Jennifer Trainer. *Beyond Einstein: The Cosmic Quest for the Theory of the Universe.* New York: Bantam Books, 1987.

53. Klecolt-Glaser, J.K., er al. "Distress and DNA Repair in Human Lymphocytes." *Journal of Behavioral Medicine* 8, no. 8, 311-19.

54. Kübler-Ross, Elizabeth. *On Death and Dying.* New York: Macmillan Publishing Co., 1969.

55. Lazaris. *The Lazaris Material- The Mysterious Power of the Chakras. Los* Angeles:Concept: Synergy (Audio Tapes), 1986.

56. McGarey, Gladys T. *Born To Live.* Phoenix: Gabriel Press, 1980.

57. Malz, Betty. *My Glimpse of Eternity.* Grand Rapids: Chosen Books, 1978.

58. Meyer, Ann P., and Peter V. Meyer. *Being A Christ. Inner Sensitivity Instructional Training Course.* San Diego, Calif: Dawning Publications, 1975.

59. Montgomery, Ruth. *Here and Hereafter.* New York: Fawcett Crest, 1968.

60. Montgomery, Ruth. *A Searcb for Truth.* New York: Fawcett Crest, 1966-

61. Montgomery, Ruth. *Strangers Among Us.* New York: Fawcett Crest, 1976.

62. Montgomery, Ruth. *Thresbold of* Tomorrow. New York: G.E Putnam Sons, 1982.

63. Montgomery, Ruth. *The World Before.* New York: Fawcett Crest, 1976.

64. Montgomery, Ruth. *A World Beyond.* New York: Fawcett Crest, 1971.

65. Moody, Raymond, Jr. *Reflections on Life After Life.* Toronto: Bantam Books, 1977.

66. Moses, Jeffrey. *Oneness: Great Principles Shared by All Religions.* New York: Ballantine Books, 1989.

67. Murphet, Howard. *Sai Baba.- Avatar.* San Diego: Birth Day Publishing Co., 1977.

68. Murphet, Howard. *Sai Baba.- Invitation To Glory.* Madras: S. G. Wasari for Macmillan India Limited, 1989.

69. Murphet, Howard. *Sai Baba.- Man of Miracies.* Madras: Macmillan India Limited, 1988.

70. Nordenström, Björn E. W. *Biologically Closed Electrical Circuits.- Clinical Experimental and Theoretical Evidence for an Additional Circulatory System* Stockholm: Nordic Medical Publications, 1983.

71. O'Connor, Peter. *Understanding, Yourself* New York: Paulist Press, 1985.

72. Osis, Karlis, and Erlendur Haraldsson. *At the Hour of Death.* New York: Avon Books, 1977.

73. Pagels, Elaine. *The Gnostic Gospels.* New York: Vintage Books, 1989.

74. Pagels, Heinz R. *The Cosmic Code: Quantum Physics as the Language of Nature.* New York: Simon and Schuster, 1982.

75. Pagels, Heinz R. *Perfect Symmetry: The Searcb for the Beginning of Time.* New York: Simon and Schuster, 1985.

76. Pals, Abraham. *Subtle Is the Lord: The Science and the Life of Albert Einstein.* Oxford-. Oxford University Press, 1983.

77. Peat, F. David. *Superstrings and the Search for The Theory of Everything.*Chicago:Contemporary Books,1988.

78. Peck, M. Scott. *A Different Drum.* New York: Simon and Schuster, 1987.

79. Peck, M. Scott. *The Road Less Traveled.* New York: Simon and Schuster, 1978.

80. Pictor, Mike. *Conversations with* Christ. Farmingdale, NX.: Coleman Publishing, 1984.

81. Pierrakos, Eva. *Guide Lectures for Self-Transformation.* Phoenicia, NX.: Pathworks Press, 1985.

82. Pierrakos, John. *Core Energetics. Developing the Capacity to Heal.* Mendocino, Calif: Life Rhythms Publications, 1987.

83. Price, John Randolph. *TheAngels Within Us.* New York: Ballantine Books, 1993.

84. Price, John Randolph. *The Manifestation Process.* Austin, Texas: The Quartus Foundation for Spiritual Research, 1983.

85. Price, John Randolph. *The Planetary Commission.* Austin, Texas: The Quartus Foundation for Spiritual Resesarch, 1984.

86. Price, John Randolph. *Practical Spirituality.* Austin, Texas: The Quartus Foundation for Spiritual Research, 1985.

87. Price, John Randolph. *A Spiritual Philosophy for the New World.* Boerme, Texas: Quartus Books, 1990.

88. Price, John Randolph. *The Super Beings.* Austin, Texas: The Quartus Foundation for Spiritual Research, 1981.

89. Price, John Randolph. *With Wings as Eagles.* Austin, Texas: The Quartus Foundation for Spiritual Research, 1987.

90. *Psychotherapy: Purpose, Process and Practice.* Tiburon, Calif. Foundation of Inner Peace, 1976.

91. Redfield, James. *The Celestine Prophecy.* Hoover, Ala.: Satori Publishing Co., 1993.

92. Ring, Kenneth. *Heading Toward Omega: In Search of the Meaning of the Near Death Experience.* New York: William Morrow & Co., 1984.

93. Ritchie, George G., Jr. *My Life After Dying.- Becoming Alive to Universal Love.* Norfolk, Va.: Hampton Roads Publishing Co., 1991.

94. Ritchie, George G., Jr., and Elizabeth Sherrill. *Return from Tomorrow.* Grand Rapids: Chosen Books, 1978.

95. Robinson, James M., general editor. *The Nag Hammadi Library. New* York: Harper & Row Publishers, 1981 (revised ed. 1988).

96. *The Ryrie Study Bible.* New Testament. King James Version. Chicago: Moody Press, 1976.

97. Sandweiss, Samuel H. *Sai Baba: The Holy Man and The Psychiatrist.* Anantapur, India: Sri Sathya Sai Books and Publications Trust, 1975.

98. Sandweiss, Samuel H. *Spirit and the Mind.* Anantapur, India: Sri Sathya Sai Books and Publications Trust, 1975.

99. Schmidt, H. "Addition Effect for PK on Pre-recorded Targets.*"Journal of Parapsychology* 49 (1985): 229-44.

100. Schmidt, H. `"Can An Effect Precede Its Cause?" *Foundations of Pbysics 8* (1981): 463-80.

101. Schmidt, H. "PK Effect on Pre-recorded *Targets."Journal of the American Society for Psychical Research* 70 (1960): 267-91.

102. Schmidt, H, "The Strange Properties of Psychokineses." *Journal of Scientific Exploration 1,* no. 2 (1987): 103-18.

103. Shealy, C. Norman, and Caroline M. Myss. *The Creation of Health: Merging Traditional Medicine with Intuitive Diagnosis.* Walpole, N.H.: Stillpoint Publishing, 1988.

104. Siegel, Bernie S. How *To Live Between Office Visits.* New York: Harper Collins Publishers, 1993.

105. Siegel, Bernie S. *Love, Medicine and Miracles.* New York: Harper Collins Publishers, 1986.

106. Siegel, Bernie S. *Peace, Love and Healing.* New York: Harper Collins Publishers, 1989.

107. Simonton, 0. Carl, and Reid Henson. *The Healing Journey: Restoring Health and Harmony to Body, Mind, and Spirit.* New York-, Bantam Books, 1992.

108. Skutch, Judy. *Fear behinds the World.* Virginia Beach: A.R.E. Tapes, Edgar Cayce Foundation, 1983.

109. Skutch, Robert. *Journey Without Distance: The Story Behind A Course In Miracles.* Berkeley: Celestial Arts, 1984.

110. Smith, Huston. *The World's Religions.* New York: Harper Collins Publishers, 1991.

111. *The Song of Prayer.- Prayer, Forgiveness, Healing.* Tiburon, Calif: Foundation for Inner Peace, 1978.

112. Spangler, David. *The Laws of Manifestation.* Findhorn, Scotland: Findhorn Publications, 1976.

113. *The Story of A Course In Miracles.* Videotape. Tiburon, Calif.: Foundation for Inner Peace, 1987.

114. Sugrue, Thomas. *There is A River.- The Story of Edgar Cayce.* Virginia Beach: A.R.E. Press, Edgar Cayce Foundation, 1942.

115. Talbot, Michael. *Beyond the Quantum.* New York: Macmillan Publishing Company, 1986.

116. Talbot, Michael. *The Holographic Universe.* New York: Harper Collins Publishers, 1991.

117. Tansley, David V. *Subtle Body, Essence and Shadow.* New York: Thames and Hudson, 1984.

118. Tribbe, Frank C. *Portrait of Jesus?* Briarcliff Manor, NX.: Stein and Day, 1983.

119. *The Upanishads.* Translated by Alistair Shearer and Peter Russell. London:Unwin Hyman Limited, 1978.

120. Valentine, Arm, and Virginia Essene. *Cosmic Revelation.* Santa Clara, Calif.: S.E.E. Publishing Co., 1987.

121. Valentine, Arm, and Virginia Essene. *Descent of the Dove.* Santa Clara, Calif.: S.E.E. Publishing Co., 1988.

122. Wald, Robert M. *Space, Time and Gravity: The Theory of the Big Bang and Black Holes.* Chicago: The University of Chicago Press, Ltd., 1977.

123. Wambach, Helen. *Life Before Life.* New York: Bantam Books, 1981.

124. Wapwich, Kenneth. *Forgiveness and Jesus.* Roscoe, NX.: Foundation for A Course in Miracles, 1983.

125. Watson, Lyall. *Beyond Supernature.* New York: Bantam Books, 1987.

126. Weil, Andrew. *Spontaneous Healing.* New York: Alfred A. Knopf, 1995.

127. Wilber, Ken. *Quantum Questions: Mystical Writings of the Worlds Great Physicists.* Boston: Shambhala Publications, 1984.

128. Wolf, Fred Alan. *Parallel Universes: The Search for Other Worlds.* New York: Simon and Schuster, 1988.

129. Wolf, Fred Alan. *Star Wave: Mind, Consciousness and Quantum Physics.* New York: Macmillan Publishing Co., 1984.

130. Wolf, Fred Alan. *Taking the Quantum Leap.* New York: Harper & Row Publishers, 1989.

131. Wright, Machaelle Small. *Behaving As if the God in All Life Mattered.* Jeffersonton, Va.: Perelandra Ltd., 1987.

132. Yogananda. *Autobiography of a Yogi.* Los Angeles: Self-Realization Fellowship, 1946.

133. Zukav, Gary. *The Dancing Wu Li Masters: An Overview of the New Physics.* New York: William Morrow and Company, 1979.

Entschlüssele Deine Träume

und verstehe die Botschaften Deiner Seele

von Stephan Schumann
168 S., 14,5 x 21 cm,
ISBN 3-926388-48-X DM 26,00

Wiederkehr der Engel

Ein meditatives Praxisbuch für Deinen Lichtkörper

von Wolfgang Nothvogel
120 Seiten, 14,5 x 21 cm, mit 5 Abbildungen
ISBN 3-926388-42-0 DM 29,00

Süchtig

Sucht erkennen und Heilen

von Hans Peter Neuber
88 Seiten, 14,5 x 21 cm, gebunden
ISBN 3-926388-44-7 DM 19,80

Götter der Sterne

Bibel, Mythen und kosmische Besucher

von Lars A. Fischinger
384 Seiten, 14,5 x 21 cm , 45 Abbildungen
ISBN 3-926388-41-2 DM 39,00

G. Reichel Verlag, Reifenberg 85, D-91365 Weilersbach, Tel. 09194-8900, Fax 09194-4262

Prophezeiungen zur Zukunft Europas

Eine Analyse von über 250 Quellen

von Stefan Berndt
288 Seiten, 14,5 x 21 cm

ISBN 3-926388-40-4 DM 29,80

Was beschert uns die unmittelbare Zukukunft? Wie können wir uns schützen? Der Autor hat mit Computerhilfe die wichtigsten Aussagen zusammengestellt und interpretiert.

Die kommende Weltkrise

Wie überlebt man den dritten Weltkrieg

von Michael Hesemann / Henri Schnyder
220 Seiten, 14,5 x 21 cm, broschiert

ISBN 3-926388-46-3 DM 29,80

Prophetische Warnungen an die Menschheit: Noch nie war die Möglichkeit so groß, daß sich die schrecklichen Visionen der großen Seher erfüllen könnten.

Das Lebenselixier

von Edward Bulwer-Lytton, Übersetzung aus dem Englischen, 440 Seiten geb., 14 x 20,5 cm
ISBN 3-926388-50-1 DM 29,80

Mystischer Roman mit den Geheimlehren des altehrwürdigen geheimnisvollen Ordens der Rosenkreuzer um den undurchsichtigen Margrave, Schüler des Okkulten und sein geheimnisvolles Lebenselixier.

G. Reichel Verlag, Reifenberg 85, D-91365 Weilersbach, Tel. 09194-8900, Fax 09194-4262

Der Kurs zum Selbst

In Wahrheit und Liebe von Babaji

Ein wunderbarer 24-Wochen Kurs!

von Roger G. Lanphear

168 Seiten., 14,5 x 21 cm,

ISBN 3-926388-35-8 DM 26,00

Horusauge

Roman

Historischer Roman basierend auf Reinkarnationserlebnissen

von Eva Hauser

368 Seiten., 14,5 x 21 cm,

ISBN 3-926388-33-1 DM 36,00

Baba Blues

Intensivtraining zum ErfolgReich Glücklich werden

Ein Kursbuch für den „Oelmann-Prozess"

von Ingeborg Oelmann

200 Seiten, 14,5 x 21 cm,

ISBN 3-926388-36-6 DM 29,00

Dummheit tut so weh

Die Geschichte einer heranwachsenden Frau

von Ingeborg Oelmann

108 Seiten, gebunden

ISBN 3-926388-39-0 DM 19,80

G. Reichel Verlag, Reifenberg 85, D-91365 Weilersbach, Tel. 09194-8900, Fax 09194-4262

Schlüssel zum göttlichen Selbst

Der aufgestiegene Meister in Dir

von Joanna Cherry, 214 Seiten, 14,5 x 21 cm

ISBN 3-926388-45-5 DM 29,80

Die Autorin lässt uns in Neuland vorstossen, von dem wir bisher keine Vorstellung hatten und gibt uns ein Gefühl von unserem wirklichen Wert und unserer wirklichen Grösse.

Karma auflösen

von Joanna Cherry,
280 Seiten, 14,5 x 21 cm, broschiert

ISBN 3-926388-47-1 DM 29,80

Willst Du Dich vom Karma vergangener Leben und von gegenwärtigen Verstrickungen befreien? Willst Du ein völlig neues Leben mit unbegrenzten Möglichkeiten?

Du bist MIND

Heilweisen für das 3. Jahrtausend

von Frank Alper, aus dem Amerikanischen, 216 Seiten, geb., 14 x 20,5 cm, ISBN 3-926388-52-8 DM 29,80

Die Kraft unserer Gedanken erschafft unsere Muster von Gesundheit und Verhalten. Frank Alper gibt Hinweise, wie man seine unbewußten Programme verändern kann, um gesund zu werden und zu bleiben.

Der Ruf der Seele

von Josiane Antonette,
Übersetzung aus dem Anerikanischen,
112 Seiten, 14,5 x 21 cm

ISBN 3-926388-51-X DM 21,00

G. Reichel Verlag, Reifenberg 85, D-91365 Weilersbach, Tel. 09194-8900, Fax 09194-4262

Die Wächter II

UFOs und Nahtoderfahrungen

Raymond E. Fowler

viele Abbildungen, 400 S.

14,5 x 21 cm, ISBN 3-926388-33-1 DM 36,00

Die Allagash Entführungen

Unwiderlegbare Beweise für das Eingreifen von Außerirdischen

Raymond E. Fowler, Vorwort von Budd Hopkins

32 Bilder, 372 S.

14,5 x 21 cm, ISBN 3-926388-30-7 DM 36,00

Der Fall Andreasson

Dokumentierte Untersuchung von der Entführung einer Frau an Bord eines Ufos

Raymond E. Fowler, Vorwort von Allen Hynek

53 Bilder, 280 Seiten

14,5 x 21 cm, ISBN 3-926388-31-5 DM 36,00

Sternensaat

Das galaktische Erbe der Menschheit

Lyssa Royal & Keith Priest,

120 Seiten, 14,5 x 21 cm,

ISBN 3-926388-27-7 DM 26,00

Besucher von Innen

Lyssa -Royal u. Keith Priest

200 S., 15 x 22,5 cm,

ISBN 3-926388-26-9 DM 32,00

G. Reichel Verlag, Reifenberg 85, D-91365 Weilersbach, Tel. 09194-8900, Fax 09194-4262

Der Weg des Tänzers

Selbsterfahrung durch Bewegung
Bernhard Wosien

Maria Gabriele Wosien (Hrsg.)
zahlr. Abb., 17 x 24 cm, 135 Seiten
ISBN 3-926388-29-3 DM 26,00

Erkenntnisse aus Atlantis

Wandlung durch neue Energiemuster, Kristall-Heilung

Dr. Frank Alper, zahlr. Abbildungen,
14,5 x 21 cm, 392 Seiten,
ISBN 3-926388-19-6 DM 36,00

Das Universelle Gesetz für das Wassermann Zeitalter

Dr. Frank Alper

14,5x21cm, 136 Seiten
ISBN 3-926388-21-8 DM 24,80

Mein Freund aus der Unendlichkeit

Begegnungen mit einer kosmischen Intelligenz

Astrid Rodin
14,5 x 21 cm, 120 Seiten
ISBN 3-926388-34-X DM 21,00

Der Armstrong Report

Außerirdische und UFO´s -
Sie brauchen uns, wir sie nicht!

Virgil Armstrong,
144 S. , 14,5 x 21 cm, ISBN 3-926388-24-2 DM 26,00

G. Reichel Verlag, Reifenberg 85, D-91365 Weilersbach, Tel. 09194-8900, Fax 09194-4262

Leben aus dem Sein
Ein Buch über Babaji

von Radhe Shyam
368 Seiten
14 Fotos, 15 x 21 cm,
ISBN 3-926388-17-X DM 32,00

Ich bin Du - BABAJI
Botschaften des Meisters vom Himalaya
Maria Gabriele Wosien (Hrsg.)
118 Seiten, 11 Fotos
11,5 x 18,5 cm, ISBN 3-926388-2 DM 16,80

Das Buch des Lebens
v. Radha-Magdalena Bambeck
120 S., Leineneinband mit Goldschnitt,
11 x 15,5 cm, ISBN 3-926388-13-7 DM 12,80

Babaji-Von Herz zu Herz

von Gertraud Reichel (Hrsg.)
224 Seiten, 15x21 cm
ISBN 3-926388-20-X DM 24,80

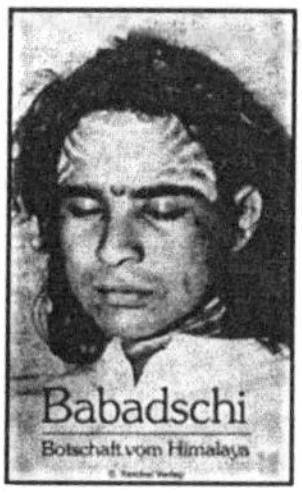

BABADSCHI
Botschaft vom Himalaya
von Maria-Gabriele Wosien,
mit zahlr. Abbildungen, erweitert um das
Kapitel „Der Weise Vasishta", 135 S.
11,5 x 18,5 cm, ISBN 3-926388-00-5 DM 19,80

G. Reichel Verlag, Reifenberg 85, D-91365 Weilersbach, Tel. 09194-8900, Fax 09194-4262

Das Abenteuer einer Transformation

12 Jahre bei Babaji
von Gora Devi
216 Seiten
zahlreiche Fotos, 14,5 x 21 cm
ISBN 3-926388-28-5 DM 32,--

BABAJI spricht:

Prophezeiungen und Lehren
190 S., 6 Fotos, 11,5 x 18,5 cm
ISBN 3-926388-03-X DM 16,80

Babaji - Am Quell der Wahrheit
in Haidakhan Vishwa Mahadham

von Shdema Goodmann
144 Seiten, 7 Fotos
11,5 x 18,5 cm, ISBN 3-926388-08-0 DM 16,80

Unergründlich tief wie das Meer: Babaji - 108 Begegnungen

G. Reichel (Hrsg.)
130 Seiten, 11,5 x 18,5 cm
ISBN 3-926388-22-6 DM 18,00

BABAJI - Pforte zum Licht
Ein Erlebnisbericht
von Gertraud Reichel
168 S., 9 Fotos
14,5 x 21 cm ,
ISBN 3-926388-12-9 DM 19,80

G. Reichel Verlag, Reifenberg 85, D-91365 Weilersbach, Tel. 09194-8900, Fax 09194-4262